합격

김양재 목사의
큐티강해 창세기10

합격

김양재 지음

QTM

이 책을 펴내며

수년 전, 그리스도 대학교 전(前) 총장인 임성택 박사님이 기독 총장 포럼에서 '불교와 유교의 실패와 기독교가 그것을 답습하는 이유'라는 주제로 발제하신 적이 있습니다. 우리 민족은 흔히 '백의민족(白衣民族)'이라 불리며 외형적으로는 다른 나라를 침략한 적이 없는 평화적인 민족처럼 보입니다. 그러나 내면에는 대륙에 대한 향수와 북벌 정벌의 꿈, 그리고 '천자(天子)의 민족'이라는 자부심이 자리하고 있다는 것입니다.

이런 배경 가운데 무속과 기복신앙이 우리나라에 깊이 뿌리내리게 되었는데, 우리 민족의 특징이 무당의 말은 잘 들으면서도 무당을 천시하는 것이랍니다. 이것이 불교와 유교에 이어 기독교에도 그대로 답습되어 요즘 사람들은 목사의 말은 듣기 좋아하면서도 목사를 무시하는 지경에 이르렀습니다. 한마디로 기복을 너무 좋아하면서도 동시에 기복을 무시하는 행태입니다.

교회 성장이라는 명분 아래 대형 교회를 추구하고, 반윤리적인 행동까지 신앙의 이름으로 포장하는 한국교회만 봐도 그렇습니다. 그야말로 한국교회는 세속사가 구속사를 대체하는 심각한 위기를 맞았습니다. 그러므로 우리는 기독교 안티를 욕할 것이 아니라, 혁명적인 방법을 통해 기독교의 본질로 돌아가지 않으면 안 된다는 것입니다.

그렇다면 우리가 돌아가야 할 기독교의 본질이 무엇입니까? 환경이 아닌 구속사의 말씀을 붙드는 것입니다. 어떤 상황에서도 기복이 아닌 팔복의 말씀으로 살아내는 것입니다.

어느덧 창세기 큐티강해 시리즈가 10권을 맞았습니다. 창세기 40장부터 44장까지를 다루는 10권에서는 우리가 참으로 부러워하는 요셉의 이야기가 주를 이루는 것처럼 보입니다. 형들의 시기를 받아 노예로 팔리고, 억울하게 감옥에 갇히기까지 한 요셉이 바로의 꿈을 해석해 주고 드디어 애굽의 총리가 됩니다. 그야말로 인생 역전입니다. 이후 요셉은 기근으로 조우하게 된 형들과의 관계 회복을 위해, 자신의 신분을 숨긴 채 흥미진진한 작전을 펼치죠. 이것만 보면 10권은 요셉의 구속사를 다루고 있는 것 같습니다. 물론 요셉도 구속사의 주인공이 맞습니다. 그러나 말씀을 자세히 묵상하다 보면 야곱 가족을 향한 하나님의 오묘한 구원 작전을 곳곳에서 발견할 수 있습니다.

특별히 하나님은 요셉의 형들이 자백하지 못한 죄, 22년 전 요셉을 팔아 버린 그 죄를 다루십니다. 어떻게 다루시나요? 줄기차게 여러 사건과 환경으로 조여 오면서 관계 회복을 위한 시험을 치르게 하십니다. 그리고 그 마지막 시험이 바로 창세기 44장에 등장하는 '은잔의 시험'입니다.

요셉은 형제들을 시험하고자 야곱이 그리도 애지중지하는 베냐민의 자루에 은잔을 숨깁니다. 그런데 그 은잔이 베냐민에게서 발견되자 유다가 뭐라고 합니까? 형제들을 대표해서 "하나님이 종들의 죄악을 찾아내셨으니 우리와 이 잔이 발견된 자가 다 내 주의 노예가 되겠나이다"(창 44:16)라며 정곡을 찌르는 영적 고백을 합니다. 그리고 편애 대마왕 아버지 야곱의 연약함을 끌어안으며, 베냐민 대신 자신이 종이 되겠다는 책임지는 사랑을 보여 줍니다(창 44:33).

야곱이 라헬과 요셉과 베냐민을 일평생 끔찍이 사랑했지만, 하나님은 진짜 사랑이 무엇인지 유다를 통해 보여 주셨습니다. 결국 자기를 버리는 유다의 이 사랑 덕분에 후에 반목했던 요셉과 형제들의 대화합이 이루어집니다. 그렇게 하는 일마다 하나님이 유다 편을 들어주시더니 예수님까지 유다 지파에서 오셨습니다(마 1:3).

우리는 이런 유다를 통해 결국 영적인 자가 문제 해결의 열쇠를 쥐고 있다는 것을 알게 됩니다. 하지만 결코 유다가 위대해서 그리된 것이 아닙니다. 우리가 창세기 아홉 번째 큐티강해서『그는 나보다 옳도다』에서도 보았지만, 며느리와 동침한 일로 죽음에 이르는 수치를 겪은 유다 아닙니까. 그가 잘나서가 아니라 처음부터 끝까지 하나님이 유다를 인도하셨기에 차원이 다른 진실한 사랑을 하게 된 것입니다. 그러니 유다야말로 하나님의 작품 아닙니까. 회개하는 그 한 사람, 구속사의 본질을 아는 유다 덕분에 야곱의 아들들이 마지막 시험에 합격하게 된 것입니다.

모든 시험이 그런 것처럼, 천국 시험에도 '거의 합격'이란 없습니다. 시험을 거의 통과한 것 같아도 어떤 시험이든 마무리하는 과정이 늘 있기 마련입니다. 안팎의 위기 가운데 있는 우리나라도, 심각한 영적 위기에 처한 한국교회도, 위기가 끊이지 않는 성도의 삶도 그렇습니다. 우리의 종착지인 천국역을 향해 중단 없이 정진하려면 어떤 위기 가운데서도 구속사의 말씀을 붙드는 '본질적인 회복'을 놓치지 않아야 합니다.

여러분이 지금 치르고 있는 마지막 시험은 무엇입니까? 누가 뭐라 하든 "하나님이 내 죄악을 찾아내셨다"고 정곡을 찌르는 영적 고백을 할 때, 마지막 시험에 합격할 뿐만 아니라 진실한 사랑의 중보자 유다처럼, 모든 이의 연약함을 껴안는 화해의 사자로 우뚝 서게 될 줄 믿습니다.

이 책을 통해 끊임없이 우리를 설득하시는 하나님의 구원 작전에 응답하여 '거의 합격'이 아닌 하나님의 '최종 합격 통지서'를 받는 그 한 사람이 되기를 축원합니다.

2025년 7월
우리들교회 담임목사 김양재

차례

이 책을 펴내며 • 04

PART 1 해석돼야 해결됩니다

Chapter 1 기회 (창 40:1~8) • 12

Chapter 2 해석은 이러하니 (창 40:8~23) • 42

Chapter 3 해석자의 자격 (창 40:8~23) • 72

PART 2 번성의 비결

Chapter 4 평안한 대답 (창 41:1~16) • 98

Chapter 5 흉년의 대비책 (창 41:16~36) • 126

Chapter 6 내 집을 다스리라 (창 41:37~45) • 154

Chapter 7 번성하게 하셨다 (창 41:46~52) • 176

Chapter 8 기근에도 먹을 것이 있더니 (창 41:53~57) • 200

PART 3 하나님의 구원 작전

Chapter 9   관계 회복 (창 42:1~17) · **224**

Chapter 10   작전 (창 42:17~25) · **250**

Chapter 11   어찌하여 (창 42:25~38) · **272**

PART 4 거의 합격은 없습니다

Chapter 12   하나님의 설득 (창 43:1~14) · **302**

Chapter 13   예물 (창 43:11~16) · **324**

Chapter 14   천국 잔치 (창 43:16~34) · **348**

Chapter 15   마지막 시험 (창 44:1~13) · **378**

Chapter 16   합격 (창 44:14~34) · **408**

PART 1

해석돼야
해결됩니다

Chapter 1 · 기회

Chapter 2 · 해석은 이러하니

Chapter 3 · 해석자의 자격

01

기회

창세기 40장 1~8절

하나님 아버지,
우리의 모든 고난은 형통으로 가는 기회라고 하십니다.
각자 도망갈 수 없는 만남 가운데 이 기회를 얻기를 원합니다.
말씀해 주옵소서. 듣겠습니다.

누구에게나 일생 몇 번의 기회는 온다고 합니다. 차이는 "그 기회를 살리느냐, 살리지 못하느냐"라고 합니다. 이는 곧, 기회를 살릴 '준비가 되었느냐, 되지 못했느냐'의 문제이기도 합니다. 옛말에 기회는 사람의 얼굴로 온다고 하지요? 이타적으로 살며 기꺼이 욕을 먹기를 결정하면 저절로 기회는 따라오기 마련입니다. 그런데 어찌 이기적인 우리가 고난도 없이 이타적으로 사는 것이 가능하겠습니까? 어떻게 사람을 무시하지 않을 수 있겠습니까? 인간은 조금만 부유해지면 가난하고 배운 거 없는 사람을 깔보기 십상입니다. 저는 형통한 인생이란 내가 겪은 고난 하나하나가 훗날에 모두 기회로 연결되는 인생이라고 생각합니다. 우리의 고난이 기회로 연결되려면 어떻게 해야 하는지 본문을 통해 살펴보겠습니다.

기회는 만남을 통해 옵니다

1 그 후에 애굽 왕의 술 맡은 자와 떡 굽는 자가 그들의 주인 애굽 왕에게 범죄한지라 2 바로가 그 두 관원장 곧 술 맡은 관원장과 떡 굽

는 관원장에게 노하여 3 그들을 친위대장의 집 안에 있는 옥에 가두니 곧 요셉이 갇힌 곳이라 _창 40:1~3

요셉은 보디발의 아내 때문에 누명을 쓰고 지금 감옥에 갇혀 있습니다. 그런데 때마침 애굽 왕의 술 맡은 관원장과 떡 굽는 관원장이 감옥에 들어옵니다. 두 관원장처럼 왕의 식사 시중을 들려면 우선 왕의 말 상대가 되어야 합니다. 그러려면 식견도 높아야 하고 정치적 경륜도 있어야 합니다. 무엇보다 왕의 식사를 담당한다는 것은 왕에게 굉장한 신뢰를 받아야만 가능한 일입니다. 이렇게 높은 권세를 자랑하는 이들이 왕에게 범죄했다면, 그 역할로 미루어 보건대 아마도 독살 혐의를 받지 않았을까 싶습니다.

그런데 성경은 왜 이들의 죄목을 굳이 기록하지 않았을까요? 그보다는 이들이 감옥에서 요셉을 만난 것이 더 중요하기 때문입니다. 그래서 3절에 '요셉이 갇힌 곳'이 중요합니다. 요셉은 애굽의 노예 신분으로는 이 두 사람을 결코 만날 수 없었죠. 아이러니하게도 지금 감옥에 갇혔기 때문에 만나게 됐습니다. 결론은 어디에 있든 '믿는 내가' 가장 중요하다는 겁니다. 비록 감옥에 있어도 두 관원장의 위상은 대단했는데, 이런 사람들을 요셉이 섬기게 된 것이 기회입니다.

우리가 뒤에서도 보겠지만, 여기에 하나님의 놀라운 섭리, 하나님의 작정이 숨어 있습니다. 하나님은 관원장들을 감옥으로 보내 꼼짝없이 요셉의 이야기를 듣게 하십니다. 그럼으로써 그들이 요셉의 인품과 재능에 깊은 인상을 받게 하시죠. 이 만남을 위해 하나님이 요섭을 미리 감옥에 넣어 두신 겁니다. 더욱이 술 맡은 관원장은 요셉이 바로 왕을 만날 때 결정적인 역할을 합니다.

그런데 여러분, 아무리 그래도 감옥에 갇혀 있는 것이 얼마나 큰 고난입니까? 감옥은 자발적으로는 못 들어갑니다. 요셉도 하나님이 넣으셨으니까 거기 있는 겁니다. 하나님은 이런 고난이 아니면 요셉이 만날 수 없는 사람들을 감옥에서 만나게 하심으로 그분의 큰일을 이루어 가십니다. 그리고 때가 될 때까지 요셉을 기다리고 또 기다리게 하심으로 모든 만남이 기회로 연결되도록 역사하십니다.

인내는 영적 진실성의 결과입니다. 하지만 하나님이 함께하지 않으시면 인간은 결코 인내할 수 없는 존재입니다. 우리 인생을 봐도 그렇습니다. 99퍼센트 인내해도, 1퍼센트를 인내하지 못해 목적을 이루지 못하는 경우가 얼마나 허다합니까? 무조건 참는다고 인내가 되는 것도 아니지요. 끝까지 인내하려면 무엇보다 하나님의 때를 분별해야 합니다. 그런데 하나님의 때도 모르고 욕심에 눈이 어두우니 인내하지 못하는 것입니다.

그러면 여기서 '인내의 달인' 요셉의 만남에 대해 한번 생각해 봅시다.

요셉은 태어나자마자 아버지 야곱을 만났습니다. 누구나 인생에서의 첫 만남은 부모와의 만남입니다. 그다음은 형제들과의 만남입니다. 하지만 요셉이 형제들을 만나고 싶어서 만난 것이 아니죠. 게다가 형들은 요셉을 죽이려고까지 했습니다. 이후 요셉은 형 유다의 제안에 따라 미디안 상인들에게 팔려 애굽으로 갔다가 보디발을 만났습니다(창 37장). 그러나 미디안 상인들도, 보디발도 요셉이 원해서 만난 사람들이 아닙니다. 물론 보디발을 만나고 요셉이 그 집의 가정 총무가 되는 좋은 일도 있었죠. 하지만 보디발의 아내만 생각하면 그 만남을 인생에서 당장 지워 버리고 싶지 않았을까요? 보디발 아내의 유혹을 거절하고 도망쳤다가 그 아내의 참소로 지금 감옥에 갇히게 되었잖아요(창 39장). 마찬가지로 보디발의 아내도, 두 관원장도 요셉이 만나고 싶어서 만난 사람들이 아닙니다.

성경은 요셉이 범사에 형통했다고 하는데(창 39:23), 지금까지 그의 인생을 돌아보면 자기가 만나고 싶어서 만난 사람이 없습니다. 하지만 요셉은 모든 만남을 때마다 기회로 연결시켰습니다. 인생의 만남을 잘 해석하니까 결국 그것이 기회로 연결되어 훗날 애굽 총리의 자리까지 오르게 된 것이죠. 누가 나보고 총리를 하라고 해도 막상 내가 준비되어 있지 않으면 그 일을 할 수 없는데, 요셉은 기회를 살릴 준비가 되어 있었습니다.

여러분도 '내 인생의 만남'에 대해 한번 생각해 보세요. 부모와의 만남, 배우자와의 만남, 자녀와의 만남을 통해 인내를 배우고 있습니까? 이 모든 만남을 통해 나를 향한 하나님의 구원 계획이 차질 없이 이루어졌다는 생각이 드세요? 이것을 생각할 때 어찌 하나님께 감사하지 않을 수 있겠습니까. 우리의 만남은 결코 우연이 아닙니다. 내가 교회에 와서 앉아 있는 것도 우연이 아닙니다. 하나님의 계획 속에 만난 교회요, 지체들입니다. 우리가 이것을 알았다면 각자 도망갈 수 없는 감옥에서 기회를 만들어야 합니다.

저는 남편과 살면서 수없이 이혼을 생각했습니다. 하지만 그럼에도 불구하고 끝까지 이혼하지 않고 가정을 지켰습니다. 결혼이 바로 도망갈 수 없는 감옥이고, 도망갈 수 없는 만남임을 알았기 때문입니다. 이것을 인정하고 나서부터 제 안에 평강이 넘치기 시작했습니다.

혹시 배우자가 조금이라도 마음에 안 들면 도망갈 궁리부터 하지 않습니까? 내 안에 평강이 없는 것은 자꾸 어디론가 도망가려고 하기 때문입니다. 그러나 결혼도, 가족도 도망갈 수 없는 만남입니다. 우리의 만남은 도망갈 수 없는 만남입니다. 도망갈 수 없는 감옥에서 부부가 딱 만났는데, 한쪽은 "옛날에 내가 얼마나 잘 살았는지 아냐!"를 부르짖는 관원장이고, 다른 한쪽은 노예 신분의 요셉입니다. 여기서 누가 주인공입니까? 예수 믿는 요셉이 주인공 아닙니까. 예수도 모르고, 자신이 죄인인 줄도 모르는 두 관원장이 잘난 척을 하고 앉아 있는데, 노예인 요셉이 그 죄인들을 딱 섬기고 있는 것입니다. 우리도 가정에서 인내하며 섬길 때 우연이 아닌 우리의 만남 속에서 구원의 기회가 만들어질 줄 믿습니다.

✦ 부모와의 만남, 배우자와의 만남, 자녀와의 만남을 통해 인내를 배우고 있습니까? 이 모든 만남을 통해 나를 향한 하나님의 구원 계획이 차질 없이 이루어졌다는 생각이 드십니까? 도망갈 수 없는 만남임을 인정하고 내가 섬겨야 할 가족과 지체는 누구입니까?

섬김을 통해 기회를 만듭니다

친위대장이 요셉에게 그들을 수종들게 하매 요셉이 그들을 섬겼더라 그들이 갇힌 지 여러 날이라_창 40:4

요셉은 원래 어떤 사람입니까? 창세기 37장 3절에 보면 "요셉은 노년에 얻은 아들이므로 이스라엘이 여러 아들들보다 그를 더 사랑하므로 그를 위하여 채색옷을 지었더니"라고 합니다. 그는 원래 아버지의 편애를 받아 채색옷이나 입고 형들 일할 때 혼자 놀면서 형들의 잘못을 고자질하던 인간입니다. 그런데 하나님이 그의 채색옷을 확 벗겨 버리고 노예의 옷을 입히셨습니다. 이렇게 요셉이 땅끝까지 낮아지니 하나님을 부르짖게 되었습니다. 아마도 그는 아버지도 형제들도 없는 애굽 땅에서 어려서부터 들은 말씀을 기억하지 않았을까요?

"엄마, 아빠보다 하나님이 너를 지켜 주신단다. 낮의 해가 너를 상하게 하지 않고, 밤의 달도 너를 해치지 않게 해 주신단다(시 121편)."

그렇습니다. 요셉은 땅끝까지 낮아지는 시간을 통해 하나님이 나와 함께하시는 것이 무엇인지 비로소 깨달았을 것입니다. 우리의 자녀들도 그래요. 부모가 어려서부터 자녀를 믿음으로 키우면 어떤 고난 가운데서도 나와 함께하시는 하나님을 만나게 될 줄 믿습니다.

요셉은 비록 노예로 팔려 갔어도 주인을 잘 섬겨서 가정 총무까지 되었습니다. 감옥에 가서는 죄수들을 잘 섬겨서 감옥의 제반 사무를 처리하게 됐습니다. 한마디로 요셉의 전공은 총무입니다. 급기야 애굽의 총리까지 되지 않았습니까. 비록 일인자는 아니지만, 이인자 중에 최고가 바로 총리입니다.

제 아들과 며느리가 성격 유형 검사를 해 봤는데, 며느리는 조언자 유형이고, 아들은 주인공 유형이라고 합니다. 겉으로 보기엔 며느리가 더 똑똑해 보이는데, 이인자라는 겁니다. 이런 것을 보면 하나님은 각자 전공별로 고난을 알맞게 주시는 것 같습니다. 요셉을 가정 총무, 감옥 총무, 애굽 총무 되게 하신 하나님이 우리도 은사대로 딱 맞게 섬기게 하실 줄 믿습니다.

배병삼 교수가 쓴 한 칼럼에 흥미로운 이야기가 있어서 소개합니다.

태풍은 여느 바람과는 성격이 다른 독특한 바람이다. …… 폭풍이 위에서 아래로 퍼붓는 바람이라면, 태풍은 아래서 위로 쳐올리는 바람이다. 또 폭풍이 고기압대에서 생긴다면, 태풍은 저기압대에서 발생한다. …… 태풍을 세우는 힘은 그 한가운데 뻥 뚫린 '눈'에서 나온다. 눈이 없다면 태풍은 한낱 '열대성 폭풍'에 불과하다. 거대한 구름 회오리 한가운데 뻥하니 뚫린 태풍의 눈은 한밤중에 마주친 고양이 눈깔처럼 섬뜩하다.

태풍의 눈은 텅 비고, 고요하며, 기압은 낮다. 그러니까 폭풍이 남성적이라면 태풍은 여성적인 바람이라고 해야 하리라. 자기를 낮추고 고요하며 맑은 태풍의 중심이 가진 특성은 아무리 생각해도 여성적이다 (태풍에 여성의 이름을 붙이던 옛 관습은 나름대로 유래가 있다고 해야겠다).

주목할 점은 기압이 낮으면 낮을수록 더 큰 힘을 발휘한다는 태풍의 역설이다. 2003년 9월에 발생한 태풍 매미는 한반도에 막대한 해를 입힌 최대 위력의 태풍이었다. 인명피해가 130명, 재산피해는 4조 7810억 원에 달했다고 한다. 그런데 사전에 따르면 '태풍 매미는 우리나라에서 기상관측을 실시한 이래 중심부 최저 기압이 가장 낮은 950헥토파스칼(hPa)을 기록했다'고 한다. 중심 기압이 역사상 가장 낮았기에 가장 강한 힘을 발휘했다는 것이다. 중심 기압이 낮을수록 강력한 힘을 갖는다는 것은 아무래도 역설적이다.

정말 강한 힘은 자기를 낮출수록, 또한 중심을 텅 비우고 고요하게 유지할 적에야 터져 나온다는 '힘의 역설'을 태풍으로부터 배운다. 자연의 강한 힘에 그런 역설의 기운이 감돈다면, 인간사회에도 그런 신비한 힘이 있지 않을까.

…… 더 묘한 사실은 스스로를 내세우지 않고 낮출수록 더 큰 힘이 발휘되는 역설이 오늘날 기업경영에서도 일어나고 있다는 점이다. 즉 자신을 낮추고 상대방으로부터 겸손하게 배우려 드는 덕의 리더십은 평범한 기업을 위대한 기업으로 바꾼 모범적 사례들 속에도 여전히 관철된다. 현대 기업경영 연구자 짐 콜린스(J. Collins)가 '평범한 기업'을 '위대한 기업'으로 도약시킨 탁월한 기업가들을 연구한 대목에서 덕치에 대한 것과 똑같은 언어를 구사하고 있다는 사실은 놀랍다.

'평범한 기업'의 리더들이 지극히 자기중심적인 것과는 대조적으로 '위대한 기업'으로 도약을 성공시킨 리더들이 자신들의 이야기를 얼마나 삼가는지를 보고 우리는 충격을 받았다. 좋은 회사를 위대한 회사로 도약시킨 리더들은 인터뷰 중에 우리가 끼어들지 않는 한 회사나 다른 경영진의 공헌에 대해서만 이야기했다. 그들 자신의 공헌에 대해 듣고 싶었던 우리의 기대는 번번이 빗나갔다. 마침내 그들 자신에 대해 말해 달라고 조르면 이런 식으로들 말하곤 했다.

"나는 내가 거물처럼 비치길 원치 않습니다."

"내가 그렇게 유능했다고요? 아, 그건 너무 이기적인 말처럼 들리는데요, 내 생각엔 난 그런 찬사를 받을 자격이 없어요."

…… 평범한 회사를 위대한 회사로 도약시킨 리더들과 함께 일하거나 그들에 대해 글을 쓴 사람들은, 그들의 리더십에 대해 다음과 같은 단어나 표현을 계속 썼다. '조용한', '자신을 낮추는', '겸손한', '조심스러운', '수줍어하는', '정중한', '부드러운', '나서기 싫어하는', '말수가 적은', '자신에 관한 기사를 믿지 않는' 등등이다.

여러분, 자신을 낮추고, 나서기 싫어하고, 정중하고, 부드럽고, 이런 것이 기술적으로 배운다고 되는 겁니까? 인간의 힘으로 가능합니까? 하지만 성경에는 이 모든 원리가 다 들어 있습니다.

성경은 모든 사람은 죄인이라고 말씀합니다(롬 3:23). 자신이 죄인임을 인정하는 사람은 함부로 나서지 않습니다. 내 힘이 아닌 하나님의 힘으로 살아가기에 자연스레 자신을 낮춥니다. 그래서 거룩의 최고봉은 다름 아닌 '자연스러움'입니다. 그런데 기업 성공의 비결이 자연스레 자신을 낮추는 것이고, 그것이 바로 최고의 덕치라는 겁니다. 이처럼 항상 나보다 남을 낮게 여길 때 성공의 기회도 주어지는 것입니다.

지혜와 지식의 근본은 내가 죄인임을 인정하고 여호와를 경외하는 것입니다(잠 9:10). 그런데도 여전히 "내가 왜 죄인이냐"고 따지는 분들이 있다면 "나는 바보다" 이렇게 이야기하는 것과 다름없습니다. 그런 사람은 기회가 와도 결코 잡을 수 없습니다.

✢ 땅끝까지 내려가는 고난으로 하나님만 의지하게 된 적이 있습니까? 그 고난을 통해 발견한 나의 은사는 무엇입니까? 내가 죄인임을 인정하고 하나님을 경외했을 때 어떤 섬김의 기회가 주어졌습니까?

위로자가 기회를 얻습니다

옥에 갇힌 애굽 왕의 술 맡은 자와 떡 굽는 자 두 사람이 하룻밤에 꿈을 꾸니 각기 그 내용이 다르더라 _창 40:5

잠시 후에 밝혀지겠지만, 술 맡은 자는 억울하게 감옥에 들어왔고, 떡 굽는 자는 잘못을 해서 들어왔습니다. 아무리 한쪽은 잘못이 없더라도 애굽 왕 바로가 생사여탈(生死與奪)을 쥐고 있으니 두렵기는 둘 다 매한가지입니다. 자신들의 지위로도 어찌할 수 없는 문제에 봉착한 것이죠.

6 아침에 요셉이 들어가 보니 그들에게 근심의 빛이 있는지라 7 요

> 셉이 그 주인의 집에 자기와 함께 갇힌 바로의 신하들에게 묻되 어찌하여 오늘 당신들의 얼굴에 근심의 빛이 있나이까 _창 40:6~7

요셉이 두 관원장에게 근심의 빛이 있는 것을 알아채고 그 이유를 묻습니다. 여기서 그들이 요셉과 함께 갇혔다는 것은 어떤 의미입니까? '감옥 생활'이라는 같은 고난을 공유하고 있다는 것이죠. 그런데 말입니다. 감옥에 있는 수많은 사람 중에서 이들의 아픔에 관심을 갖고 그 마음을 헤아린 사람은 왜 요셉뿐이었을까요? 그가 하나님의 자녀이기 때문입니다.

그러면 하나님의 자녀는 어떤 존재입니까? 다함이 없는 하나님의 사랑을 받는 하나님의 내 새끼 아닙니까? 그가 받은 하나님의 사랑은 다른 사람들에게 자연스레 흘러가기 마련입니다. 그래서 하나님의 자녀는 억지로 섬기는 것이 아니라 자발적으로 다른 사람을 섬깁니다. 그런데 만약 요셉이 바로의 신하들을 무시하거나 귀찮게 여겼다면 어땠을까요? 그 자신을 영광의 길로 인도하는 기회는 결코 주어지지 않았을 것입니다.

목장(소그룹 모임)을 섬길 때도 그래요. 목자(소그룹 리더)가 내가 받은 하나님의 사랑을 기억하며, 목원(소그룹 구성원)의 형편과 영적 상태에 관심을 갖고 세심하게 섬길 때 목자에게 기회가 옵니다.

"나는 목자로서 지체들을 열심히 섬겼는데, 하나님이 축복을 안 주신다"고 생각하는 분이 있습니까? 그렇다면 그냥 밥 사 주고 생색내는 것 말고, 진심으로 목원들을 섬겼는지 가슴에 손을 얹고 한번 생각해 보시기 바랍니다.

우리가 자꾸 "예수를 믿어도 되는 일이 없다"고 불평하는 것은 나와 하나님 사이에 아직 해결되지 않은 문제가 남아 있기 때문입니다. 남들 보기에 잘살고 못살고는 사실 큰 문제가 아닙니다. 늘 자신보다 힘든 사람에게 관심을 갖고 욕을 먹더라도 남을 섬기기로 작정하는 사람에게 하나님이 큰일을 맡기십니다. 이타적으로 섬기는 사람을 어찌 하나님이 축복하지 않으시겠습니까.

요셉의 일생을 보면 그가 애굽의 총리가 되기 위해 어떤 획기적인 이벤트를 기획했다거나 특별한 일을 한 적이 없습니다. 그가 한 일이라곤 그저 매일매일 사소한 일상에 충실하며 세심하게 주변 사람들을 섬긴 것뿐입니다.

수년 전의 일입니다. 지금은 장로님이 되신 어떤 분에게 제가 "아이가 있으니 재혼하지 말라"고 권면했습니다. 그런데도 이분이 초혼인 자매와 재혼을 감행했습니다. 당시 전처가 아들을 키우고 있었는데, 하루는 아이가 입원해서 지금의 아내와 함께 병문안을 갔답니다. 그런데 막상 병원에 가니 아들은 아프고, 전처와 지금의 아내 사이에서 눈치를 보느라 아주 죽을 맛이었답니다. 그런 와중에 아내 집사는 남편이 전처와 익숙하게 대화하는 모습이 도저히 감당이 안 되더랍니다. "당신 오늘 많이 힘들었지?" 이 한마디만 해 주면 서운한 마음이 싹 풀릴 텐데, 남편이 그 한마디를 안 해 줘서 너무 서러웠답니다.

"사랑해, 나는 당신밖에 없어" 이런 말은 결혼 전에는 믿으면 안 됩니다. 결혼하고 나서 해야 진짜입니다. 항상 모든 말은 때를 잘 맞춰야 하는데, 속 썩이는 남편들을 보면 다들 결혼 전에는 사랑한다 어쩐다 별소리를 다하고선 막상 결혼하고 나면 생난리를 치는 걸 많이 봅니다. 물론 인간이 100퍼센트 죄인인지라 그럴 수밖에 없는 연약함이 있지요. 하지만 역으로 생각해 보면 내가 배우자에게 조금만 관심을 가져도 그만큼 관계 회복의 기회를 쉽게 얻을 수 있다는 겁니다.

자, 이제 요셉의 인생을 다시 살펴보겠습니다. 요셉은 형들이 달려들어 자신을 죽이려고 한 것도 기막힌데, 졸지에 노예 신세가 되어 애굽으로 팔려 갔습니다. 주인인 보디발을 열심히 섬겼건만, 현실은 감옥에 갇힌 강간범 신세입니다. 그러나 요셉은 어떤 상황에서도 한결같이 성실했습니다. 더욱이 감옥에서는 선임 죄수로서 누구보다 동료 죄수들을 위로하는 자로 자리매김했죠.

그렇다면 요셉이 위로자가 된 비결은 무엇일까요? 요셉은 사람이 아닌 하나님께 위로를 받았습니다. 위로는 하나님께로부터 오는 것입니다. 그렇다고 사람의 위로를 무시하라는 말이 아닙니다. 순서가 중요합니다. 요셉은 먼저 하나님께 위로를 받고, 그것으로 사람을 위로했습니다. 사도 바울도 그랬어요. 먼저 하나님께 위로받았기에 옥에 갇힌 가운데서도 옥중서신을 써서 성도들을 위로한 것입니다. 이처럼 기회를 얻는 자의 특징은 자신이 힘든 처지에 있더라도 먼저 다른 사람의 어려움에 관심을 갖는 것입니다.

지금 내가 암에 걸렸는데, 다른 사람의 아픔에 관심을 보인다면 믿지 않는 사람이라도 나에게 어찌 감동하지 않겠습니까? 함께 갇힌 가운데 있는 위로자는 우리 아이가 시험에 떨어졌는데, 시험에 떨어진 다른 아이 엄마를 위로하여 기회를 얻는 자입니다. 여기서 더 나아가 붙은 아이를 축하해 주는 것이야말로 더더욱 기회를 얻는 비결입니다.

존 맥스웰(John C. Maxwell)의 『관계의 기술』이란 책에 보면, 사람의 마음을 끄는 카리스마가 있는 사람들의 특징 중 하나가 '다른 사람에 대한 관심'이라고 합니다. 여기서 관심이란 감상적이거나 보호자와 같은 태도로 "내가 너를 도와줄게" 하는 것이 아니랍니다. 상대방의 필요를 감지하고 애정을 갖고 보살핌으로써 그로 하여금 자기 자신이 얼마나 중요한 존재인지 느끼게 해 주는 것이 관심이고, 카리스마를 얻는 비결이라는 겁니다.

한번은 누군가가 워싱턴 사교계의 명사인 펄 메스타(Perle Mesta)에게 이렇게 물었다고 합니다. "수많은 명사와 부자들을 당신의 파티에 오게 하는 비결이 무엇인가요?" 그러자 그녀는 "만날 때와 작별할 때의 인사에 달려 있다"고 대답했답니다. 손님이 올 때마다 "드디어 당신이 여기에 오셨군요!" 하고 맞이하고, 떠날 때는 "당신이 벌써 가야 한다니 너무 안타까워요"라고 아쉬움을 표현한다는 겁니다.

우리는 흔히 모임에서 두 유형의 사람을 만날 수 있습니다. 누군가가 와도 심드렁하게 "어 왔어?" 하거나 "어머나, 오셨어요~ 당신이 오니까 여기가 다 환해지네요"라고 하는 유형입니다. 당연히 후자처럼 말하는 사람 주변에 더 많은 사람이 모이겠지요. 하나님의 사랑으로 접붙여진 사람들의 특징이 그렇습니다. 그 사랑이 전염되니 다른 사람이 기분 좋게 느끼도록 "어머 오셨군요!", "이 자리를 빛내 주셔서 감사해요!", "너무 보고 싶었어요"라는 말이 진심으로 나오는 겁니다. 이것이 관계의 기술입니다.

결론적으로 카리스마가 있는 사람은 남을 돕고, 다른 사람의 유익을 찾는 데 열심인 사람입니다. 주변 사람들을 화평하게 하지 못하고 분열시키는 사람에게 카리스마가 있을 리 있겠습니까. 방 안으로 들어가 혼자 지내는 사람에게 어찌 카리스마가 생기겠습니까. 우리는 자기중심적인 사람들이 자신의 강점을 다른 사람을 지배하는 데 쓰는 것을 카리스마라고 하지 않습니다.

저는 예전에 꼭 요셉처럼 채색옷을 입고 방 안에 혼자 앉아서 피아노를 치곤 했습니다. 교회에 가서도 누군가가 제게 음식을 가져다주지 않으면 아예 먹지도 않았죠. 제가 그렇게 새침했습니다. 그런데 하나님이 힘든 결혼생활로 저를 연단하셔서 다른 사람의 아픔에 관심을 갖게 되었습니다. 그러니 저야말로 하나님의 작품이 아니고 무엇이겠습니까. 제가 관계의 기술에 달인까지는 아니지만, 누구를 만나도 용납되는 마음을 갖게 된 것은 다른 이유가 없습니다. 하나님이 고난으로 저를 낮추셨기 때문입니다.

하나님이 여러분에게 고난을 주신 이유도 그래요. 나와 같은 고난 가운데 있는 사람들을 살리라는 것입니다. 그러므로 누군가에게서 근심의 빛을 봤다면 "무슨 근심이 있으세요?" 하고 먼저 물을 수 있어야 합니다.

그런데 "어머나 오셨군요!"라고 똑같이 말을 해도 진심이 아니면 상대방이 듣기 싫은 것이 딱 있지요. 흉내 낸다고 되는 게 아닙니다. 내가 죄인임을 인식해야 다른 사람들을 진심으로 대하고, 위로도 할 수 있습니다.

✦ 함께 갇힌 가운데 위로자가 되어 다른 이들의 아픔에 관심을 갖고 그 마음을 헤아리고 있습니까? 나는 모임에서 어떤 사람입니까? 내가 죄인임을 인식하며 상대방을 진심으로 대하고 있습니까?

하나님만이 해석자가 되십니다

그들이 그에게 이르되 우리가 꿈을 꾸었으나 이를 해석할 자가 없도다 요셉이 그들에게 이르되 해석은 하나님께 있지 아니하니이까 청하건대 내게 이르소서 _창 40:8

우리가 악몽에 시달릴 때는 주로 언제입니까? 두렵고 무서울 때 악몽을 많이 꾸지요. 두 관원장도 그랬습니다. 문제는 그 꿈을 해석할 자가 없다는 겁니다. 우리 인생도 이처럼 해석되지 않는 문제들로 가득 차 있습니다.

그런데 그들이 이런 이야기를 굳이 요셉에게 하는 이유가 무엇일까요? 요셉이 두 사람의 문제에 관심을 가졌을 뿐만 아니라 평소에도 그들에게 신뢰를 받았기 때문입니다. 그래서 그들이 소위 상담을 요청한 것이죠. 그러자 요셉이 자신을 고난 가운데서 건져 주신 하나님에 대해 간증합니다. 그러면서 "해석은 하나님께 있지 아니하니이까"라고 당당히 이야기합니다.

우리는 당장 감옥에서 나오는 것이 최고의 해석이라고 생각하기 쉽습니다. 그래서 학교든 직장이든 붙는 것이 해석이고, 힘들면 이혼하는 것이 해석이라고 여깁니다. 그러니 하는 일이 무엇입니까? 용하다는 무당에게 찾아가 "이번에는 정말 붙나요?", "무죄판결을 받을 수 있을까요?" 묻고 다니는 겁니다. 그러나 하나님은 "접신한 자와 박수무당을 음란하게 따르는 자에게는 내가 진노하여 그를 그의 백성 중에서 끊으리니"(레 20:6)라고 말씀하셨습니다. 잘못 예언해 주는 사람이나 잘못 상담해 주는 사람도 마찬가지입니다. 사람을 실족하게 하는 자는 차라리 연자 맷돌이 그 목에 달려서 깊은 바다에 빠뜨려지는 것이 낫다고 했습니다(마 18:6). 그러나 요셉은 꿈을 해석하는 일도 하나님의 일임을 잘 알았습니다.

우리가 해석을 잘하는 방법은 따로 없습니다. 말씀 묵상만이 해답입니다. 세상은 해석이 안 되는 일투성이라고 부르짖지만, 말씀이신 주님을 만나게 되면 우리가 해석하지 못할 일이 없습니다. 하나님은 그분의 뜻과 계시가 온전히 담긴 성경이 기록된 이후에는 더는 초자연적이고 신비로운 방법으로 구원의 섭리를 계시하지 않으십니다. 물론 하나님의 뜻이 꿈과 환상을 통해 드러날 때도 있지요. 하지만 어디까지나 일시적입니다. 오늘을 사는 성도들은 성령이 스승 되시고, 환난이 주제가 되고, 성경이 교과서가 되어 하나님의 뜻을 발견합니다. 무조건 "방언이 최고다!", "신유가 최고다!", "말씀이 최고다!", "기도가 최고다!" 주장하는 것은 신앙의 균형이 제대로 잡혀 있지 않기 때문입니다. 그 어떤 것도 지나치게 신성시하면 어리석음을 범하게 마련입니다.

제가 말씀 묵상을 강조한다고 해서 날마다 마른 뼈처럼 "말씀! 말씀!"만 외치는 것이 아닙니다. 성령의 도움을 받아 내 죄를 보면서 '오늘 내가 말씀이 부족한가? 찬양이 부족한가? 감사가 부족한가? 선교가 부족한가? 구제가 부족한가?'를 날마다 찾는 것이 올바른 묵상의 태도입니다. 그렇다고 방언도 신유도 다 필요 없다는 뜻이 아닙니다. 결론적으로 우리의 말씀 묵상은 'Balanced Life', 즉 인격적이고 균형 잡힌 신앙생활이 되어야 한다는 겁니다.

그런데 왜 창세기 저자는 꿈풀이에 관한 기사를 40장과 41장에 걸쳐 두 장이나 길게 언급했을까요? 인생의 모든 문제는 해석의 문제라고 해도 과언이 아니지요. 말씀으로 해석하는 것이 무엇인지를 보여 주어야 하기에 이 꿈풀이가 굉장히 사소한 일 같아도 상당히 길게 언급된 것입니다.

우리 인생이 예수를 믿는 순간부터 순풍에 돛 단 것같이 자녀들도 착하고 공부 잘하고 직장도 잘 가고 결혼도 잘하고 아이도 잘 낳고 그러면 얼마나 좋겠습니까? 그러나 성경은 결코 그런 형통을 약속하지 않습니다. 그래서 요셉의 인생을 통해 그가 얼마나 고난 가운데 형통했는지 계속 말씀하시는 겁니다. 아이러니하게도 요셉이 형통할 수 있었던 비결은 인생이 자기 마음대로 되지 않았기 때문입니다.

생각해 보세요. 100퍼센트 죄인인 인간이 자기 마음대로 살다 보면 어떻게 되겠습니까? 정말 썩어질 육신밖에 없는 인생인데, 아무리 지금 잘나간다고 해도 10년만 지나면 말짱 꽝입니다. 당장 내일이라도 질병에 걸릴 수 있고 부도가 날 수도 있는 게 인생입니다.

부도의 감옥, 질병의 감옥, 결혼의 감옥, 배우자의 감옥, 자녀의 감옥에서 힘들 수 있지만 그 모든 상황에서도 항상 하나님이 나와 함께하심을 믿으시기 바랍니다. "볼지어다 내가 세상 끝날까지 너희와 항상 함께 있으리라"(마 28:20). 이 약속을 굳게 붙잡으시기 바랍니다.

야곱을 봐도 그래요. 그가 얼마나 거짓말쟁이에 사기꾼에 돈 좋아하고 여자 좋아하는지를 우리가 그동안 창세기를 묵상하면서 많이 보지 않았습니까. 그런데 그런 야곱이 성자(聖者)가 되기까지 130년이란 험악한 세월을 보냈다고 고백합니다(창 47:9). 돈을 내려놓고, 여자를 내려놓고, 계속 내려놓고 내려놓으면서 높은 수준의 성화에 이른 것입니다.

반면 요셉은 죄 없이 팔려 가고, 억울하게 감옥에 갇혔습니다. 하지만 그때마다 하나님을 의지했더니 결국 세상에서도 총리라는 영화로운 자리에 올랐습니다. 우리가 이 땅에서 억울하게 당하는 일이 많을수록 영화로운 자리에 올라가게 될 줄 믿습니다. 그러니까 지금 억울한 일을 당한다고 너무 속상해하지 마세요.

"부당하게 고난을 받아도 하나님을 생각함으로 슬픔을 참으면 이는 아름다우나 죄가 있어 매를 맞고 참으면 무슨 칭찬이 있으리요 그러나 선을 행함으로 고난을 받고 참으면 이는 하나님 앞에 아름다우니라"(벧전 2:19~20).

우리가 주님 앞에 아름다운 인생을 살 때 하나님께서 그 인생을 책임지지 않으시겠습니까? 저는 어려서부터 억울한 일을 많이 겪었습니다. 때로는 '왜 나만 책임을 져야 하나'라고 생각하기도 했어요. 그러나 그로 인해 오늘날 제가 우리들교회 성도들을 섬기게 된 줄 믿습니다. 그러니까 여러분도 온몸으로 "내 인생은 너무 억울해!" 이러지 마시고, 이제부터 억울한 일을 당하기로 결정하시기 바랍니다. 요셉이 아무것도 모르고 억울하게 당한 것을 아시고, 하나님이 너무 미안해서 그를 형통하게 하신 것을 기억하시기 바랍니다.

하나님은 택한 백성이 범죄할 때는 고난으로 그를 연단하여 성화에 이르게 하십니다. 그리고 그 고난을 믿음으로 잘 참고 통과하면 마침내 영화의 자리에 이르게 하십니다. 우리는 야곱이든 요셉이든 별 인생이 없다는 것을 알고, 하나님만 믿고 나아가면 됩니다. "어떻게 내게 이런 일이 있을 수가 있어!", "하나님 도대체 왜 이러세요?" 이런 이야기는 이제 그만하시기 바랍니다. 하나님은 '왜'가 없으십니다. 하나님은 100퍼센트 옳으시고 인간은 100퍼센트 죄인이기 때문입니다.

둘 다 대기업을 다니는 전문인에 외모도 훌륭하고 모든 것을 갖춘 한 부부가 있습니다. 그런데 남편이 자꾸만 아내가 교회 가는 것을 핍박하더랍니다. 하루는 남편이 아내에게 교회에 가든지 자신과 이혼을 하든지 선택하라고 했습니다. 그러자 아내가 '분명히 여자가 있구나' 촉이 딱 오더랍니다. 그런데 알고 보니 남편에게 진짜 여자가 있었습니다.

직업이든 외모든 다 갖추면 뭐합니까? 잘 먹고 잘살게 되면 악과 음란으로 가는 것이 수순입니다. 아내들의 땅끝 고난이 남편의 바람인데, 이런 상황이 너무 기가 막히지 않습니까? 그런데 더 기막힌 것은 이 남편이 바람을 들키고 나서 아내에게 별의별 이야기를 다 한다는 겁니다.

다음은 이 아내 집사님의 나눔입니다.

교회 홈페이지에 기도 제목을 올린 후 공동체의 기도로 기적 같은 평안을 맛보며 가고 있습니다. 남편은 내연녀와 헤어지고 실연의 상처로 눈물을 흘리며 죽을 것 같다고 하면서도 며칠 동안 매일 몇 시간씩 저에게 나눔(?)을 했습니다. 하나님이 붙들어 주지 않으시면 들어줄 수 없는 남편의 얘기들을 들으면서 저는 목원의 나눔인 양 처방도 해 주었습니다. 그런데도 전혀 분이 나거나 요동되지 않고 오히려 남편이 체휼되는 신기한 경험을 했습니다.

남편은 3년 전부터 회사를 다니면서 고시를 준비한다고 했습니다. 그래서 늘 집에 오면 책과 인터넷 강의만 보며 시험 준비에 매달려 지냈습니다. 남편은 시험에 자신이 없기도 했지만, 고시에 합격해도 저와 있으면 행복할 것 같지 않아서 공부가 더 힘들었다고 했습니다. 그런데 그 여자와는 행복하게 새로운 인생을 시작할 수 있을 것 같아 그녀를 생각하면 공부에 더 의욕을 가질 수 있었다고 했습니다. 지금 그 여자와 헤어지는 것이 힘든 이유는 공부와 인생에 대한 희망을 둘 다 놓치는 것 같기 때문이랍니다.

남편이 이런 이야기를 제게 하는 것은 그 여자가 남편에게 헤어지자고 했기 때문입니다. 그녀가 이미 다른 사람에게 마음이 간 것을 알지만, 남편은 도저히 그 여자를 놓을 수가 없다고 합니다. 자기가 차는 것으로 결론이 나야 그나마 무너지지 않을 것 같답니다. 그러면서 지금 자신이 괴로운 건 그녀를 사랑해서라기보다는 자기 인생에 대한 욕심과 이기적인 마음 때문인 것 같다고 자기 분석도 곧잘 합니다. 그래도 결론은 어떻든 그 여자 때문에 자기가 죽을 것 같다는 말입니다. 저는 헛된 우상 때문에 죽을 것 같은 고통을 느끼는 남편을 보면서 불쌍하다는 생각이 들었습니다. 무엇보다 헛된 우상을 섬기다가 이 가정과 남편을 쑥대밭으로 만든 장본인이 바로 저임이 인정되니 정말 남편에게 미안했습니다.

이렇게 하나님이 말씀과 공동체의 기도로 저를 붙들어 주시기 때문일까요? 남편은 저와 얘기하면 마음이 편해진다고 합니다. 기근 가운데 "이 땅의 모든 물 근원과 모든 내로 가자 혹시 꼴을 얻으리라"(왕상 18:5) 한 아합 왕처럼, 아직 하나님을 모르는 남편은 여전히 물을 찾아 다니며 꼴을 얻을까 방황하고 있습니다. 그래서 저는 엘리야가 "내가 섬기는 만군의 여호와께서 살아 계심을 두고 맹세하노니 내가 오늘 아합에게 보이리라"(왕상 18:15) 한 말씀대로 남편에게 내가 보여야 할 것이 무엇인지 계속 묵상했습니다.

그렇게 묵상하고 있는데, 남편이 제게 전화를 해서 지금 그 여자 집에 간다고 했습니다. 그녀가 정신적인 친구로만 지내자고 했다면서 어떻게 그렇게 이기적일 수 있는지 너무 화가 나서 순간 그녀를 죽이고 자기도 죽을까 하는 생각마저 들었다고 했습니다. 어떻게든 끝장을 봐야겠다고 하는 남편에게 극단적으로 생각하지 말고 우리 딸을 생각하라고, 아빠가 되어 감옥에 들어가면 되겠냐고 말해 주었습니다.

남편은 한참 저와 얘기하면서 좀 누그러졌는지 이렇게 차이는 걸로 끝나서는 자기가 살 수 없으니 일단 계속 만나면서 친구로 지내다가 복수할 기회를 노려야겠다고 합니다. 말이 안 되는 소리를 계속하면서 자신의 모습이 어떤지도 모르고 날뛰는 남편이 하나님을 만나기를 간절히 기도합니다.

"바다 가운데에 길을, 큰 물 가운데에 지름길을 내신다"(사 43:16)는 말씀처럼, 이 큰 물 가운데 남편에게 주께로 가는 구원의 지름길이 열리길 기도합니다. 유월절 예수님의 피로 심판이 유월되게 하심으로 폭풍 가운데서도 잠잠히 하나님의 능력을 보며 감탄하게 하시는 나의 주님을 찬양합니다.

일류 대학을 나와서 최고의 회사를 다니는 남자들의 현실이 한마디로 '짐승'인 겁니다. 그러나 여러분, 예수가 없으면 우리가 다 죄인 아닙니까? 그래도 이 남편이 자기가 그렇게 괴로운데 아내하고 이야기하면 편하다고 합니다.

남편이 죄를 지어도 아내 한 사람이 이렇게 중심 잡고 말씀으로 해석하고 있으면 구원의 기회를 얻게 되는 겁니다. 이 집사님이 남편의 이야기를 들어 주는 것이 기가 막히지만 이렇게 해석하고 가면 이 세상에 해석하지 못할 일이 없을 줄 믿습니다. 하나님이 반드시 이 집사님의 감사를 기억하셔서 형통하게 하실 줄 믿습니다. 세상이 감당하지 못하는 믿음으로 이 가정이 성화되기를 기도합니다.

그런데도 여러분은 여전히 '어떻게 하면 이 감옥에서 빠져나갈까?' 이런 생각만 드십니까? 물론 감옥에 있는 것이 힘들지요. 그러나 고난을 말씀으로 해석하고 감사할 때 하나님이 여러분의 인생을 형통하게 하실 줄 믿습니다.

✤ 내 인생에 해석되지 않는 문제가 있습니까? 고난을 말씀으로 해석하고 감사할 때 하나님이 내 인생을 형통하게 하실 것을 믿습니까?

우리가 해석을 잘하는 방법은 따로 없습니다.
말씀 묵상만이 해답입니다.
세상은 해석이 안 되는 일투성이라고 부르짖지만,
말씀이신 주님을 만나게 되면
우리가 해석하지 못할 일이 없습니다.

우리들 묵상과 적용

저는 결혼하고 바로 남편과 유학을 떠났다가 귀국 후 시댁살이를 했습니다. 그러나 율법과 전통에 매인 시댁에서의 삶은 제게 감옥과도 같았습니다. 억울하게 감옥살이해도 좋은 해석을 하며 이타적으로 살던 요셉과는 달리(창 40:3~4) 저는 날마다 시댁에서 벗어날 궁리만 하며 속에 쌓인 화를 어린 자녀들에게 쏟아 내곤 했습니다. 그러다 큰딸의 극심한 반항이 시작됐습니다. 저는 불 가운데 녹아 버릴 것 같은 고통 속에서 살고자 말씀을 붙들기 시작했습니다. 그러나 말씀을 들으면서도 여전히 감옥에서 빠져나가는 것만이 최고의 해석이라 여기니 딸에 이어 아들의 수고가 뒤따랐습니다.

어린 시절을 외국에서 보낸 아들은 귀국 후 한국말이 서툴러 친구들에게 놀림을 받았습니다. 하지만 저와 남편은 아들이 얼마나 외롭고 힘들어하는지 관심조차 두지 않았습니다. 오히려 아들을 서울로 전학까지 시키며 학원으로 내몰았습니다. 순종적이던 아들은 부모가 시키는 대로 열심히 공부했지만, 원하던 외고에 들어가지 못하자 깊은 상처와 열등감을 갖게 되었습니다.

그러던 어느 날, 아들은 "20kg이 넘는 가방을 메고 지하철을 두 번씩 갈아타면서 학원에 다니는 것이 얼마나 힘든지 엄마, 아빠도 알아야 한다"며 먼저 제게 가방을 메게 했습니다. 허리가 아프고 다리가 저렸지만, 아들이 시키는 대로 45분 동안 가방을 메고 있었습니다. 잠시 후 아들은 남편에게도 가방을 메라고 시켰습니다. 그러면서 "전학생이던 제게는 친구들과 보낼 시간이 필요했어요. 그런데 수업이 끝나자마자 학원으로 달려가야 했다고요. 그게 얼마나 힘들었는지 알아요!" 하며 통곡했습니다. 그 말에 저희 부부는 가슴이 찢어졌고, 입을 다물 수밖에 없었습니다.

    그 후로도 아들은 일류 대학에 들어가는 것이 인생의 목표가 되어 조금이라도 공부에 방해되는 일이 생기면 분이 나서 있는 대로 소리를 지르고 물건을 던지며 부모 탓을 했습니다. 아들은 자신이 이러는 이유가 일중독의 무정한 엄마로 인해 생긴 공포와 불안 때문이라고 했습니다. 그런데 그런 아들을 보며 제게 선물로 주신 생명들을, 하나는 제 공부에 방해가 된다고, 하나는 입덧 때문에 힘들다고, 하나는 아들이 아니라는 이유로 낙태하고, 오랫동안 아무렇지도 않게 살아온 죄가 생각나 회개가 되었습니다. 이후 하나님은 감옥에서 두 관원장을 섬긴 요셉처럼, 자녀 고난의 옥에 함께 갇힌 목원들의 형편과 영적 상태에 관심을 가지고 그들을 세심하게 섬길 기회를 주셨습니다 (창 40:5~8). 이기적인 저를 고난을 통해 이타적인 삶으로 인도하신 하나님, 사랑하고 감사합니다.

영혼의 기도

하나님 아버지, 제 인생의 만남을 돌아보니 그 어떤 만남도 기회가 아닌 것이 하나도 없었습니다. 모두 저를 범사에 형통하게 하시려고 주신 기회들이었습니다.

그러나 아직도 갇힌 가운데 기뻐하는 것이 온전히 되지 않습니다. 함께 갇힌 자를 위로하는 것도 제가 선택해서 하는 것이 있습니다. 주여, 불쌍히 여겨 주옵소서.

사람들에게서 근심의 빛을 금세 발견하지 못하는 것은 완전히 낮아지지 못하고, 섬김의 자리에 있지 않기 때문임을 알았습니다. 그래도 주님, 해석은 오직 하나님께 있음을 믿사오니 고난을 말씀으로 해석하며 감사하는 우리가 되기를 원합니다. 그리할 때 나와 함께 갇힌 자를 위로하는 인생이 될 줄 믿습니다.

나는 아무것도 할 수 없지만 참으로 하나님의 은혜로 여기까지 왔습니다. 주께서 나를 인도하셔서 지금까지 형통하게 하신 것처럼 앞으로도 형통하게 하실 줄 믿사오니 날마다 말씀으로 우리를 인도해 주옵소서.

우리 인생에 어떤 것도 감사하지 않을 것이 없음을 고백하며 각자 도망갈 수 없는 만남 가운데 구원의 기회를 얻도록 주여, 역사하여 주옵소서.

    나 한 사람이 낮아져서 섬김으로 모두를 살리는 축복이 임하도록 우리 삶에 은혜를 더하여 주옵소서. 예수님 이름으로 기도드립니다. 아멘.

02

해석은 이러하니

창세기 40장 8~23절

하나님 아버지,
가정마다 교회마다 직장마다 나라마다
풀리지 않는 문제를 해석할 수 있는
지혜와 총명이 임하도록
말씀해 주옵소서. 듣겠습니다.

십수 년 전 북한이 아무런 선전포고도 없이 연평도를 포격했습니다. 당시 영국 일간지인 《가디언(The Guardian)》은 "북한 문제의 핵심은 절대주의적 이데올로기나 종교적 신념도 아니고, 인종 문제, 심지어 무기 확산도 아니다. 돈과 권력을 원하는 김씨 일가가 제기하는 분쟁"이라고 지적했습니다. 그러면서 "북한이 원하는 체제를 인정해 주고 평화 협정을 체결하며, 제재를 해제하고 물질적 지원을 해 주며, 세습을 보장하고 그 대가로 도발 중단과 핵 포기를 받아 내며 시장개방을 유도한다면, 나쁜 행동에 대한 보상이 될 수는 있어도 불안정한 핵무장 국가와 공존하는 것보다는 낫다"고 보도했습니다.

여러분은 북한의 도발을 어떻게 생각하십니까? 여전히 남북이 대치하고 있기에 우리는 늘 긴장 상태에 있습니다. 이런 상황에서 북한에 세게 나갔다가 제3차 세계대전이라도 일어나면 어떡합니까? 북한이 도발할 때마다 어떻게 해석해야 할지 몰라 신접한 목사나 예언자를 찾아다니며 전쟁이 날까, 안 날까만 물어보는 사람들이 있습니다. 그렇게 물으러 다니는 이유는 전쟁이 나면 '내가 다칠까 안 다칠까'가 가장 중요하기 때문입니다. 내 일신의 안위가 우선이기 때문입니다.

아람어로 '해석'은 '얽힌 실타래가 풀리다'는 뜻입니다. 그런데 남북의 문제는 풀릴 기미가 전혀 보이지 않습니다. 지도자 한 사람의 욕심 때문입니다. 집안 문제도 그렇습니다. 집마다 풀리지 않는 부부 문제, 자녀 문제가 있습니다. 그러나 인간의 힘으로는 얽히고설킨 이 문제를 결코 풀 수 없습니다. 오직 하나님만이 푸실 수 있습니다. 그러면 이런 문제를 우리는 어떻게 해석해야 할까요?

길한 해석은 사명을 감당하라고 주신 해석입니다

그들이 그에게 이르되 우리가 꿈을 꾸었으나 이를 해석할 자가 없도다 요셉이 그들에게 이르되 해석은 하나님께 있지 아니하니이까 청하건대 내게 이르소서 _창 40:8

요셉이 인생의 굴곡을 많이 겪으면서 "해석은 하나님께 있다"는 것을 알게 됐습니다. 그래서 감옥에서 만난 두 관원장의 꿈을 해석해 주는 인생이 되었습니다.

9 술 맡은 관원장이 그의 꿈을 요셉에게 말하여 이르되 내가 꿈에 보니 내 앞에 포도나무가 있는데 10 그 나무에 세 가지가 있고 싹이 나서 꽃이 피고 포도송이가 익었고 11 내 손에 바로의 잔이 있기로 내가 포도를 따서 그 즙을 바로의 잔에 짜서 그 잔을 바로의 손에 드렸노라 _창 40:9~11

이 꿈은 비유라고 하기에는 상당히 사실적입니다. 세 가지에 싹이 나서 꽃이 피고 포도송이가 익는 것은 성장의 3단계를 보여 줍니다. 그러면 '포도를 따서 그 즙을 바로의 잔에 짜서 그 잔을 바로의 손에 올리는' 이 세 가지 행동은 무엇을 뜻할까요? 보통 3이라는 숫자는 하나님을 의미합니다. 요셉이 굳이 따로 해석하지 않아도 좋은 일이 일어나리라 짐작할 수 있지요. 이처럼 해석은 어려운 게 아닙니다. 하나님은 우리가 늘 삶을 잘 들여다보면 해석할 수 있도록 이미 다 보여 주셨습니다. 그래서 예수를 믿고 말씀을 잘 묵상하기만 하면 해석하지 못할 문제가 없는 겁니다.

요셉이 그에게 이르되 그 해석이 이러하니 세 가지는 사흘이라
_창 40:12

요셉이 술 맡은 관원장에게 담대히 꿈을 해석해 줍니다. 믿는 우리도 그렇습니다. 어디로 가든지 '무슨 말을 할까?' 염려할 필요가 없습니다. "사람들이 너희를 끌어다가 넘겨 줄 때에 무슨 말을 할까 미리 염려하지 말고 무엇이든지 그 때에 너희에게 주시는 그 말을 하라 말하는 이는 너희가 아니요 성령이시니라"(막 13:11)라고 주님이 약속하셨기 때문입니다.

저는 설교를 준비할 때 '오늘은 무슨 말씀을 전할까?', '매번 똑같은 말씀을 전하는 건 아닐까?' 하며 골머리를 앓을 때가 많아요. 그런데 막상 단에 서면 성령님이 그 시간마다 제게 말씀하시는 것이 있습

니다. 성령님이 제 안에서 일하시니까 제가 담대히 설교하는 것이지 내 노력으로 했다면 아마 예전에 사역을 그만두었을 것입니다.

지금부터 사흘 안에 바로가 당신의 머리를 들고 당신의 전직을 회복시키리니 당신이 그 전에 술 맡은 자가 되었을 때에 하던 것 같이 바로의 잔을 그의 손에 드리게 되리이다 _창 40:13

꿈에서 술 맡은 관원장은 포도를 따서 그 즙을 바로의 잔에 짜서 바로의 손에 드렸다고 했습니다. 그만큼 이중, 삼중으로 술 맡은 관원장의 복직이 확실하다는 것입니다. 요셉은 이것이 하나님께로 온 해석이기에 당당하고 확실하게 그의 복직을 예언했습니다. 만약 요셉이 자의적으로 해석한 것이라면 예언이 맞지 않았을 때 얼마나 부끄럽겠습니까? 그가 이렇게 확신을 가지고 정확하게 길한 해석을 한 이유는 모두 사명 때문입니다.

반면에 자의적으로 해석하는 거짓 선지자들의 특징은 무엇입니까? "내 백성을 유혹하는 선지자들은 이에 물 것이 있으면 평강을 외치나 그 입에 무엇을 채워 주지 아니하는 자에게는 전쟁을 준비하는도다"(미 3:5). 그렇습니다. 거짓 선지자들은 구원과 상관없이 '평강'을 외치고, 자신들의 탐욕을 채워 주지 않으면 무관심을 넘어 아예 전쟁까지 선포합니다.

당신이 잘 되시거든 나를 생각하고 내게 은혜를 베풀어서 내 사정

을 바로에게 아뢰어 이 집에서 나를 건져 주소서_창 40:14

이 땅에서 내가 잘되고 있다면 그 이유가 무엇일까요? 다시 말해, 하나님이 우리를 좋은 학교, 좋은 직장에 붙여 주신 이유가 무엇입니까? 다 사명을 감당하라고 잘되게 하신 겁니다. 즉, 길한 해석은 사명을 감당하라고 주신 해석입니다. 내가 잘되면 감옥에 갇힌 요셉 같은 자를 구해 내라는 것이에요. 결국 요셉 한 사람을 구하는 것이 이스라엘을 살리는 일 아닙니까. 이처럼 요셉과 술 맡은 관원장은 서로 사명을 감당하기 위해 길한 해석을 주고받았습니다. 이때 요셉은 하나님이 주시는 기회를 잘 활용하면서 하나님의 인도를 받아야 합니다. 꿈을 해석하는 것은 단순한 기술이 아니라 하나님이 베푸시는 은사이기 때문입니다.

요셉은 술 맡은 관원장에게 "당신이 잘되시거든 나를 감옥에서 건져 달라"고 부탁합니다. 이처럼 적절한 상황에서 도움을 요청하는 것은 결코 불신앙이 아닙니다. 나의 필요를 남에게 알리고 도움을 구하는 것도 하나님이 함께하지 않으시면 할 수 없지요. 자존심만 내세우고 아무 도움도 받지 않겠다고 하는 것은 다 열등감 때문입니다. 영적 실력이 있어야 다른 사람의 도움도 받을 수 있습니다.

어릴 때 너무 힘들었지만, 하나님을 만나 희망을 가지고 살다가 좋은 학교도 가고, 좋은 직장도 가게 되었다면 이 모든 것이 사명으로 연결되어야 합니다. 그러나 대부분 잘 먹고 잘살게 되면 사명으로 연결이 잘 안 됩니다. 술 맡은 관원장도 그랬어요. 이후 23절에 보니 "요셈을 기억하지 못하고 그를 잊었더라"고 합니다. 그러니 여러분, 잘된다고 마냥 좋은 것이 아닙니다.

제가 평신도 시절부터 학생 모임, 재수생 모임을 인도해 보니 단번에 학교에 붙어서 열심히 큐티하고 교회에서 봉사하는 아이들이 별로 없더군요. 오히려 재수, 삼수하며 인생의 쓴맛을 맛본 아이들이 하나님을 만나고 교회를 섬기는 것을 많이 봤습니다.

다음은 한 일간지에서 인상 깊게 읽은 기사입니다.

신앙은 처절한 가난과 아픔, 실패까지도 아름답게 바꿔 놓는다. 올해 부산외대를 졸업한 심현주(23) 씨에게도 그랬다. 10대 시절의 그녀는 가난과 부친의 연락 두절, '왕따'에 학교 중퇴까지 전형적인 인생의 낙오자였다. 하지만 그녀는 다음 달 미국의 세인트루이스 소재 워싱턴 대학교로 유학을 떠난다. 그녀의 가슴속엔 이제 절망의 고통 대신 부푼 꿈이 자리하고 있다.

부친의 사업 실패로 가세가 기운 심 씨 가족은 중학교 1학년 때 서울에서 부산으로 이사를 갔다. 거듭된 빚 독촉으로 1년에 한두 차례씩 단칸 셋방을 전전해야 했다. 지방에 살던 부친과는 아예 연락이 두절됐다. 가난 때문에 용모를 제대로 가꾸지 못했던 그녀는 반 친구들한테 왕따를 당했다. 결국 열네 살 중학교 1학년 나이에 학교를 그만뒀다. 학교 중퇴 후에도 가난과 자괴감은 끊임없이 그녀를 괴롭혔다. 심지어 쌀이 없어 김치부침개로 매 끼니를 때우기 일쑤였다. 부모 손을 잡고 쇼핑을 가거나 등교를 하는 학생들을 볼 때면 '행복은 평생 나와는 거리가 먼 얘기'라고 생각했다. 내성적인 성격은 더욱 안으로만 파고들었다.

그렇게 1년을 버티던 그녀에게도 희망이 찾아왔다. 동생이 빌려 온 한 잡지의 기사를 통해서다. 토플이나 텝스 같은 영어 점수만으로도 대학에 들어간 사람들의 얘기였다. '영어만 잘하면 나도 대학에 갈 수 있다.' 그때부터 영어는 그녀에게 희망의 근거로 자리 잡았다. 돈 안 들이고 집에서 영어 공부할 수 있는 방법은 단 하나, TV였다. 2년 후 치른 첫 토익시험에서 그녀는 985점이란 고득점을 받았다. 그리고 이어진 중학교 검정고시에선 전 과목 100점을 달성했고, 고등학교 검정고시마저 합격하며 동료들보다 한 살이나 빨리 대학에 입학했다.

그즈음 그녀는 주위 사람의 권유로 교회를 나가기 시작했다. 캠퍼스 안에 있는 대학교회였다. 심 씨는 "교회를 다니게 된 가장 큰 이유 중 하나는 주일날 하루만이라도 식사를 해결할 수 있었기 때문"이라고 토로했다. 하지만 그렇게 시작한 교회 출석을 통해 그녀의 마음속에 차곡차곡 신앙이 쌓아져 갔다. 어릴 적부터 그녀의 마음을 꽁꽁 묶고 있던 팔자니 숙명이니 하는 생각도 바뀌기 시작했다. 하나님께 기도하고 두드리면 인생의 문이 열릴 것이라는 믿음이 생긴 것이다.

심 씨는 대학 2학년 때 남해 아시아태평양 액티브 에이징 콘퍼런스 통역을 담당했다. '휠체어 여행가' 스콧 레인즈 박사의 강의 통역을 맡은 것이다. 그때 쏟아져 나온 노인 문제는 그녀에게 사명감으로 각인됐다. 기후변화나 보건의료문제 연구물은 많지만 고령화 사회에 대한 대안은 거의 없는 현실을 봤기 때문이다. 심 씨는 아무도 가지 않으려는 '좁은 길'을 걷기로 했다. 세계적인 노인학자가 되기로 결심한 것. 그때부터 그녀의 도전은 세계를 향했다. 지난해 10월엔 유엔 청소년 한국 대표로 선발돼 뉴욕 유엔 본부에서 발표를 했다. 미국교육평가원(ETS) 장학생으로도 선발됐다. 세계적 인재들에게만 주어진다는 풀브라이트 장학금 수혜자에도 이름을 올렸다. 심 씨는 "노인 문제에 대한 소명감(사명감)이 소심하고 수줍음 많은 나를 가만히 있게 내버려 두지 않았다"며 "하나님께서 사명을 주셨고, 그 사명을 위해 하나님께서 모든 걸 이루신 것일 뿐"이라고 담담하게 말했다.

여러분, 공부만 잘하면 무슨 소용입니까? 이 자매처럼 길한 해석을 받았으면 하나님의 일을 해야 하지 않겠습니까. 그러나 술 맡은 관원장은 잘되자마자 요셉을 딱 잊어버렸습니다. 그러니 좋고 나쁘고, 붙고 떨어지는 것에 너무 많은 가치를 두지 마시기 바랍니다. 물론 우리가 열심히 하는 것도 중요하죠. 하지만 사명을 감당하라고 우리를 잘되게 하신 것임을 한시라도 잊어서는 안 됩니다.

✦ 지금 내가 잘되고 또 잘되는 일은 무엇입니까? 그래서 사명을 감당하고 있습니까?

흉한 해석은 상대방을 사랑하는 해석, 진실한 해석입니다

16 떡 굽는 관원장이 그 해석이 좋은 것을 보고 요셉에게 이르되 나도 꿈에 보니 흰 떡 세 광주리가 내 머리에 있고 17 맨 윗광주리에 바로를 위하여 만든 각종 구운 음식이 있는데 새들이 내 머리의 광주리에서 그것을 먹더라 _창 40:16~17

해석이 좋은 것을 보고 사명에 동참하는 것은 유아적 신앙, 미성숙한 신앙입니다. 해석이 나쁜 것을 보고도 동참할 수 있어야 합니다. 하지만 대부분의 사람은 "○○학원에 ○○이가 명문대에 붙었대" 하면 그 학원에 우르르 몰려갑니다. 또 "○○교회 목사님이 기도해 주면 시험에 붙는대" 하면 갑자기 그 교회로 성도가 몰립니다. 떡 굽는 관원장도 지금 그렇습니다.

성 어거스틴(St. Augustine)은 "새가 머리 위로 지나가는 것은 어쩔 수 없더라도 내 머리에 둥지를 트는 것은 막을 수 있지 않은가"라고 했습니다. 하지만 떡 굽는 관원장은 꿈에서 바로에게 드릴 떡을 먹고 있는 새들을 내쫓지 않았습니다. 결국 자신의 직무에 충실하지 못했기 때문에 새에 대한 아무런 대책도 세우지 못하고 그 인생이 끝나 버리고 만 겁니다.

그런데 여러분, 앞서 포도 꿈이나 떡 꿈을 보면 좋은 꿈인지 나쁜 꿈인지 직관적으로 알 수 있지 않습니까? 머리 위에서 새들이 떡을 쪼아 먹고 있는데 이게 좋은 꿈이겠습니까?

> **18** 요셉이 대답하여 이르되 그 해석은 이러하니 세 광주리는 사흘이라 **19** 지금부터 사흘 안에 바로가 당신의 머리를 들고 당신을 나무에 달리니 새들이 당신의 고기를 뜯어 먹으리이다 하더니
> _창 40:18~19

요셉이 "그 해석은 이러하니" 하며 거침없이 해석을 이어 갑니다. 떡 굽는 관원장의 죽음을 예고하는 해석이니 말하는 데에도 용기가 필요했을 것입니다. 혹자는 '그동안 마음 편히 살다가 죽게 그냥 두지, 뭐 하러 그런 이야기를 하나' 이런 생각이 들 수도 있겠지요.

제 남편이 간동맥이 파열되어 생명이 위독하다는 말을 들었을 때도 그랬어요. 저는 중환자실에 있는 남편에게 달려가 "당신이 암에 걸려 당장 죽게 되었다"고 사실을 말해 주었습니다. 그러자 집안 어른들이 저를 불러내 "아무리 철이 없고 경솔해도 분수가 있지, 왜 그런 이야기를 해서 살 소망을 끊어 버리느냐"고 책망하셨습니다. 하지만 당장 남편의 생명이 위급한데 남편이 구원받지 못하고 죽는다면 누가 책임을 지겠습니까. 이때는 눈치 보지 말고 빨리 진실을 이야기해 주는 것이 맞습니다. 이 땅에서 죽고 사는 것이 문제가 아니기 때문입니다.

이처럼 흉한 일도 단호히 해석해 주는 것이 하나님께 부름받은 사명자의 역할입니다. 그러나 하나님이 나와 함께하지 않으시면 이런 이야기를 절대 입 밖으로 꺼낼 수 없습니다. 요셉은 떡 굽는 관원장

의 비참한 꿈을 사랑을 담아 진지하게 해석해 주었습니다. 그러니 그도 요셉의 말을 허투루 들을 수 없었겠지요. 요셉의 해석은 한마디로 "지금이라도 회개하고 천국 가라"입니다. 그래서 흉한 해석이야말로 얼마나 상대방을 사랑하는 해석이고, 진실한 해석인지 모릅니다. 이 땅에서 죽고 사는 일보다 '지금 내가 하나님의 말씀을 들었는가? 하나님의 해석을 받았는가?'가 더 중요하기 때문입니다.

그런데 생각해 보세요. 떡 굽는 관원장에게 주어진 3일은 생각보다 긴 시간입니다. 저는 그가 요셉의 해석을 듣고 3일 동안 회개하고 천국에 갔으리라 믿습니다. 제 남편은 삶의 마지막 순간에 회개하고 천국에 갔습니다. 남편에게 주어진 시간은 단 하루뿐이었죠. 반면에 떡 굽는 관원장은 3일이나 시간이 있었습니다. 가족이 암에 걸렸는데 그가 남은 생이 얼마 남지 않았다고 하면 다들 전전긍긍하며 차마 본인에게는 말을 못 꺼냅니다. 물론 말할 시기와 방법에 있어서는 지혜로워야 하겠지만, 진실을 알려 주는 것이 진정 상대방을 사랑하는 해석입니다.

열왕기상 22장에 보면 북이스라엘의 아합 왕에게 흉한 일만 예언하는 미가야 선지자가 나옵니다. 아합은 길르앗 라못을 되찾고자 남유다의 여호사밧 왕과 함께 전쟁을 준비합니다. 그때 여호사밧이 여호와께서도 이 전쟁을 원하시는지 묻기를 청하죠. 그러자 아합은 자신에게 좋은 말만 해 주는 400여 명의 선지자를 먼저 부릅니다. 하지만 그들은 아합에게 아부를 하느라고 "전쟁에 나가면 무조건 이긴다"고 말합니다. 말하자면 자녀가 입시를 앞두고 있는데, "당신의 자녀는 무조건 명문대에 붙을 것이다!" 이렇게 길한 해석을 해 준 겁니다. 우리가 처음 입시를 치를 때 얼마나 이런 환상을 많이 갖는지 모릅니다. 그래서 그놈의 자존심 때문에 누가 봐도 떨어질 학교를 지원해 놓고선 "나는 S대에 원서 넣었다가 떨어졌다"라고 자랑하죠. 그러면서 '무조건 이긴다', '다 잘된다', '좋은 학교 간다' 이런 말만 듣고 싶어 합니다.

좋은 말만 해 주는 400여 명의 선지자와 달리, 오직 미가야 선지자만이 아합에게 "그 전쟁에 나가면 죽을 것이다"라고 진실을 이야기해 줍니다. 하지만 아합은 그 말을 듣지 않죠. 오히려 미가야에게 "이놈을 옥에 가두고 내가 평안히 돌아올 때까지 고생의 떡과 고생의 물을 먹이라"(왕상 22:27)고 합니다. 결국 아합은 이 전쟁에서 죽고 말았습니다. 미가야가 아합을 사랑해서 전해 준 흉한 예언을 듣지 않았기 때문입니다. 저는 이런 아합을 생각할 때 눈물이 납니다. 그래도 아합이 잘한 것이 하나 있습니다. 400여 명의 선지자가 아무리 좋은 이야기를 해 줘도 여호사밧이 "물을 만한 선지자가 더 없냐"고 요청하자 툴툴대면서도 미가야를 데려오라고 한 것입니다. 평소에는 미가야를 보고 "저게 만날 나한테 흉한 일만 말해 주네. 진짜 싫어!" 그랬는데 말입니다. 그래서 저는 아합이 천국에 갔으리라 생각합니다. 자기에게 흉한 일만 예언하는 미가야를 그래도 죽이지 않고 욕하면서도 만날 불렀잖아요. 이런 말씀을 보면 인간에 대해, 하나님의 사랑에 대해 얼마나 묵상하게 되는지 모릅니다. 여러분도 항상 행간에 실린 하나님의 마음을 헤아리며 말씀을 구절구절 묵상하시기를 바랍니다.

마찬가지로 "결혼의 목적은 행복이 아니라 거룩"이라고 단호히 말하는 것도 쉬운 일이 아닙니다. 지금 남편 때문에, 아내 때문에 힘들어 죽겠는데 "이혼하지 말라"고 하고, 당장 결혼을 앞둔 사람에게 "불신결혼이니까 하지 말라"고 하는 것이 어찌 쉽겠습니까. 그야말로 흉한 해석 아닙니까? 인간적으로 들으면 원수가 되기 십상이죠. 그러나 그동안 제가 "이혼하지 말라", "불신결혼하지 말라!" 수없이 외쳤음에도 불구하고 이 자리에 있지 않습니까. 무엇보다 그 흉한 해석을 듣고 한 영혼이 살아나고, 한 가정이 살아나는 일이 얼마나 많이 있었는지 모릅니다.

물론 진실을 이야기한다고 해서 자기감정을 마구 드러내라는 말은 아닙니다. 하나님의 말씀을 숨기지 말라는 것이죠. 전도할 때도 그렇습니다. 듣기 좋은 말만 하지 말고, 결정적으로 죄 문제를 이야기해야 하고, 지옥에 대해서도 전해야 합니다. 이런 이야기를 지혜롭게 오해받지 않게 이야기하는 것이 영적 내공입니다. 흉한 일이라고 덮어두기보다 문제를 드러내는 것이 하나님의 방법이고, 하나님의 사랑입니다.

제가 『붙회떨감(붙으면 회개, 떨어지면 감사!)』 책에서도 밝혔듯이, 저는 집사 시절 재수생 모임을 인도할 때 "날마다 기도하면 다 붙을 거야"라고 말하지 않았습니다. 오히려 "붙으면 회개! 떨어지면 감사!"를 날마다 아이들에게 복창시키며 흉한 해석을 해 주었습니다. 이처럼 성경은 처음부터 끝까지 흉한 해석, 십자가 해석입니다. 그랬더니 아이들이 붙어도 떨어져도 각자 사명을 잘 감당했습니다. 붙회떨감 가치관이 있으니 붙어도 잘난 척하는 아이들이 없고, 떨어진 아이들도 교회를 떠나지 않았습니다. 그야말로 붙어도 떨어져도 평균화되는 놀라운 역사가 일어난 것이죠. 이 말이 얼마나 저력이 있는지 우리들교회의 한 중학교 3학년 아이가 외고 입시에 떨어지고 이런 고백을 했습니다.

하나님 정말 감사합니다.
외고에 떨어져서 감사합니다.
늘 듣던 목사님 말씀처럼 제 인생에 새로운 기회를 주시니 감사합니다.
공부 못하는 친구들을 무시했던 저의 죄를 돌아보게 하시니 감사합니다.
앞으로 수요예배에 나가겠다고 다짐하게 되어서 감사합니다.
저의 부족함과 나태함을 제대로 인정하게 해 주셔서 감사합니다.
매일 아침 큐티에 매달릴 수 있도록 해 주셔서 감사합니다.
저처럼 불합격한 친구들의 마음을 체휼하게 되어서 감사합니다.
학교에서 교만하던 모습을 버리고 낮아지게 해 주셔서 감사합니다.
내 노력이 아니라 하나님의 은혜로 이끌려 가는 진정한 형통의 의미를 깨닫게 해 주셔서 감사합니다.
주위에 나를 위로하고 이끌어 주는 선생님, 부모님, 친구들이 있다는 것을 깨닫게 하시니 감사합니다.
원하는 학교에 떨어져도 감당할 수 있을 만큼 저의 우울증과 강박이 회복됐다는 것을 알았습니다. 감사합니다.
하나님을 더욱더 붙잡으며 하루하루를 보내게 해 주셔서 감사합니다.

이 학생이 붙었으면 이런 감사가 나오겠습니까. 우리 주변에도 "내가 어릴 때는 승승장구했는데, 오늘날 이렇게 됐다" 하는 사람이 얼마나 많습니까? 이왕이면 어릴 때 떨어져서 주님을 만나는 우리 자녀들이 되기를 축복합니다.

여러분은 이런 말만 들어도 너무 싫으십니까? 솔직히 나도 내 자녀도 "아무 고난 없이 그냥 하나님 만나면 좋겠다"가 우리의 주제가 입니다. 그러나 붙고 떨어지고는 큰 문제가 아닙니다. 해석을 잘해야 합니다. 그래야 살아납니다. 해석을 잘하니 중학교 3학년 아이가 길흉화복을 넘어서서 놀라운 감사를 고백하지 않았습니까. 어른들도 놀라는 해석을 했습니다.

하나님은 길한 해석을 받은 자에게는 사명을 촉구하시고, 흉한 해석을 받은 자에게는 회개를 촉구하심으로 우리로 하여금 옳고 그름을 넘어 생명 낳는 자가 되도록 인도하십니다.

✦ 하나님이 나에게 주시는 말씀은 사명을 감당하게 하려는 길한 해석입니까, 회개를 촉구하는 흉한 해석입니까? '붙회떨감'의 가치관으로 해석해야 할 나의 상황은 무엇입니까?

해석을 해 주고 사람에게 기대하지 않아야 합니다

20 제삼일은 바로의 생일이라 바로가 그의 모든 신하를 위하여 잔

치를 베풀 때에 술 맡은 관원장과 떡 굽는 관원장에게 그의 신하들 중에 머리를 들게 하니라 21 바로의 술 맡은 관원장은 전직을 회복하매 그가 잔을 바로의 손에 받들어 드렸고 22 떡 굽는 관원장은 매달리니 요셉이 그들에게 해석함과 같이 되었으나 _창 40:20~22

두 관원장이 복직하든 죽임을 당하든 이것 역시 문제가 아닙니다. 성경은 이 두 사람의 꿈을 정확히 해석한 요셉에게 모든 초점을 맞추고 있습니다. 요셉은 다른 사람의 꿈은 해석해도 앞으로 자신이 어떻게 될지는 잘 모릅니다. 여기서 중요한 점은 하나님이 그에게 "요셉이 그들에게 해석함과 같이 되는" 능력을 주셨다는 것입니다. 그러면 이제 요셉의 길한 해석대로 술 맡은 관원장이 복직이 되었으니 '짠!' 하고 요셉이 대접받는 이야기가 나와야 하잖아요. 그런데 23절을 보세요.

술 맡은 관원장이 요셉을 기억하지 못하고 그를 잊었더라 _창 40:23

술 맡은 관원장이 요셉을 왜 잊었을까요? 환경에 장사가 없기 때문입니다. 그는 자기가 잘나서 복직된 줄 알고 그새 요셉을 잊어버린 것입니다. 우리가 부유해지거나 높은 지위를 얻어도 그래요. 정작 내가 어려울 때 나를 도와준 사람들을 잊는 경우가 얼마나 허다합니까? 그러나 사람은 잊을지라도 하나님은 결단코 그 사실을 잊지 않으십니다. 우리가 뒤에서 보겠지만, 하나님은 요셉을 바로 왕 앞에 세우기 위해 가장 적절한 때에 술 맡은 관원장의 기억을 되살리십니다. 인간의 기억 속에서는 요셉이 사라졌어도 하나님의 기억 속에는 뚜렷이 남아 있기 때문입니다. 이런 것을 보면 참으로 사람은 믿음의 대상이 아닙니다. 부모든 배우자든 자녀든 사람은 믿음의 대상이 아닙니다. 모두 사랑의 대상일 뿐입니다.

✦ 누군가 내게 베푼 호의와 수고를 기억하며 그에게 감사하고 있습니까, 아니면 잊어버린 채 외면하며 지냅니까? 내가 베푼 호의를 사람은 잊을지라도 하나님은 결코 잊지 않으신다는 것을 믿습니까?

하나님의 때는 하나님의 모략입니다

14 당신이 잘 되시거든 나를 생각하고 내게 은혜를 베풀어서 내 사정을 바로에게 아뢰어 이 집에서 나를 건져 주소서 15 나는 히브리 땅에서 끌려온 자요 여기서도 옥에 갇힐 일은 행하지 아니하였나이다 _창 40:14~15

요셉이 그간 훈련을 많이 받았지만, 아직 안 되는 것이 있기에 훈련의 시간을 더 보내야 합니다. 14절에서 요셉이 쓰는 언어를 보세요.

당신이 잘 되시거든 **나를** 생각하고 **내게** 은혜를 베풀어서 **내** 사정을 바로에게 아뢰어 이 집에서 **나를** 건져 주소서 _창 40:14

여전히 요셉에게 '내'가 많이 남아 있습니다. 요셉은 감옥에 방치된 것이 아닙니다. 아직 하나님의 때가 아니기에 훈련의 시간을 보내고 있는 것이죠. 만약에 술 맡은 관원장이 요셉을 당장 구해 주었다면 하나님이 아니라 마치 사람이 구해 준 것처럼 여겨지지 않겠습니까. 그러나 사람이 요셉을 구해 주는 것이 아닙니다.

지금 요셉의 상황을 봐도 그래요. 풀려나면 당장 아버지 야곱에게로 삼십육계 줄행랑을 치지 않았을까요? 그러면 나중에 바로가 찾을 때, 술 맡은 관원장이 요셉을 부를 수가 없잖아요. 당시는 교통도 발달하지 않았으니 요셉을 수소문하기가 더 어려웠겠지요. 그러니 때가 될 때까지 요셉은 감옥에 가만히 있어야 하는 겁니다. 더욱이 이스라엘 지도자의 연령은 30세부터 시작됩니다. 따라서 요셉이 그에 걸맞은 총리가 되려면 아직 2년을 더 기다려야 합니다(창 41:46). 민수기에도 "곧 삼십 세 이상으로 오십 세까지 회막의 일을 하기 위하여 그 역사에 참가할 만한 모든 자를 계수하라"고 했습니다(민 4:3).

술 맡은 관원장이 요셉의 일을 아예 잊어버렸으니 이제 구원은 전적으로 하나님께 달려 있습니다. 하나님밖에는 요셉을 구원할 자가 없습니다. 우리 인생에도 앞길을 가로막고 고통을 주는 사람들이 있지요. 요셉에게는 형들과 보디발의 아내가 그랬습니다. 아마도 요셉은 자신의 간절한 부탁을 까맣게 잊어버린 술 맡은 관원장에게도 같은 좌절감을 맛보았을 겁니다.

그러나 여러분, 그들은 모두 하나님의 계획에 맞추어 하나님이 '쓰시는 분들'일 뿐입니다. 소위 악역을 감당한 것이죠. 요셉도 그동안 많은 일을 겪으며 수많은 감정의 편린을 마주했을 것입니다. 애굽의 총리가 되려면 이런 사람 저런 사람을 통과하며 사람 공부를 해야 하지 않겠습니까. 요셉은 가정에서 형들의 질투심을 공부했다면, 보디발의 집에서는 그의 아내의 보복심을 공부하고, 감옥에서는 고의가 아니라고 하면서 만날 잊어버리는 술 맡은 관원장의 건망증을 공부했습니다. 왜 말로는 나를 위한다고 하면서도 "어머나! 어떡해! 잊어버렸어" 하는 사람들이 꼭 있지 않습니까?

그러면 이런 문제를 마주했을 때 어떻게 해석하고 해결해야 할까요? 형들이든 보디발의 아내든 술 맡은 관원장이든 비록 그들의 동기가 선하지 않다고 해도 그래요. 하나님이 때가 될 때까지 그들을 사용하신다는 것을 알아야 합니다. 이 세상 어떤 일도 하나님의 자녀에게는 손해를 끼칠 수 없습니다. 지금 내가 손해 보고 있다고 생각하는 것이야말로 인간의 짧은 소견일 뿐입니다. 아니 그래도 요셉이 자신을 기억해 달라고 그렇게 신신당부를 했는데, 불과 사흘 만에 잊어버렸으니 요셉 입장에서는 너무 억울하지 않냐고요? 그런데 다시 생각해 보세요. 술 맡은 관원장이 노예의 말에 뭐 그리 귀를 기울였겠습니까? 그러니까 그가 잊어버려서 요셉이 2년을 더 기다린 것이 아니란 말입니다. 아직 하나님이 정하신 때가 되지 않았기 때문입니다. 그러니 여러분은 "예수 믿고 되는 일이 하나도 없어!" 이런 말 하지 마시고, 엄청나게 되는 일이 올 것을 믿고 잘 기다리시기를 바랍니다.

다음은 달라스 윌라드(Dallas Albert Willard)의 『하나님의 모략』에 나오는 글입니다.

고독과 침묵은 또한 사람과 사건에 대해 내면의 태도를 바꿀 공간을 제공한다. …… 그래서 그리스도인 철학자 파스칼은 아주 통찰력 있는 말을 했다. "나는 인간의 모든 불행이 한 가지 사실, 즉 자기 방에 조용히 머물러 있지 못하는 데서 비롯된다는 것을 깨달았다."

아무것도 하지 않는다는 이 개념은 우리 주변 사람 대부분에게 그야말로 끔찍한 일이다. 그러나 아무것도 하지 않을 수 있는 사람은 적어도 잘못된 일을 삼갈 수 있을 것이다. 그리고 나아가, 올바른 일을 더 잘 할 수 있을 것이다. …… 인간은 누구나 아무것도 하지 않는 시간을 정기적으로 가질 필요가 있다. 고독과 침묵의 시간은 그 방법을 배울 수 있는 훌륭한 통로다.

…… 그렇다면 고독과 침묵 속에서 무엇을 하는가? "해야 할 일"에 관한 한 아무것도 없다. "해야 할 일"을 하고 있는 한 아직 인간과의 접촉을 끊지 못한 것이다. 그러므로 고독과 침묵에 들어갈 때 업무 목록을 가지고 가지 말라. 고독과 침묵 속에서 뭔가를 즐길 수도 있을까? 그럴 수 있지만, 애써 그렇게 하려고 하지는 말라. 그냥 거기 있으라. 자신의 영적 성장에서 고독과 침묵으로 얻어야 할 것이 무엇인가에 대한 생각마저 버리라. 믿을 수 없는 좋은 것들을 발견하게 될 것이다.

…… 할 일이 너무 많은 삶의 치료제는 고독과 침묵이다. 거기서, 인간이란 분명 자신이 하는 일 이상의 존재임을 깨닫기 때문이다. 외로움의 치료제도 고독과 침묵이다. 거기서, 참으로 많은 방식으로 자신이 혼자가 아님을 깨닫기 때문이다.

고독과 침묵에 들어갈 때는 비교적 편안해야 한다. 여기서든 어떤 영적 훈련에서든 영웅이 될 필요가 없다. 개운한 몸으로 깨어날 때까지 충분히 자는 것이 좋다. 또한 내면의 존재가 달라질 정도로 충분히 긴 시간을 보내야 한다. 흙탕물은 한동안 가만히 두어야만 맑아진다.

흙탕물은 가만히 둬야 맑아지지, 깨끗하게 하겠다고 불을 때면 점점 더러워집니다. 요셉도 내면의 흙탕물이 가라앉기까지 2년의 시간이 필요했던 것입니다.

계속해서 달라스 윌라드는 이렇게 말합니다.

머릿속을 떠나지 않는 "해야 한다"는 그 괴로운 짐은 주로 텅 빈 영혼에서 비롯된다. 텅 빈 공간이 제대로 채워지면 그런 일들을-자신이 원하는 일까지도-반드시 하지 않아도 된다는 것을 점차 알게 된다. 자신의 욕망으로부터의 해방은 고독과 침묵의 가장 큰 선물 중 하나다. …… 옛 죄의 굴레도, 실상을 제대로 보게 되면서 떨어져 나가기 시작한다. 그러면서 사람들을 진정으로 사랑할 수 있는 가능성이 내 앞에 여명처럼 밝아 온다. 이내 우리는 말로만의 은혜가 아니라 은혜로 사는 삶이 어떤 것인지도 깨달을 수 있다.

그렇습니다. 요셉은 아무것도 할 수 없는 2년이라는 시간 동안 고독과 침묵을 배웠습니다.

100일 동안 감옥에 다녀오신 한 집사님의 나눔입니다.

이분은 감옥에서 고참 수감자가 신참 수감자에게 혈기를 부리고 욕지거리하는 것을 보고, '여기서 나가면 나는 저런 모습은 보이지 말아야지'라고 다짐했답니다. 그런데 막상 출소하니 금세 예전 모습으로 돌아가더랍니다. 마치 술 맡은 관원장이 요셉을 까맣게 잊었듯이 금세 그 다짐을 잊어버린 것이죠.

집사님은 감옥에서 처음 45일은 2인실에 있었는데, 동기가 있으니 그렇게 반가울 수가 없더랍니다. 하지만 매일 할 이야기도 없고, 그 감방 동기에게서 날마다 똑같은 이야기를 들으니까 너무 지긋지긋하더랍니다. 그 이야기의 주제가 무엇인가 하면 "이건 내 죄가 아닌데 너무 억울하다!"였답니다. 급기야 집사님은 '이 사람 이야기를 계속 듣느니 차라리 독방에 가는 게 더 낫겠다'는 생각마저 들더랍니다. 제가 이 시점에서 집사님에게 흉한 해석을 해 드리려고 합니다.

같이 있는 사람이 싫다고 도망가서 혼자 있는 것이 고독과 침묵이 아닙니다. 독방이 고독과 침묵이 아니란 말입니다. 서로 맞지 않는 부부가 만나면 45일이 아니라 일평생을 아침마다 봐야 합니다. 그럴 때 "아, 혼자 여행 떠나고 싶어" 이러는 것이 고독과 침묵의 영성이 아니라는 겁니다. 45일 동안 나를 힘들게 한 그 사람을 보면서 '내가 얼마나 남의 말을 못 들어 주는지, 얼마나 저 사람을 사랑하지 못하는지' 이것을 깨달아야 하는데, 그 사람을 피해 독방 가고 싶었다는 게 웬 말입니까.

힘든 배우자, 힘든 자녀, 힘든 가족을 보고 있으면 "이 남편을, 이 아내를 그만 벗어나고 싶어", "아무리 내 자식이지만 호적에서 파 버리고 싶어", "이 꼴 저 꼴 다 보기 싫고 지구를 떠나고 싶어" 이런 마음이 들 수 있지요. 하지만 우리도 요셉처럼 남편의 감옥, 아내의 감옥, 자녀의 감옥, 실직의 감옥, 부도의 감옥에서 잘 기다리며 하나님의 음성을 들어야 합니다. 힘든 상황에서도 변명하지 않고 하나님의 말씀을 잘 듣는 것이 고독과 침묵의 영성이기 때문입니다. 앞의 책에서 "자신의 욕망으로부터의 해방은 고독과 침묵의 가장 큰 선물 중 하나"라고 하지 않았습니까? 이 고독과 침묵의 영성을 통해 우리 안에 사람들을 진정으로 사랑할 수 있는 가능성이 열리고, 말로만이 아니라 은혜로 사는 삶이 어떤 것인지 깨달을 수 있습니다. 그러므로 우리는 힘든 사람과 같이 있으면서 고독과 침묵의 영성을 계속해서 배워 가야 합니다.

이 집사님이 하루는 목장에서 "제가 열흘까지는 참았어요. 그런데 그 동기가 자기 필요할 때만 기도를 부탁하는 거예요. 예수님을 영접하지도 않고요. 그래서 나중에는 체념하고 듣는 훈련만 했어요"라고 나눴습니다. 그러자 어떤 분이 "들어 주기만 하면 뭐하나요? 체휼을 해야지. 그분을 복음으로 변화시키는 데까지 가야죠"라고 일침을 놓으셨습니다.

제가 하고 싶은 말을 이분이 딱 해 주셨네요. 감옥에 있는 죄인들은 길몽이든 흉몽이든 상관없이 나가는 것밖에 관심이 없지요. 자기 죄를 모르는 사람은 자신의 상황을 해석할 수가 없습니다. 그런 사람에게 집사님이 기대하는 것 자체가 무리인 겁니다.

결론적으로 고독과 침묵의 영성이란 무엇입니까? 혼자 도망가지 않고, 같이 있으면서도 고독을 즐기고, 침묵하고, 변명하지 않으며, 힘든 사람들을 겪어 내면서 '내가 아직도 얼마나 멀었는가' 자신을 돌아보는 것입니다.

서두의 북한의 도발 이야기로 돌아가 보겠습니다. 지금까지 남한이 하나님께 받은 축복이 얼마나 많은지 모릅니다. 보릿고개 시절을 지나 잘살게 되는 길한 해석을 받았으니 남한은 북한을 위해 마땅히 기도하는 사명을 감당해야 합니다. 흉한 해석을 받은 북한이 회개하고 돌아오기를 힘써 기도해야 합니다.

남북한이 전쟁이 나면 그 손해는 누가 봅니까? 우리밖에 더 있습니까? 세계열강이 무슨 상관입니까? 다 자국의 이익을 위해 움직일 뿐입니다. 남북이 전쟁이 나면 쌓아 올린 것이 한순간에 초토화되게 생겼는데, 왜 자꾸 하나님은 이런 상황을 허락하시는 걸까요? 이럴 때 우리가 할 일은 정말 3일밖에 안 남았다는 절박한 심정으로 우리 자신의 죄를 먼저 회개하고, 북한이 하나님 앞에 돌아올 수 있도록 기도하는 것뿐입니다. 하나님의 때는 하나님의 모략이라고 했습니다. 하나님이 우리에게 가장 좋은 때를 허락하실 줄 믿고, 고독과 침묵의 영성으로 기도하는 우리가 되기를 바랍니다.

✽ 도무지 풀릴 것 같지 않은 힘든 상황은 무엇입니까? 하나님이 가장 좋은 때를 허락하실 줄 믿고 훈련의 시간을 보내며 고독과 침묵의 영성을 키우고 있습니까?

하나님은 길한 해석을 받은 자에게는
사명을 촉구하시고,
흉한 해석을 받은 자에게는
회개를 촉구하심으로
우리로 하여금 옳고 그름을 넘어
생명 낳는 자가 되도록 인도하십니다.

우리들 묵상과 적용

저는 세상 사람들이 부러워하는 소위 '미국 박사'입니다. 제가 유학하던 학교에 교환교수로 오신 한 집사님의 인도로 주님을 영접했고, 귀국 후 우리들교회에 다니게 되었습니다. 이후 한 연구소에서 3년간 비정규직 연구원으로 근무하다가 정규직으로 임용되었습니다. 그리고 그때 다른 곳에 눈 돌리지 않고 연구에만 전념하기로 마음먹었습니다.

그러고 얼마 후에 서울의 모 사립대학에서 교수 임용 공고가 났습니다. 교수님 다섯 분 중 세 분이 저를 임용하기 원해 일부러 만드신 기회였습니다. 때마침 교수 임용에 지원하자마자 주일설교 본문이 "요셉의 형통"에 관한 말씀이어서 저는 잔뜩 기대에 들떴습니다. 여전히 제 마음속에는 '내가 여기 있을 사람이 아닌데……' 하며 세상 직분과 명예에 대한 욕심이 가득했기 때문입니다.

그런데 요셉에게 길한 해석을 받았으나 금세 사명을 망각한 채 세상으로 떠나가 버린 술 맡은 관원장을 보면서(창 40:20~23) 막상 교수로 임용되면 사명을 망각하고 살아갈 저의 모습을 미리 보는 것만 같았습니다. 그리고 흉한 해석을 받았으나 죄지을 시간도 없이 3일 동안 회개하고 천국에 간 떡 굽는 관원장을 묵상하며(창 40:16~19) 하나님이 제게 진정으로 원하시는 것이 무엇인지 알게 되었습니다.

흉한 해석이야말로 회개할 기회를 주는 것이기에 사랑의 해석이라고 하시는데, 결국 하나님은 저에게 사랑의 해석을 주셨습니다. 교수님 한 분이 저를 끝까지 반대하셔서 교수 임용에서 떨어진 것입니다. "붙으면 회개하고 떨어지면 감사해야 한다"는 말씀을 미리 들었지만, 막상 이런 상황에 닥치니 감사하기가 너무 어려웠습니다. 외고 입시에 떨어지고도 열 가지가 넘는 감사의 조건을 고백한 중학생의 믿음에도 미치지 못하는 것 같아서 저 자신이 심히 부끄러웠습니다. 그러나 이렇게 교수 임용에서 떨어지는 흉한 일을 통해 하나님은 세상 성공과 명예를 우상 삼고 대학교수라는 석상을 세워 경배하던 저의 모습을 깊이 회개하게 하셨습니다.

요셉이 아직 받아야 할 훈련이 남았기에 술 맡은 관원장이 요셉을 잊었다는 말씀처럼(창 40:23) 저도 허락하신 직장에서 고독과 침묵의 영성을 배우며 남은 훈련을 잘 받기를 원합니다(창 40:14~15). 세상 애굽에서 저를 인도해 내신 하나님의 은혜를 늘 기억하며, 직장 동료 한 사람 한 사람의 영혼을 귀히 여기며 섬기기를 소망합니다.

영혼의 기도

하나님 아버지, 길한 해석과 흉한 해석 사이에서 여전히 너무나도 길한 해석을 듣고 싶습니다. 시험은 무조건 붙었으면 좋겠고, 회사는 무조건 복직되었으면 좋겠습니다. 마음이 녹고 몸이 녹을 만큼 길한 해석을 간절히 원하고 또 원합니다. 길한 해석을 원할 수밖에 없는 우리의 연약함을 불쌍히 여겨 주옵소서.

그런데 말씀을 듣다 보니 흉한 해석을 들은 떡 굽는 관원장이 오히려 부럽다는 생각마저 듭니다. 그는 흉한 해석을 듣고 3일 동안 회개하고 천국에 갔을 것입니다. 다시 죄지을 시간도 없이 이 땅을 떠난 떡 굽는 관원장과 달리, 살아남은 술 맡은 관원장은 요셉을 구할 사명을 까맣게 잊었습니다. 주님, 우리가 길한 해석을 받았다면 사명을 감당할 수 있도록 인도해 주옵소서.

하나님이 요셉에게 큰 은혜를 베풀어 주셨는데도 요셉이 술 맡은 관원장에게 인간적인 기대를 한 것처럼, 우리도 여전히 사람에게 기대하는 것이 있습니다.

참으로 이런 욕심을 가지치기하라고 도망갈 수 없는 감옥에 우리를 넣어 두신 것임을 알았습니다. 그곳에서 고독과 침묵의 영성을 배우라고 힘든 너와 나를 묶어 두신 것임을 알았습니다.

　그러나 주님, 우리는 똑같은 말을 듣는 것이 너무나도 지긋지긋합니다. 힘든 사람하고는 한 공간에서 숨 쉬는 것조차 싫습니다. 그런데 주님은 힘든 내 배우자, 내 자녀, 내 부모와 살면서 고독과 침묵의 영성을 배우라고 하십니다. 그들을 사랑하는 법을 배우라고 하십니다. 형들의 질투심과 보디발 아내의 보복심과 술 맡은 관원장의 건망증을 공부하라고 하십니다. 이제는 이전에 알지 못한 감정의 편린들을 마주하며 그것을 통해 수많은 사람을 주께로 인도하게 하옵소서.

　주님, 도저히 풀릴 것 같지 않은 남북의 문제를 위해 기도드립니다. 이 세상에서 누가 이 문제를 우리보다 더 안타까워하겠습니까. 참으로 하나님의 모략이 필요합니다. 이 문제에 개입하여 주옵소서. 남한이 먼저 회개할 때 북한이 돌이키게 될 줄 믿사오니, 우리가 먼저 회개하는 그 한 사람이 되게 하옵소서. 가정마다 교회마다 직장마다 나라마다 풀리지 않는 문제를 해석할 수 있도록 지혜와 총명을 허락하여 주옵소서. 예수님 이름으로 기도드립니다. 아멘.

03

해석자의 자격

창세기 40장 8~23절

하나님 아버지,
말씀으로 인생을 해석하는
해석자의 자격을 갖추기를 원합니다.
말씀해 주옵소서. 듣겠습니다.

예전에 한 모임에서 어떤 목사님이 "남북 간에 전쟁이 나서 북한이 이긴다는 예언을 들어 본 적이 있느냐"고 제게 물었습니다. 그러면서 "그 문제에 대해 어떻게 생각하냐"고 했습니다. 여러분은 어떻게 생각하십니까? 술 맡은 관원장과 떡 굽는 관원장이 꾼 꿈보다 해몽하기 더 어렵지 않나요? 전쟁이 날까요? 안 날까요? 만약 난다면 북한이 이길까요? 남한이 이길까요?

늘 산수 시험에서 빵점을 받는 한 아이가 있었습니다. 그래서 아이의 아버지가 "너 한 번만 더 빵점 받으면 절대로 나를 아버지라고 부르지 마"라고 했답니다. 그런데 며칠 뒤에 이 아이가 아버지한테 쪼르륵 달려오더니 "아저씨, 들어오셨습니까?" 하고 인사를 하는 게 아니겠어요? 아버지의 의도는 열심히 공부하라는 뜻인데, 본질은 제쳐 두고 그저 공부하기 싫으니까 "아버지라고 부르지 말라고 했잖아요!" 이것만 기억한 것이죠. 이런 것을 신앙생활에 적용해 보면 성경을 자의적으로 해석하는 것이라고 할 수 있습니다.

고린도전서에서 사도 바울은 "모든 성도가 교회에서 함과 같이 여자는 교회에서 잠잠하라 그들에게는 말하는 것을 허락함이 없나니 율법에 이른 것 같이 오직 복종할 것이요"(고전 14:33~34)라고 했습니다. 한편 갈라디아서에서는 "너희는 유대인이나 헬라인이나 종이나 자유인이나 남자나 여자나 다 그리스도 예수 안에서 하나이니라"(갈 3:28)고 했습니다. 그런데도 "바울이 여자들에게 잠잠하라고 하지 않았느냐"며 무조건 따지는 사람들이 있었어요. 성경을 자의적으로 해석한 것입니다. 당시 어떤 여자들 중에는 예수를 믿고 자유함을 얻게 되자 무분별하게 소리를 높이며 예배를 소란하게 만드는 자들이 있었습니다. "여자는 교회에서 잠잠하라"는 말씀은 그런 배경에서 나온 것입니다.

하지만 이 말씀을 근거로 아직도 여자들에게 목사 안수를 주지 않는 교단들이 있습니다. 특별히 우리나라는 유교의 영향으로 남존여비(男尊女卑) 사상이 교계에 뿌리 깊이 박혀 있죠. 게다가 대부분 교단의 임원들도 남자들이 차지하고 있습니다. 결국 말로 해도 안 되니까 하나님이 가장 땅값이 비싼 강남 한복판에 우리들교회를 세우셔서 여자 목사인 제가 교회를 섬기는 것을 보이셨다고 생각합니다.

그러면 성경의 본질을 제대로 파악하지 못하는 이유가 무엇입니까? 성경을 구원의 이야기, 구속사로 읽지 않기 때문입니다. 축복만 말하는 설교는 듣기에는 편합니다. 그러나 늘 단 것만 먹으면 이가 썩기 마련이죠. 그럼에도 불구하고 아무리 이로워도 쓰면 잘 안 먹게 됩니다. 그래서 설교자는 달고 쓴 말씀을 알맞게 조화를 맞춰서 설교해야 합니다.

또한 설교자 자신이 먼저 균형 잡힌 삶(Balanced life)을 살기 위해 부단히 하나님의 지혜를 구해야 합니다. 성경을 해석하고 적용하는 문제는 히브리어와 헬라어를 잘한다고 저절로 되는 것이 아니기 때문입니다.

앞 장에서 사명을 감당하기 위한 해석, 진실한 해석, 사랑하는 해석, 사람을 기대하지 않는 해석을 해야 한다고 했습니다. 그러려면 내 생각대로가 아니라 성경의 저자이신 성령님의 의도대로 해석하는 것이 중요합니다. 하나님이 원하시는 해석자의 자격은 무엇일까요?

하나님의 계시를 믿는 사람입니다

요셉이 두 관원장의 꿈 이야기를 듣고 해몽해 주었는데, 그 내용이 정확하게 맞았습니다. '꿈보다 해몽'이라고, 해석이 참 중요합니다. 요셉이 점쟁이도 아닌데, 어떻게 이런 해몽을 할 수 있었을까요?

> 그들이 그에게 이르되 우리가 꿈을 꾸었으나 이를 해석할 자가 없도다 요셉이 그들에게 이르되 해석은 하나님께 있지 아니하니이까 청하건대 내게 이르소서 _창 40:8

요셉은 두 관원장의 말을 듣고, 조건반사적으로 "해석은 하나님께 있지 않습니까"라고 대답했습니다. 평소 꿈에 대한 그의 생각을 알 수 있는 대목입니다. 그는 꿈이 하나님의 계시임을 정확하게 이해하고, 정확하게 믿었습니다.

우리가 알다시피 요셉의 환경은 그리 좋지 않았죠. 그는 지금 기약도 없이 감옥에 갇혀 있습니다. 언제 풀려날지도 모르고, 누구 하나 면회 오는 사람도 없습니다. 하지만 기약 없는 삶의 여정 속에서도 그는 하나님의 약속을 결코 놓치지 않았습니다. 꿈이 하나님의 계시라고 믿었기 때문입니다. 그래서 하나님이 자신의 가슴에 심어 주신 꿈을 버리지 않고 그 꿈을 키워 가며 꿈을 붙잡은 겁니다. 한마디로 요셉은 꿈이라는 하나님의 말씀, 하나님의 약속을 붙잡고 살았습니다.

성도는 어디에서 하나님의 약속의 말씀을 붙잡습니까? 성경에서 약속의 말씀을 붙잡아야 합니다. 다른 데서 찾으면 안 됩니다. 그런데 종종 직통 계시를 받았다는 사람들을 봅니다. 하나님이 직접 자신에게 말씀하셨다는 겁니다. 이런 사람들은 주로 "하나님께서 내려놓게 하셨고", "하나님께서 전도하게 하셨고", "하나님께서 가지 말라고 하셨고", "하나님께서 누구한테 돈을 주라고 하셨고"라고 합니다. 처음에 성경을 잘 모를 때는 그럴 수도 있겠죠. 하지만 계속 직통 계시만 운운하다 보면 성경을 자의적으로 해석하기 쉽습니다. 하나님은 그분의 뜻과 계시를 온전히 담고 있는 성경이 기록된 이후에는 초자연적이고 신비로운 방법으로 더는 구원 섭리를 계시하지 않으십니다.

또 눈을 감고 가만히 있으면 하나님이 다 가르쳐 주신다고 주장하는 사람들이 있습니다. 몇 시간씩 기도하면 하나님이 다 가르쳐 주신답니다. 물론 우리가 말씀 앞에서 내 욕심을 쳐서 복종시키기 위해 수 시간 동안 기도할 수 있습니다. 그러나 말씀 없는 직통 계시는 아주 위험합니다. 성경 몇 장 몇 절을 읽으라고 하면서 앞뒤, 서론 본론도 없이 성경 구절만 갖다 대는 예언도 직통 계시에 속합니다.

구속사는 삶이 전제되어야 합니다. 따라서 성경도 내 인생도 구원의 스토리(story)로 이해하고, 읽어야 합니다. 아브라함의 인생, 이삭의 인생, 야곱의 인생, 요셉의 인생을 스토리로 읽을 수 있어야 해요. 성경 어느 구절 하나만 가지고 "나는 이렇게 예언받았다"고 하는 것은 아주 위험합니다. 성경을 구원의 스토리로 읽는 자야말로 꿈은 하나님의 계시라고 믿는 사람입니다. 그런 사람이 인생을 해석할 수 있는 자격을 갖춘 자입니다.

✦ 하나님이 나의 마음에 심어 주신 꿈(하나님의 약속)은 무엇입니까? 날마다 성경 말씀을 통해 하나님의 약속을 굳게 붙들고 있습니까?

당시의 문화를 무시하지 않아야 합니다

성경에는 요셉이 특별히 똑똑하고 배운 것이 많다는 이야기가 없습니다. 양치기와 노예로 살다가 지금은 죄수로 있는데, 언제 꿈에 대해 배웠겠습니까? 프로이트(Freud)는 "꿈의 본질은 무의식적 욕망의 대리 만족"이라고 했는데, 요셉은 그런 것은 하나도 모릅니다.

고대 근동에서는 숙련된 전문가들에 의해 꿈의 실례와 해석의 열쇠를 담은 해몽서들을 엮어 냈다고 합니다. 요셉은 그런 내용을 알지도 못할뿐더러 그런 문서를 접한 적도 없습니다. 그런데 희한한 것은 해몽서의 방법을 요셉이 그대로 따르고 있다는 점입니다. 예를 들면, 가득 찬 술잔은 명예 및 자식을 얻을 것을 암시하고, 머리에 과일을 이고 나르는 것은 슬픔을 나타낸다고 합니다. 숫자들도 시간에 대한 암시를 주는 것이라고 합니다.

믿는 사람들이 시대를 잘 읽어야 하는 이유가 무엇입니까? 그래야 기회가 오기 때문입니다. 앞서 거룩의 최고봉은 자연스러움이라고 했습니다. 그런데 비행기를 타고 다니는 시대에 혼자서 먼 거리를 걸어간다고 생각해 보세요. 말이 안 되지 않습니까?

제가 섬기는 우리들교회에서는 새가족 환영회 시간에 새가족 교사들이 간증을 합니다. 교사들은 새가족이 직장인이든 주부든 전문인이든 상대가 거부감을 갖지 않도록 각 사람에 맞춰 자신의 간증을 나눕니다. 저는 이것이 상대방의 문화를 무시하지 않으면서 그들의 인생을 해석해 주는 해석자의 모습이라고 생각합니다.

가수 김송 집사가 자신은 중학생 때부터 나이트클럽에 춤추러 다녔고, 그때 만난 남편이 우상이 되어 계속 쫓아다녔다고 간증했습니다. 이런 간증이야말로 청소년들의 문화를 무시하지 않는 간증 아닙니까? "나는 학생 때 공부만 했어" 이러면 아이들이 잘 듣겠습니까? 교회에 모범생만 있으면 곤란합니다. 모범생이든 비행 청소년이든 모든 것을 합력하여 선을 이루시는 하나님이십니다. 저 같은 모범생이 학창 시절에 누구를 얼마나 전도했겠습니까. 하나님의 은혜로 지금 이 자리에 서 있는 것이죠. 남들이 보기에 시시해 보이는 시집살이 고난 하나 때문에 하나님이 저를 이렇게 쓰시는 겁니다. 저는 성도들의 간증이 여러 사람을 살리는 약재료로 쓰임받는 걸 보면 얼마나 기쁜지 모릅니다. 날이 갈수록 장르별, 종류별로 다양한 약재료가 생겨나니 그저 감사할 뿐입니다. 그렇다고 모범생이 되지 말라는 뜻은 아닙니다. 제 말을 오해하지 마시기 바랍니다.

예수 믿고 나서는 공부도 열심히 하고 책도 부지런히 읽어야 합니다. 우리가 신문만 꼬박꼬박 잘 읽어도 정치, 경제, 사회, 문화 등의 지식과 상식을 많이 얻게 됩니다. 그러므로 한 손에는 말씀을, 한 손에는 신문을 드시기 바랍니다. 누구를 만나든 내가 읽은 지식을 조금만 이야기해도 '어떻게 저리 잘 아는가?' 하는 소리를 듣게 될 것입니다. 이것은 조금 알면서 다 안다고 사기를 치는 것이 아닙니다. 상대방에 대한 배려입니다. 법조인을 만났을 때는 법 이야기를 조금 하고, 경영인을 만나면 경영 이야기를 조금 하고, 각 사람의 관심 분야에 따라 미술 이야기, 음악 이야기를 하는 것이 지혜입니다. 그런데 그것을 못해서 '성경만 읽으면 됐지! 경영은 무슨 경영, 법은 무슨 법!' 이러면 아무도 믿는 우리에게 자기 인생을 해석해 달라고 하지 않을 것입니다. 한 영혼을 주께로 돌이키려면 각 사람의 문화적 배경과 눈높이, 관심 분야를 맞추어 그의 인생을 해석해 주는 지혜와 배려가 필요합니다.

✦ 동시대의 문화를 알기 위해 한 손에는 성경을, 한 손에는 신문을 들고 있습니까? 내 주변에 문화적 배경과 눈높이, 관심 분야를 맞춰 인생을 해석해 주어야 할 사람은 누구입니까?

하나님의 증인이 되고자 하는 사람입니다

당신이 잘 되시거든 나를 생각하고 내게 은혜를 베풀어서 내 사정을 바로에게 아뢰어 이 집에서 나를 건져 주소서 _창 40:14

지금 요셉의 관심은 술 맡은 관원장의 복직보다는 '과연 그가 나를 기억할 것인가'입니다. 요셉은 술 맡은 관원장의 복직과 떡 굽는 관원장의 사형은 정확히 맞혔지만, 정작 자신의 거취는 모릅니다. 이것이 바로 하나님이 하시는 일입니다. 아마도 요셉은 하나님의 꿈을 꾸었기에 자신이 앞으로 무언가가 되리라 짐작은 했을 것입니다. 그러나 자신이 몇 월 며칠 몇 시에 감옥에서 나가게 될지는 전혀 모릅니다.

모든 것을 다 아는 사명자는 없습니다. 이처럼 하나님은 사명자가 자기의 일을 모르게 하심으로 그를 겸손케 하십니다. 다른 사람의 일은 아무리 잘 해석해도 사명자가 애통할 수 밖에 없는 이유가 여기에 있습니다. 이것이 무엇을 의미할까요? 사명자는 오직 하나님의 말씀만을 전하라는 것입니다.

제가 아이들 입시를 치를 때입니다. 어디에 원서를 넣어야 할지 몰라서 말씀을 계속 묵상하고 기도하고 적용하느라 참 골머리를 앓았죠. 그런데 그렇게 묵상하고 기도하고 적용하고 원서를 넣어도 아들이고 딸이고 입시에서 떨어지고 또 떨어지기를 반복했어요.

제가 기도해 주는 다른 집 자녀들은 다들 시험에 척척 붙는데, 정작 제 자녀들만 떨어지니 얼마나 신령하지 못한 겁니까? 정말 제가 아는 게 하나도 없습니다.

그런데 이렇게 잘 몰라서 안타까워하며 계속 오다 보니까 하나님에 대한 확신이 많이 생겼습니다. 무엇보다 안되면 안될수록 저처럼 안되는 사람들을 도울 수 있다는 것을 알았습니다. 수많은 아이들이 시험에 떨어지는 것이 해석이 안 되어 다 죽겠다고 합니다. 그런데 제 자녀들이 입시에 떨어지는 경험을 많이 하다 보니 그런 아이들을 돕는 해석자로 저 자신이 우뚝 서게 된 것입니다.

여전히 제가 모르는 것이 많지만, 그래도 계속적으로 아는 것이 한 가지가 있습니다. 바로 내가 죄인이라는 사실과 죽으면 천국에 간다는 것입니다. 하지만 언제 천국에 갈지는 잘 모릅니다. 그래도 여러분은 나는 몇 월, 며칠에 천국에 간다고 말하는 사람이 너무 영험해 보입니까?

'미래학 연구'라는 칼럼에 따르면, 지난 50년간 미래를 연구한 학계의 결론이 "미래는 예측할 수 없다"랍니다. 만약 미래를 예측한다고 떠드는 사람이 있다면 그가 원하는 것은 우리의 돈이라고 했습니다. 더욱이 미래 예측 분야에서 둘째가라면 서러워할 싱가포르 정부는 '미래를 예측하는 시나리오 기법'을 포기했다고 합니다. 미래는 예측할 수 없다는 결론을 받아들였기 때문입니다. 이렇게 미래학의 역사가 미래에 대해 겸손한 태도를 유지하는 쪽으로 발달하다 보니, 연구의 초점도 미래 예측보다는 미래 가능성 탐구에 맞추고 있답니다.

사도행전 1장 7절에 보면 "이르시되 때와 시기는 아버지께서 자기의 권한에 두셨으니 너희가 알 바 아니요"라고 했습니다. 우리가 알

바가 아닌 때와 시기에 대해 자꾸 예언하는 것은 아버지의 권한을 넘어서는 일이란 것이죠. 이어서 8절에서는 "오직 성령이 너희에게 임하시면 너희가 권능을 받고 예루살렘과 온 유대와 사마리아와 땅 끝까지 이르러 내 증인이 되리라 하시니라"고 했습니다. 하나님의 증인이 되고자 해야지 스스로 하나님이 되고자 하면 안 된다는 것입니다.

그렇습니다. 스스로 하나님이 되고자 하는 교만한 사람은 해석자가 될 수 없습니다. 우리는 하나님의 변호사가 아니라 하나님의 증인이 되어야 합니다. 법정에서 막강한 카리스마로 피의자를 도울 수 있는 사람은 공부 잘하는 변호사가 아닙니다. 사건 현장에 있었던 증인입니다. 증인의 자격은 학력도 나이도 상관없습니다. 그 자리에 있었으면 변호사보다 그 힘이 막강합니다. 그래서 우리가 삶으로 경험한 사람을 따라갈 수 없는 것이죠. 하나님의 증인이 되어 말씀을 전하고자 하는 사람이 삶의 해석자, 성경의 해석자입니다. 아무리 히브리어, 헬라어를 잘하면 뭐 합니까? 사람을 변화시키지 못하면 아무 소용 없습니다. 사역자 자신이 삶으로 말씀을 경험한 것이 없으면 성도들은 변화되지 않습니다.

서두에 한 목사님에게 전쟁이 나서 북한이 이긴다는 예언을 어떻게 생각하느냐는 질문을 받았다고 했습니다. 그때 제가 이렇게 말씀드렸습니다.

"바알에게 무릎 꿇지 않은 7,000명은 남한보다는 북한에 있을 것 같습니다."

제가 예전에 북한에도 가 보았지만, 정말 기가 막힌 땅끝 나라가 바로 북한입니다. 북한을 한번 가 보면 저절로 애국자가 됩니다. 같은 민족이 그렇게 극한 가난을 겪는 것을 보면 다른 나라에 간 것과는 정말 차원이 다른 마음이 듭니다. 북한의 상황은 남한의 50년 전과 같습니다. 하지만 이런 고난과 박해 가운데 눈물로 기도하는 7,000명이 지금 북한에 남아 있습니다.

반면에 경제적으로 풍족한 남한은 동성애로 몸살을 앓고 있습니다. 우리가 선한 것이 하나도 없는데도 하나님은 남한 땅을 후대해 주셨습니다. 그런데 우리와 다를 바 없는 북한 동포들은 심히 고생하고 있습니다. 이것을 생각하면 하나님께 너무 송구합니다. 북에 있는 그 한 사람만 마음을 돌이키면 될 것 같은데, 하나님은 왜 그 사람을 살려 두시는 걸까요?

한국교회는 동성애를 소수 인권이라고 부르짖는 교회가 생겨도 아무도 안타까워하지 않는 영적 불감증에 걸렸습니다. 음란 불감증, 악의 불감증에 걸렸습니다. 하나님이 우리에게 염증이 나실 만도 합니다. 게다가 북한의 그 한 사람이 우리를 달달 볶는 것처럼, 부모들은 자녀들을 달달 볶아서 일류로 만들려고 애를 씁니다. 이런데도 하나님이 남한을 살려 두실 이유가 있습니까? 전쟁이 나면 살려 달라고 기도할 자격이 우리에게 과연 있습니까?

그러나 한편으로는 무엇을 회개해야 되는지도 모른 채 "회개하라! 그렇지 않으면 전쟁 난다!" 하는 것은 또 다른 공포심을 조장하는 일이 아닌가 싶습니다.

앞서 때와 시기는 아버지께서 자기 권한에 두셨다고 했습니다.

그러니 아버지의 권한을 넘어서는 예언을 하면 안 됩니다.

여러분은 만약 전쟁이 나면 어떻게 하시겠습니까? 전쟁을 준비한답시고 라면과 부탄가스를 사재기하고, '제주도로 도망갈까? 미국으로 도망갈까?' 하며 부화뇌동(附和雷同)하시겠습니까. 거기 가면 안전합니까? 전쟁이 나면 하늘 위의 하늘이라도 피할 곳이 없고, 바다 밑의 바다라도 피할 곳이 없다는 것을 알아야 합니다. 전쟁이 나든 안 나든 우리는 말씀의 가치관으로 애통하고 기도하며 여전한 방식으로 생활예배를 잘 드려야 합니다. 이것이 최고의 영적 준비입니다.

* 내가 가장 궁금한 때와 시기는 무엇입니까? 떨어지고 떨어지는 고난 가운데서도 하나님의 증인이 되어 다른 사람을 살리고 있습니까?

상처를 해결한 자가 해석자가 됩니다

나는 히브리 땅에서 끌려온 자요 여기서도 옥에 갇힐 일은 행하지 아니하였나이다 _창 40:15

요셉이 술 맡은 관원장에게 "감옥에서 나가면 나를 기억해 달라"고 하면서 자신의 이야기를 시작합니다. 이때 요셉은 형들의 과실을 늘어놓지 않았습니다. 객관적으로 이것이 하나님이 하신 일임을 직시했기 때문이죠. 우리는 흔히 '지금 내가 누구 때문에 지옥 같은 이곳에 있는데……'라고 생각합니다. 그러나 그것은 하나님이 하신 일입니다.

여러분이 억울한 일을 당했다면 요셉처럼 객관적으로 이야기할 수 있습니까? 그저 내가 너무 억울해서 남편, 아내, 시부모, 친정 부모, 장인, 장모, 아들, 딸도 용서가 안 되는 집들이 많이 있습니다. 그러나 요셉이야말로 많은 사람에게 상처를 입지 않았습니까? 먼저 혈육인 형들에게 배신을 당했습니다. 노예로서 보디발의 집에서 최선을 다해 섬겼는데, 보디발 아내의 모함을 받아 감옥에 갇혔습니다. 모두 요셉의 가슴에 대못을 박은 사람들입니다. 요셉의 상처는 결코 작은 것이 아니었습니다. 그런데 지금 그가 말하는 내용 어디를 봐도 상처를 끌어안고 있는 모습을 발견할 수 없습니다. "억울하다, 원수 갚아 달라" 이런 이야기를 전혀 하지 않습니다. 왜죠? 내면의 상처를 해결했기 때문입니다.

반면에 우리는 어떻습니까? 요셉이 받은 상처와 비교도 안 되는 작은 상처에도 부르르 떨며 서로 상처를 주고받으며 살아가지 않습니까? 그래서 아무런 뜻도 없이 내뱉은 사소한 말 한마디에도 상처를 받습니다. 특히 관계가 가까울수록 더 쉽게 상처를 받습니다.

말씀의 가치관이 없으면 그 누구도 상처에서 자유로울 수 없습니다. 가족 관계에서 끊임없이 상처가 대물림되는 한 우리는 어떤 문제에서도 해석자로 우뚝 설 수 없습니다. 무엇보다 말씀으로 자신의 상처를 해석한 사람은 그것으로 남을 도와야지 나 혼자 해석하고 끝나 버리면 소용없습니다. 즉, 내가 해석한 것으로 남을 도와야 한다는 겁니다.

독일의 심리학자 야야 헤릅스트(Jaya Herbst)의 글에서 본 내용입니다.

60세의 메리얀 부인은 성직자 집안에서 태어났습니다. 그녀는 항상 다른 사람에게 주지 않으면 견딜 수 없는 사람입니다. 이상적 자아를 통해 자신이 철저히 주는 사람이라고 믿고 실제로도 이를 위해 노력했습니다. 남편과 자녀들을 위해 자신을 희생하면서까지 그들의 요구를 철저히 채워 주었죠. 그러나 지나치다 싶을 정도로 자신에게는 엄격하고 검소하게 살았습니다. '돌본다', '해야 한다'는 말도 자주 하고, '주는 자가 받는 자보다 복이 있다'는 성경 구절도 자주 인용했습니다. 그런데 문제는 그녀의 모든 행동에 다음과 같은 무의식적인 우월감이 깔려 있었다는 겁니다. "나는 착한 사람이야", "나는 어려운 일을 겪는 사람과 가난한 사람을 돌보고 있단 말이야."

한편으로 그녀는 당장 필요 없는 물건을 남몰래 구입해 쌓아 놓는 버릇이 있었습니다. 처음에는 할인 상품 같은 물건에 한정되었죠. 하지만 나중에는 이것저것 닥치는 대로 사들여서 집안에 감추어 두었습니다. 그러고는 정작 자신에게 필요한 물건은 쓰지 않았습니다. 가끔 물건들에 질식할 것 같아서 다른 사람에게 선물하기도 했지만 그것은 그녀의 진심이 아니었습니다. 그런 식으로 물건을 처리한 후에 또다시 새로운 물건을 사들이기 위함이었죠. 그녀는 시간이 지날수록 점점 병적으로 변해 가면서 사람들에게 상처를 주기 시작했습니다. 다른 사람의 중요한 일에 직접적으로 개입하기 시작했고, 상대방이 자기에게 의존하도록 만들었습니다. 그러나 메리얀은 정작 자기 자신을 사랑할 줄 몰랐기에 사랑하고 돌보는 능력을 자신을 위해서는 사용하지 않았습니다.

"내가 너를 도운 만큼 너도 나를 도와야 한다" 이것만큼 황폐한 생각이 없습니다. 그녀의 근본적인 문제는 그녀가 제대로 주는 법을 모른다는 것입니다. 남에게 제대로 주기 위해서는 먼저 자신의 욕구를 채울 수 있어야 하고, 다른 사람들의 시선을 두려워하는 마음도 극복해야 합니다. 그러나 주기와 받기의 균형이 제대로 이루어지지 못하면 피해의식에 사로잡히기 십상입니다. 먼저 자신에게 줄 수 있는 사람이 다른 사람에게도 줄 수 있습니다. 계속해서 남에게 주기만 하면 내면의 욕구가 충족되지 못하고 억압될 뿐입니다. 그 결과 늘 자신이 피해자라고 느끼게 되는 겁니다. 피해의식이 있는 사람들은 겉보기에 남들에게 잘 베푸는 것 같습니다. 그러나 그런 사람들의 특징이 바로 '뒤끝'입니다. 한마디로 되로 주었으면 말로 받아야 한다고 여기는 겁니다.

그러니 여러분은 무조건 그냥 주는 사람을 조심하십시오. 무조건 그렇게 줄 수 있는 사람은 이 세상에 아무도 없습니다. 각자 상처에 사로잡혀 너무 퍼 주거나 아무것도 안 주는 겁니다. 왜, 아무리 나에게 잘해 줘도 불편하기 짝이 없는 사람들이 있지 않습니까? 뭔가 자연스럽지 못하니 주는 것도, 받는 것도 불편한 것입니다. 사실 메리얀 부인도 얼마나 욕심쟁이입니까? 인정받으려고 퍼 주다가 인정받지 못하니까 "세상이 나를 몰라준다"고 하는 것 아닙니까.

루이스 B. 스미디즈(Lewis B. Smedes)는 "용서한다는 것은 곧 잘못을 범한 사람에게서 그 잘못을 도려내는 것과 같다. 그 사람에게서 상처 입힌 행위를 떼어 내어 그 사람을 재창조하는 것이다. 전에는 상대를 가해자로 못 박았으나 이제는 그러한 생각에 변화가 생긴다. 내 기억 속에서 상대의 모습이 거듭나기 때문이다"라고 말했습니다. 전에는 상대를 악에 능한 자로 낙인찍었지만, 용서를 통해 그가 도움을 필요로 하는 약자로 보이게 된다는 겁니다.

요즘 드라마에 나오는 악역을 봐도 그래요. 집안의 상처가 대물림되어 저렇게 행동한다고 생각하니 안됐다는 마음이 먼저 들더군요. 정말 문제아는 없고 문제 부모밖에 없습니다. 그러나 비록 상대방이 나에게 상처를 주었을지라도 그를 재창조할 때, 아픈 내 과거까지도 재창조할 수 있게 됩니다. 이렇게 상처를 해결한 자에게 해석자의 자격이 주어지는 것입니다. 그래도 여러분은 "이럴 거면 나 해석자 안 해!" 그러겠습니까? 그러면 지옥을 살 수밖에 없습니다.

해석자의 자격을 갖춘 한 중학생의 간증입니다.

엄마는 똑똑한 아이를 낳으려고 임신 중인데도 한겨울에 찬물 샤워도 마다하지 않으셨습니다. 수유할 때도 다양한 색깔이 아이의 두뇌를 발달시킨다는 말을 듣고, 빨주노초파남보 일곱 색깔의 티셔츠를 하루에 대여섯 번씩 갈아입으셨죠. 제가 생후 3개월 때부터 조기교육을 시킬 정도로 교육열이 남다르셨는데, 그 결과 저는 초등학교 2학년 때 틱 장애 진단을 받았습니다. 그런데도 저를 향한 엄마의 욕심은 멈추지 않았고, 4학년이 되어 틱은 더 심해졌습니다. 게다가 그즈음 아빠가 실직까지 하셨습니다.

이후 우리들교회에 다니게 된 엄마는 매주 목장예배에 나가면서 조금씩 저를 내려놓기 시작하셨습니다. 그때부터 저는 공부에서 해방되었습니다. 그래서 초등학교 때까지 실컷 놀고 중학교에 들어갔습니다. 하지만 중학교에 들어가자 엄마의 욕심이 다시 살아나기 시작했습니다. 그러던 어느 날, 중등부 담당 목사님이 저희 집에 심방을 오셔서 "집사님, 아이를 그렇게 키우시면 나중에 OO이가 사람 노릇 못합니다"라고 하셨습니다. 엄마는 그 말씀을 듣고, 저를 다시 놀게 해 주었죠. 그렇게 실컷 놀았는데, 하루는 예배 시간에 "학생의 사명은 공부다. 역할에 순종해라"라는 말씀이 나팔 소리처럼 들렸습니다. 그래서 중3 여름방학 직전에 과학 공부를 시작했습니다. 그리고 한 달을 준비해 화학 올림피아드 대회에 나가 입상했습니다.

이 아이는 입상을 계기로 과학고에 가고 싶다는 마음이 생겼습니다. 그래서 학원을 알아봤더니 한 달 수업료가 백만 원이 넘더랍니다. 결국 집안 형편상 혼자 공부하는 것을 택했습니다. 그리고 수시 지원 자기소개서에 "우리 집은 비록 가난하지만 가족이 함께 잘 살고 있다. 나는 틱 장애를 앓고 왕따까지 당했지만 그 일로 힘든 친구들을 품게 되었다"고 썼답니다. 그러면서 "이 모든 것은 좋은 교회를 만나서 가능했다"고 했습니다. 무엇보다 힘든 친구들을 보면 그냥 지나치지 못하는 것이 자신이 남들과 가장 다른 점이라고 적었답니다. 물론 과학과 수학에도 약간 재능이 있다고 자신을 소개했죠. 그리고 얼마 후

이 아이는 과학고 최종 면접을 보게 됐습니다.

면접 당일 큐티 본문이 일 년에 한 번 대제사장이 지성소에 들어가서 회개하는 레위기 말씀이었어요. 저는 나를 죄에서 깨끗하게 하신 하나님을 생각하면서 면접에 임했습니다. 한 면접관이 자기소개서에 제가 쓴 내용을 보고, "왕따를 통해 나서야 할 자리와 나서지 말아야 할 자리를 알게 된 것은 정말 큰 깨달음이다. 이 말은 구체적으로 어떤 의미인가?"라고 물었습니다. 저는 "자신이 인정받으려고 나서서 다른 사람을 불쾌하게 하는 것이 나서지 말아야 할 자리이고, 꼭 필요할 때 다른 사람에게 도움이 되는 역할을 하는 것이 나설 자리입니다"라고 대답했습니다. 마지막으로 면접관은 "그동안 자유롭게 공부했는데 이 학교에 오면 이른 시간부터 늦은 시간까지 틀에 맞춰 공부해야 한다. 할 수 있겠는가?"라고 질문했습니다. 그래서 저는 "로마에 가면 로마의 법을 따르듯이 학교의 질서와 규칙을 따르되 저만의 창의적인 방법으로 공부할 것입니다"라고 말했습니다. 드디어 발표날, 결과는 합격이었습니다.

앞 장에서 외고에 떨어진 아이는 집안 환경이 좋은 아이였는데, 떨어져서 감사하는 적용을 했습니다. 반면에 이 아이는 아빠가 실직해서 학원도 못 다니는 힘든 환경에서 과학고에 붙었습니다. 하나님이 정말 두 아이를 정확하게 인도해 주셨다고 생각합니다.

그런데 이 아이가 합격하고 나서 또 이런 나눔을 했습니다.

이제 저는 감옥에 들어갑니다. 그동안 학교에서 친구 두 명을 데리고 점심시간마다 큐티 모임을 했습니다. 그 친구들이 저보다 힘든 환경에 있었기 때문에 오히려 그들을 섬기기가 쉬웠습니다. 하지만 과학고에서 만날 친구들은 저보다 집도 잘살고, 공부도 많이 했을 것입니다. 학교에 가면 술 맡은 관원장과 떡 굽는 관원장 같은 친구들을 섬겨야 합니다. 이 깨어짐의 감옥에서 요셉처럼 잘 인내하여 구원의 기회를 얻을 수 있기를 기도합니다.

이 아이가 초등학교 때부터 교회에 와서 한 일이 큐티입니다. 그래서 이렇게 잘 깨닫는 겁니다. 어려서부터 말씀의 가치관으로 잘 세워져 있으니 우리 아이들이 붙어도 떨어져도 다 회개하고 감사하는 것이죠. 이것이 바로 말씀의 위력 아닙니까? 어느 누가 이렇게 적용할 수 있겠습니까?

여러분, 해석자의 자격은 따로 있는 것이 아닙니다. 하나님이 함께하시는 사람이 해석자입니다. 날마다 말씀을 묵상하며 구속사의 가치관으로 살아갈 때, 어떤 문제에서도 해석자로 우뚝 서게 될 줄 믿습니다.

✢ 우리 집안에 대물림되는 상처는 무엇입니까? 나에게 상처를 준 상대방을 재창조할 때, 아픈 내 과거까지도 재창조하게 될 줄 믿습니까? 말씀으로 나의 상처를 해석하고, 그것으로 남을 돕고 있습니까?

우리들 묵상과 적용

"어머니, ○○(이)는 예정대로 입학할 수 없게 되었어요." 오랜 미국 생활을 정리하고, 귀국을 불과 일주일 앞둔 2020년 2월, 코로나19의 확산으로 아들의 입학이 무기한 연기되었다는 통보를 받았습니다. 안 그래도 ADHD와 우울증이 있는 아들이 한국에 가면 학교도 다니지 못한 채 무기력하게 지내야 한다고 생각하자 큰 두려움이 몰려왔습니다. 이내 저는 술 맡은 관원장과 떡 굽는 관원장이 각기 다른 꿈을 꾸고 근심한 것같이(창 40:6~7) 왜 이런 일이 일어났는지 이해되지 않아 큰 근심에 빠졌습니다.

정신과 의사로 성공을 꿈꾸며 뉴욕에 간 저는 이혼한 뒤, 어린 아들을 홀로 키우는 고난으로 하나님을 인격적으로 만났습니다. 그리고 아들이 ADHD 진단을 받을 즈음에 큐티하는 법을 알게 되어 날마다 말씀을 묵상하며 하나님의 해석을 듣게 되었습니다. 그러자 이혼하고 혼자서도 아이를 잘 키울 수 있다고 믿은 저의 교만을 회개하고, 부모님과 전남편의 구원을 위해 애통하며 기도하게 되었습니다. 무엇보다 중학생이 되도록 아빠를 자주 보지 못하는 아들을 위해 한국으로 돌아가는 것이 우리 가정을 향한 하나님의 뜻이라 해석되었습니다. 그러나 저는 동생이 사는 텍사스로 이주하면서, 술 맡은 관원장이 복직되자 요셉을 기억하지 못한 것처럼(창 40:23) 한국으로 돌아가야겠다는 생각을 점차 잊었습니다.

그러다가 한 지역 기독교 방송에 출연하게 되었습니다. "앞으로의 사명은 무엇이라고 생각하시나요?"라는 사회자의 질문을 듣는 순간, '아이들을 살리는 믿음 좋은 정신과 의사요'라고 겉모습을 자랑하고 싶은 욕심이 올라왔습니다. 하지만 저의 교만으로 이혼하게 된 죄를 이야기하며 "내 죄와 수치를 고백하면 그 안에 하나님의 치유가 임한다는 것을 전하는 게 제 사명 같아요"라고 말할 수 있었습니다.

이후 하나님은 한국에 꼭 가야만 가능하리라 여겨지던 일들을 오히려 코로나19 덕분에 미국에서도 누릴 수 있게 하셨습니다. 실시간 화상 미팅으로 목장 모임과 각종 양육에 참석하게 된 것입니다. 양육을 받으면서 저의 낙태죄를 회개하고, 동생과 서로 상처를 나누며 회복하는 시간도 보냈습니다. 그로부터 수년이 흐른 지금, 저는 한국으로 돌아와 믿음의 공동체에 속해 가는 은혜를 누리고 있습니다. 아들의 입학 연기라는 흉한 소식 가운데 근심하던 저를 더 깊은 회개로 이끌어 주시고(창 40:19) 삶의 모든 해석은 하나님께 있음을 알려 주신 주님, 감사합니다(창 40:8).

영혼의 기도

주님, 말씀으로 인생이 해석된다는 것이 무슨 뜻인지 몰랐습니다. 교회를 오래 다녔어도 약속의 말씀을 붙잡는 것이 무엇인지 참으로 몰랐습니다. 하나님의 증인이 되기보다 스스로 하나님이 되고자 했기 때문입니다. 그래서 인정받는 것에만 혈안이 되어 살았습니다. 온전히 하나님의 증인이 되기 위해서는 훈련의 시간이 많이 필요한데, 아직도 멀었다는 생각이 듭니다. 상처를 좀 해결했나 싶으면 아니고 이제는 정말 해결했나 싶은데 또 아닙니다. 그래서 날마다 말씀이 아닌 상처를 묵상합니다. 주여, 불쌍히 여겨 주옵소서.

이렇게 많이 부족하기 때문에, 때마다 시마다 튀어나오는 육신의 생각들 때문에 한시라도 하나님을 붙잡지 않으면 살 수 없는 인생입니다. 그래도 날마다 말씀을 묵상하며 내가 죄인임을 고백할 때 하나님이 우리를 해석자로 세워 가실 줄 믿습니다.

남북의 상황을 주님 앞에 올려드립니다. 우리 민족을 불쌍히 여겨 주옵소서. 남북이 함께 살아나기를 원합니다. 그런데 어찌해야 할지 방법을 잘 모르겠습니다. 주여, 도와주옵소서. 참으로 남한이 먼저 회개함으로 북한을 돕는 해석자의 자격을 갖추기를 원합니다. 여전한 방식으로 생활예배 잘 드리고 있으면 반드시 하나님이 함께 살려 주실 것을 믿습니다.

무엇보다 상처로 무너진 우리의 가정을 살려 주옵소서. 각 가정에 말씀으로 중심 잡는 그 한 사람이 세워져서 대물림되는 상처를 끊어 내고, 그 상처를 해석하도록 역사하여 주옵소서. 날마다 말씀을 묵상하며 구속사의 가치관으로 살아가는 우리가 다 되도록 은혜 위에 은혜를 부어 주옵소서. 예수님 이름으로 기도드립니다. 아멘.

PART 2

번성의 비결

Chapter 4 · 평안한 대답

Chapter 5 · 흉년의 대비책

Chapter 6 · 내 집을 다스리라

Chapter 7 · 번성하게 하셨다

Chapter 8 · 기근에도 먹을 것이 있더니

04

평안한 대답

창세기 41장 1~16절

하나님 아버지,
일평생 평안한 대답을 하기를 원합니다.
평안한 대답이 무엇인지
말씀해 주옵소서. 듣겠습니다.

사람들에게 평안한 대답을 하는 것은 결코 쉬운 일이 아닙니다. 부유해도, 비천해도, 어떠한 형편에든지 자족하기를 배웠다고 한 바울의 고백처럼(빌 4:11) 인생은 늘 희비쌍곡선이 교차하는데, 어떻게 언제나 평안한 대답을 할 수 있겠습니까.

요셉은 창세기 39장에서 보디발에게 은혜를 받았지만, 그의 아내에게 모함을 받아 옥에 갇혔습니다. 이후 감옥에서 만난 왕의 대신들과 막역한 사이가 되었지만, 복직된 술 맡은 관원장은 요셉을 잊어버리죠(창 40:23). 이것만 보면 요셉이 별로 형통하지 못한 것 아닙니까? 그런데도 하나님은 요셉이 범사에 형통하였다고 줄기차게 말씀하십니다. 41장에는 하나님이 실제적으로 요셉과 함께하셔서 그가 감옥에서 나가 바로 왕 앞에 서는 장면이 나옵니다. 그런데 말입니다. 이 장에서는 '하나님이 요셉을 형통하게 하셨다'는 말씀이 없습니다.

앞서 2장에서 『붙회떨감(붙으면 회개, 떨어지면 감사!)』이라는 제 책을 소개한 바 있습니다. 이 "붙회떨감"이라는 말은 왜 나오게 되었을까요? 우리가 떨어지고 힘들수록 하나님을 더욱 붙잡게 되니 이것이 야말로 진정한 형통 아닙니까? 그래서 떨어지면 감사인 것입니다. 그러나 육적으로 형통해지면 오히려 하나님을 떠나기가 그만큼 쉽습니다. 본문에 "형통했다"는 말이 없는 이유가 여기에 있습니다. 따라서 우리는 붙으면 붙을수록 잘되면 잘될수록 더욱더 회개에 힘써야 합니다. 그러나 우리의 수준은 요셉처럼 높지 않지요. 그래서 "영원히 사랑해", "범사에 형통하였더라" 이런 이야기만 듣기 좋아합니다. 하지만 진짜 사랑하는 사이에는 "사랑해"라고 굳이 말하지 않아도 그냥 믿어지는 게 있습니다.

그러면 하나님과 한마음이 된 요셉이 바로에게 어떻게 '평안한 대답'(창 41:16, 개역한글판)을 하는지 살펴보겠습니다.

평안한 대답은 가장 어려운 시험 가운데 하게 됩니다

만 이 년 후에 바로가 꿈을 꾼즉 자기가 나일 강 가에 서 있는데
_창 41:1

"영웅은 보통 사람보다 용기가 엄청 많은 것이 아니고, 다만 5분쯤 용기가 더 지속된다." 미국의 시인이자 사상가였던 랠프 월도 에머슨(Ralph Waldo Emerson)의 명언입니다. 용기란 견디는 힘이고, 영웅은 그 힘이 5분쯤 더 많다는 것이죠. 하지만 그 5분은 운명을 바꾸는 힘이 됩니다. 저는 요셉의 2년이 바로 그 5분이라고 생각합니다. 이제 요셉은 그 시간을 잘 견디고 총리로 세워지기 위한 '가장 어려운 시험'을 앞두고 있습니다. 그만큼 실력이 쌓인 것이죠. 그러나 이 시험을

잘 치르지 못하면 총리는커녕 바로의 손에 바로 죽는 겁니다.

지금 꿈을 꾼 사람은 요셉이 아니라 바로이지만, 그의 꿈은 다름 아닌 요셉을 위한 꿈이었습니다. 그런데 생각해 보세요. 요셉의 꿈이 예수의 꿈 아닙니까. 그러므로 결국 바로의 꿈도 예수의 꿈입니다. 내 옆에서 나와 연결된 사람들이 꾸는 꿈도 그래요. 나를 위해 꾸어 주는 예수의 꿈입니다. 쉽게 설명하면 이렇습니다. 믿지 않는 배우자와 상사가 너무 괴로워하면서 나에게 해석을 듣고자 한다면, 그들이 바로 나를 위해 예수의 꿈을 꾸어 주고 있는 것입니다. 그럴 때 '자기만 괴로우면 됐지 왜 나까지 괴롭히냐'라고 여기기보다 '나 대신 예수의 꿈을 꾸어 주느라 괴로운 것이구나' 이렇게 생각하시기 바랍니다.

2 보니 아름답고 살진 일곱 암소가 강 가에서 올라와 갈밭에서 뜯어먹고 3 그 뒤에 또 흉하고 파리한 다른 일곱 암소가 나일 강 가에서 올라와 그 소와 함께 나일 강 가에 서 있더니 4 그 흉하고 파리한 소가 그 아름답고 살진 일곱 소를 먹은지라 바로가 곧 깨었다가 5 다시 잠이 들어 꿈을 꾸니 한 줄기에 무성하고 충실한 일곱 이삭이 나오고 6 그 후에 또 가늘고 동풍에 마른 일곱 이삭이 나오더니 7 그 가는 일곱 이삭이 무성하고 충실한 일곱 이삭을 삼킨지라 바로가 깬즉 꿈이라_창 41:2~7

바로는 흉하고 파리한 암소들이 아름답고 살진 암소들을 먹고, 가늘고 마른 이삭들이 좋은 이삭들을 삼키는 흉악한 꿈을 꾸었습니다. 뒤에서 요셉이 이 꿈을 해석하겠지만, 이는 애굽에 7년간 풍년이 들었다가 다음 7년간 흉년이 드는데, 이 흉년을 대비하지 않으면 풍년의 소산이 순식간에 없어진다는 뜻입니다. 아흔아홉 가지를 가지고도 한 가지를 감사하지 않으면 다 잡아먹힌다는 것이죠. 그러나 작은 것 하나에도 감사하면 언제 어디서나 하나님이 함께하심을 보이는 사람이 됩니다.

> 다시 잠이 들어 꿈을 꾸니 …… _창 41:5a

바로가 다시 잠이 들었다가 또 꿈을 꾸었다고 합니다. 보통 꿈이 깬 후에 다시 잠들기는 힘듭니다. 잠들자마자 또다시 기가 막힌 꿈을 꾸기는 더더욱 힘들죠. 그러나 이 꿈은 하나님이 계시하신 꿈입니다. 앞 장에서 제가 직통 계시가 위험하다고 지적했습니다. 그렇다고 무조건 꿈이나 갑자기 떠오르는 생각을 무시하라는 말이 아닙니다. 우리는 총체적으로 다가오는 여러 가지 상황을 말씀으로 해석하고자 할 때 끊임없이 생각을 하게 됩니다. 그럴 때 꿈으로든 환경으로든 하나님이 역사하시는 것이 있다는 것입니다.

하나님은 바로에게 꿈의 내용을 알리기 위해 비슷한 꿈을 두 번이나 연달아 꾸게 하셨습니다. 암소와 이삭은 모두 농사와 관련된 것들이죠. 앞으로 풍년과 흉년이 올 것을 점층적이며 반복적인 꿈으로 말씀해 주신 겁니다. 그런데 바로가 못 알아듣습니다. 그러니 두렵고 답답할 수밖에요. 우리가 요한계시록을 봐도 그래요. 로마의 네로 왕은 무슨 말인지 몰라도 예수 믿는 우리는 계시록에 나오는 환상이 무엇을 뜻하는지 압니다.

* 나 대신 예수의 꿈을 꾸어 주느라 괴로워하는 내 주변의 믿지 않는 사람들은 누구입니까? 하나님이 반복적으로 말씀하셔도 여전히 내가 깨닫지 못하는 것은 무엇입니까?

권세와 지위와 학식으로는
평안한 대답을 할 수 없습니다

아침에 그의 마음이 번민하여 사람을 보내어 애굽의 점술가와 현인들을 모두 불러 그들에게 그의 꿈을 말하였으나 그것을 바로에게 해석하는 자가 없었더라 _창 41:8

바로는 연이어 꾼 꿈으로 마음이 불안해졌습니다. 세상의 모든 권세를 가진 바로가 풀지 못하는 문제가 생긴 겁니다. 세상을 창조하신 창조주가 내신 문제를 피조물인 인간이 어찌 풀 수 있겠습니까? 창조주를 모르면 인생은 답이 없습니다. 동물학자, 식물학자, 천체 과학자 등 어떤 전문가가 연구해도 이 문제를 풀 수 없습니다. 더군다나 잘못 해석했다가는 바로 왕에게 바로 죽임당하지 않겠습니까? 그러니 누가 자원해서 나서겠습니까? 속으론 알아도 확신이 없으면 쉽게 말할 수 없지요. 그런데 생각해 보세요. 바로 왕은 이 꿈을 무시할 수도 있었지만 그러지 않았습니다. 왜죠? 꿈을 꾸게 하신 분도, 꿈 때문에 바로를 번민하게 하신 분도 하나님이기 때문입니다.

에카르트 폰 히르슈하우젠(Eckart von Hirschhausen)이라는 독일 의사가 쓴『행복은 혼자 오지 않는다』라는 책에서 본 내용입니다.

심리학자 대니얼 길버트(Daniel Gilbert)는 인간이 미래를 생각하는 유일한 동물이라고 했습니다. 그의 연구 결과에 따르면 우리는 과거에 있었거나 미래에 일어나리라 예상하는 일을 의도적으로 왜곡한다고 합니다. 그런데 대부분은 검은 안경보다는 장밋빛 안경을 쓰고 과거나 미래의 일들을 본다는 겁니다. 각종 통계에 따르면 심근경색이나 교통사고는 빈번하게 일어납니다. 그러나 그 누구도 자신에게 그런 일이 일어나리라 믿지 않는답니다. 그런 일은 다른 사람에게만 일어나고, 자신의 미래는 반드시 현재보다 나을 것이란 착각 속에 살아간다는 겁니다. 그러다 보니 고액 연봉을 받는 전문가나 경영인들은 물론이고 심지어 미래학자들조차 앞날을 예측할 때 점쟁이 뺨치게 헛소리를 많이 한답니다.

일례로 소니(SONY)의 경영자는 개발 팀에서 워크맨 제품을 보고했을 때, "도대체 밖에 나돌아 다니면서 음악을 듣고 싶은 사람들이 어디 있다고 그래? 모두 음악은 집에서 즐기고 싶어 하잖아!"라고 했답니다. SMS(문자 서비스)가 이동통신의 부산물로 생겨났을 때도 고위직에 있는 사람들은 하나같이 "전화를 걸면 간단한데 누가 문자를 쓰고 있겠어?"라고 말했습니다.

누구나 예측의 대가가 되려는 욕망이 있다는데, 통계학적으로 보면 예언가 중에 누군가는 올바른 예측을 내놓습니다. 다만 그 누군가가 매번 바뀔 뿐이고 다음번에 누가 될지는 아무도 알 수 없다는 것이 문제입니다. 그러므로 믿을 수 있는 예측은 오직 한 가지 "무슨 일이든 다수가 예측한 대로 이루어지는 경우는 거의 없다는 것"뿐입니다.

아무리 학식과 지식이 탁월해도 세상의 지혜자는 풀 수 없는 문제가 많습니다. 인생은 스스로 하나님의 뜻을 알 수 없기 때문입니다. 애굽 왕 바로도 자신의 권세로 안 되는 일이 있다는 것을 알게 되었습니다. 하지만 이것을 안 것만으로도 큰 수확입니다.

"깊도다 하나님의 지혜와 지식의 풍성함이여, 그의 판단은 헤아리지 못할 것이며 그의 길은 찾지 못할 것이로다"(롬 11:33).

그렇습니다. 이 문제는 '하나님의 은혜'로만 해석할 수 있습니다. 고린도전서에도 하나님이 알리셔야만 모든 것을 알 수 있다는 말씀이 나옵니다.

"기록된 바 하나님이 자기를 사랑하는 자들을 위하여 예비하신 모든 것은 눈으로 보지 못하고 귀로 듣지 못하고 사람의 마음으로 생각하지도 못하였다 함과 같으니라 오직 하나님이 성령으로 이것을 우리에게 보이셨으니 성령은 모든 것 곧 하나님의 깊은 것까지도 통달하시느니라"(고전 2:9~10).

하나님의 지혜와 지식은 참으로 깊고도 부유합니다. 제가 설교를 하고 나서 '오늘 다 말해 버려서 다음 주일에는 정말 설교할 게 없네' 이래도 하나님의 말씀은 어찌나 깊고 부유한지 길어 내고 길어 내도 다음 주에 또 퍼낼 것이 생깁니다. 하나님의 말씀은 퍼내고 또 퍼내도 죽을 때까지 퍼낼 것이 있을 줄 믿습니다.

우리의 권세와 지위, 학식으로는 결코 평안한 대답을 할 수 없습니다. "바요나 시몬아 네가 복이 있도다 이를 네게 알게 한 이는 혈육이 아니요 하늘에 계신 내 아버지시니라"(마 16:17) 하신 예수님의 말씀처럼, 평안한 대답은 오직 하나님의 은혜로만 할 수 있습니다.

성경을 보면 하나님은 늘 연약한 사람을 통해 역사하십니다. 그러나 세상은 우리 죄를 위해 십자가에 못 박히신 예수 그리스도를 목수의 아들이라며 무시했습니다. 그래서 세상은 결코 하나님의 꿈을 해석할 수 없는 것입니다.

✳ 권세와 지위와 학식으로도 풀지 못하는 나의 문제는 무엇입니까? 하나님이 알려 주셔야만 그 문제를 풀 수 있다는 것을 압니까?

평안한 대답은 솔직한 고백 때문에 할 수 있습니다

9 술 맡은 관원장이 바로에게 말하여 이르되 내가 오늘 내 죄를 기억하나이다 10 바로께서 종들에게 노하사 나와 떡 굽는 관원장을 친위대장의 집에 가두셨을 때에 11 나와 그가 하룻밤에 꿈을 꾼즉 각기 뜻이 있는 꿈이라 12 그 곳에 친위대장의 종 된 히브리 청년이 우리와 함께 있기로 우리가 그에게 말하매 그가 우리의 꿈을 풀되

> 그 꿈대로 각 사람에게 해석하더니 13 그 해석한 대로 되어 나는 복직되고 그는 매달렸나이다 _창 41:9~13

12절에서 술 맡은 관원장이 "요셉이 우리와 함께 있었고, 우리가 그에게 말했고, 그가 우리의 꿈을 풀었고"라고 말합니다. 왕의 대신과 히브리인 노예가 감옥에서 한 공동체 '우리'가 된 것이죠. 만약 술 맡은 관원장이 요셉을 우습게 봤다면 요셉이 바로 왕 앞에 나아가는 일은 결코 일어나지 않았을 겁니다. 술 맡은 관원장은 비록 좀 늦긴 했지만, 요셉에게 배운 대로 솔직하게 자신의 허물을 왕에게 드러냅니다. 그리고 죽음에 이를 것을 각오하고 요셉을 추천합니다. 그러나 그의 입장에서는 이 일을 말하기가 결코 쉽지 않았을 겁니다. 2년 전에 죄를 얻어 감옥에 간 사실을 구태여 왕에게 상기시키고 싶겠습니까? 부러 잊고 싶었을 겁니다. 더욱이 자신이 히브리 노예 덕분에 복직했다는 사실을 그 누구에게 알리고 싶겠습니까?

저는 집사 시절부터 큐티 모임을 인도했습니다. 그런데 사람들은 제 말씀을 듣고 은혜를 받아도 유명한 목사도 아닌 일개 집사에게 은혜받았다고는 말하고 싶어 하지 않았습니다. 술 맡은 관원장도 이런 마음이지 않았을까요? 히브리 노예에게 해몽을 받아 복직되었다는 이야기를 굳이 꺼내고 싶지 않았던 것이죠. 인간은 다 죄인이기 때문입니다. 그런데 지금까지 부러 요셉을 잊고 살던 그가 자신의 허물을 드러내면서까지 바로를 돕고 싶은 마음이 생겼습니다. 이것은 성령님이 하시는 일이기 때문입니다. 나의 허물을 오픈하는 것도 성령님이 아니면 할 수 없는 일입니다. 보통은 무덤까지 가져가고 싶어 합니다.

　술 맡은 관원장은 이 고백으로 "2년 동안 배신 때린 놈! 저 의리 없는 놈!"이라고 욕을 먹을 수도 있었지만, 솔직히 오픈했습니다. 동성애, 부도, 바람 등 우리 각자의 허물을 고백할 때도 그래요. 욕먹을 각오로 오픈하는 겁니다. 목장에서 "내가 죄인이다. 내가 과거에 이렇게 더럽고 추한 죄를 지었다" 하며 욕먹을 각오로 고백했더니 우리들교회에 어떤 일이 벌어졌습니까? 너도나도 진실한 고백을 하는 성도들이 많아지다 보니 어렵고 힘든 사람들이 모였어도 서로 평안한 대답을 주고받는 아름다운 공동체로 세워지고 있지 않습니까? 자신의 허물을 드러내는 이런 진실한 고백이야말로 공동체에 얼마나 큰 유익을 끼치는지 모릅니다. 결국 우리가 자신의 허물을 고백하는 것은 나를 살리고, 가정을 살리고, 나라를 살리는 일이 됩니다. 반면에 한 번 거짓말을 시작하면 거짓말이 거짓말을 낳고, 변명만 일삼게 되지요.

　어떤 엘리트 집사님은 "우리들교회는 이상한 사람만 오는 줄 알았는데, 막상 목장에 가 보니 너무 재미있다. 목장 모임이 기다려진다"고 고백했습니다. 여러분, 이것이 목사 한 사람이 훌륭해서 되는 일입니까? 성도들이 너도나도 진솔한 고백을 하니까 가식이 끼어들 틈이 점점 줄고, 서로를 더욱 신뢰하게 되는 겁니다. 그래서 공동체 고백이 중요합니다. 공동체에서 서로 나누고 지체가 되는 일이 얼마나 중요한지 몰라요.

　어떤 교회는 실업인만 모이고, 예술인만 모이는 등 특정 계층만 끼리끼리 모인다고 합니다. 그러나 이는 교회의 참뜻을 왜곡하는 것입니다. 교회는 누구나 갈 수 있도록 문턱이 낮아야 합니다. 빈부귀천, 남녀노소 차별 없이 어린아이부터 노인까지 골고루 있는 교회야말로 참다운 교회의 모습입니다.

다음은 『보이지 않는 차이』라는 책을 쓴 한상복 씨의 인터뷰에서 본 내용입니다.

미국의 사회학자 마크 그라노베터(Mark Granovetter)의 연구 결과에 따르면 55퍼센트의 사람들이 아는 사람의 소개로 취업하고 이 중 30퍼센트 이상이 전에는 생각지 못한 일을 하게 된다고 합니다. 또 누구에게나 3만 명의 행운 천사, 즉 인생 도우미가 있답니다. 우연히 만나는 사람이 나에게 행운 천사가 될 수 있고 나 역시 누군가의 행운 천사가 될 수 있다는 것이죠. 그러면서 이런 이야기를 덧붙였습니다.

성공한 사람에게는 친구, 직장 동료, 상사 등 항상 누군가의 도움이 있었다. 하지만 가장 중요한 것은 가정이다. 창업 6년 만에 억만장자로 떠오른 EDS의 창업자 로스 페로(Ross Perot)는 성공의 비결로 아내를 꼽았다. 워런 버핏(Warren Buffett) 역시 공을 그의 아내에게 돌리며 '제대로 된 사람과의 결혼이 중요하다'고 말했다. 가장 가까이에 있는 사람과의 관계가 제일 기본이라는 것이다.

여러분은 어떻습니까? 가장 가까운 사람과의 관계가 기본인데, 그것이 안 되어 있으면 어디 가서 성공할 수 있겠습니까? 한상복 씨는 인맥 확장보다 중요한 것은 '핵심 인물 관리'라고 했습니다. 늘 나를 도와주는 사람은 가까이 있는 사람입니다. 요셉과 감옥에서 한솥밥을 먹은 술 맡은 관원장이 요셉을 바로에게 추천해 준 것처럼 말이죠.

제가 처음 큐티 모임을 시작했을 때 저를 추천해 준 사람은 모든 것을 다 갖춘 사람이 아니었어요. 정말 배운 것도 가진 것도 없는 한 자매였습니다. 그 자매가 "큐티 모임에 와 보라"며 죽기 살기로 사람들에게 저를 추천해 주었습니다. 많이 가진 사람들보다 정말 가진 것이 없는 그 자매가 순종도 제일 잘하고 큐티도 제일 열심히 했어요. 그러니 저도 그 자매를 좋아할 수밖에요. 그분이 저를 열렬히 추천해 준 덕분에 제가 오늘날 이렇게 말씀 사역을 하게 되었다고 해도 과언이 아닙니다.

✢ 내가 구원을 위해 솔직하게 드러내야 할 수치와 허물은 무엇입니까? 나의 허물을 드러내서라도 알리고 싶은 지체는 누구입니까?

평안한 대답은 각 사람에 맞게 해석해 주는 것입니다

그 곳에 친위대장의 종 된 히브리 청년이 우리와 함께 있기로 우리가 그에게 말하매 그가 우리의 꿈을 풀되 그 꿈대로 각 사람에게 해석하더니 _창 41:12

똑같은 꿈이라도 각 사람에게 맞게 해석해 주는 것이 평안한 대답입니다. 요셉은 술 맡은 관원장에게는 전직을 회복하고, 떡 굽는 관원장에게는 사흘 안에 매달린다고 하며 각 사람에 맞게 꿈을 해석해 주었습니다. 이 해석을 들은 떡 굽는 관원장은 남은 사흘 동안 회개하고 천국에 갔을 것입니다. 이처럼 회개할 기회를 주는 것이 평안한 대답입니다.

그런데 하나님이 우리에게 흉한 해석을 주시는 이유가 무엇일까요? 이 땅에서 벌을 받게 하심으로 회개할 기회를 주시고, 우리로 천국 가게 하시려는 것이죠. 그러므로 어떤 흉한 해석을 받아도 그래요. "벌을 받아 차라리 속 시원하다. 이제라도 회개하면 천국은 가겠구나"라고 생각해야 합니다. 그럴 때 두려움이 없어지고 평안이 임합니다.

우리들교회 성도들을 봐도 그렇습니다. 날마다 구속사의 말씀을 듣고 큐티를 하는 성도들은 자신이 암에 걸리고, 자녀가 입시에서 떨어져도 너무 해석을 잘합니다. 진짜 놀랍도록 적용을 잘합니다. 사건이 딱 오면 이 일이 내 삶의 결론이라 고백하고, 오히려 그로 인해 구원이 이루어질 것을 믿고 감사하니 얼굴에 평안이 넘칩니다.

우리가 평소에는 몰라도 사건이 오면 구원보다 먹고사는 문제가, 죽고 사는 문제가 더 중요한 사람들은 결코 사건을 해석할 수 없습니다. 이런 사람들을 어떻게 도울 수 있을까요? 당장 힘든 일을 겪고 있는 사람에게 "무조건 잘될 거야, 나을 거야", "너는 최고가 될 거야" 이런 말은 아무 소용이 없습니다. 그가 회개할 수 있도록 구원의 관점에서 그 사건을 해석해 주는 것이야말로 그에게 줄 수 있는 가장 평안한 대답입니다.

✦ 흉한 해석을 받았을 때 어떻게 반응합니까? '이 땅에서 벌을 받아 차라리 속 시원하다. 이제라도 회개하면 천국은 가겠구나'라고 생각합니까? 힘든 일을 겪는 사람에게 '무조건 잘될 거야'라고 하기보다 그가 회개할 수 있도록 말씀으로 해석해 주는 것이 가장 평안한 대답임을 압니까?

마지막까지 스스로를 돌아보는 사람이 평안한 대답을 할 수 있습니다

이에 바로가 사람을 보내어 요셉을 부르매 그들이 급히 그를 옥에서 내 놓은지라 요셉이 곧 수염을 깎고 그의 옷을 갈아 입고 바로에게 들어가니 _창 41:14

바로와 요셉의 만남이 얼마나 급히 이루어졌는지 이 한 절에 동사가 무려 6번이나 나옵니다. "보내다, 부르다, 내놓다, 깎다, 갈아입다, 들어가다" 이 모든 동작이 지체 없이 매우 신속히 이루어졌습니다. 바로가 요셉을 찾을 이유가 하나도 없지만 하나님이 찾게 하시니 이렇게 찾은 것이죠. 세상 사람도 급하면 하나님의 사람을 찾게 되어 있습니다. 이 일에 생명과 구원이 달려 있다는 것을 알기 때문입니다. 그래서 평소에는 제 설교 듣는 것을 싫어해도 힘든 일이 생기면 저를 찾는 분들이 꼭 있습니다. 여러분도 힘들 때 찾고 싶은 사람이 되시기를 바랍니다.

우리가 요셉처럼 급한 부름에 응답하기 위해서는 어떻게 살아야 할까요? 주어진 상황 가운데 인내하며 하루를 천년같이 살아야 합니다. 그런데 요셉을 보니 마지막까지 잘 기다려도 아직 깎을 수염과 갈아입을 옷이 남아 있습니다. 내가 잘 기다린 것 같아도 끝까지 나를 돌아보며 정리할 것이 있다는 것이죠. 그러므로 마지막까지 평안한 대답을 하기 위해서는 '너'가 아닌 '나'를 돌아봐야 합니다.

히브리 민족은 수염을 기르는 것이 전통이지만, 애굽인은 자르는 것이 전통입니다. 그래서 요셉은 애굽 전통에 따라 즉시 수염을 자르고 옷을 갈아입고 예의를 갖춥니다. 애굽 왕 바로에게 자신을 맞춘 것이죠. 이처럼 우리도 누군가에게 평안한 대답을 하려면 상대방의 문화를 수용해야 할 때가 있습니다. 여러분에게 벗어야 할 죄의 옷과 갈아입어야 할 의의 옷은 무엇입니까? 또 상대의 문화에 맞춰 깎아야 할 수염은 무엇입니까?

우리가 아무리 없이 살아도 교회에 올 때 세수조차 안 하고 온다면 그것은 하나님을 만나려는 사람의 태도가 아닙니다. 회사에 갈 때는 깨끗이 면도하고 와이셔츠도 다려 입고 넥타이까지 매면서 왜 주일에 교회에 올 때는 슬리퍼 질질 끌면서 옷도 대충 입고 옵니까? 믿음의 분량대로 옷차림에 신경 쓰는 것입니다.

물론 먹고사는 게 바쁘다 보면 대충 입고 교회에 올 수도 있지요. 그런 사람들에게 본을 보이기 위해서라도 나부터 깨끗하고 단정하게 입고 교회에 가야 합니다. 또 어떤 경우에는 전도를 위해 수수하게 입어야 할 때도 있습니다. 누군가를 구원으로 이끌기 위해서는 그때그

때 상황에 맞게 적용하는 지혜가 필요합니다.

✦ 급한 부름에 응답하기 위해 마지막까지 돌아봐야 할 나의 모습은 무엇입니까? 상대의 문화에 맞춰 내가 깎아야 할 수염은 무엇입니까?

결국 평안한 대답은 하나님만이 하실 수 있습니다

바로가 요셉에게 이르되 내가 한 꿈을 꾸었으나 그것을 해석하는 자가 없더니 들은즉 너는 꿈을 들으면 능히 푼다 하더라_창 41:15

요셉이 비천한 죄수의 신분으로 어떻게 바로 왕을 만날 수 있었습니까? 하나님이 그를 쓰시니까 왕 앞에 서게 된 것이죠.

저는 집사 시절에 인도한 큐티 모임이 여기저기 소문이 나면서 큐티 세미나를 인도해 달라는 부탁을 많이 받았습니다. 그런데 그때 제가 성경을 잘 알아서 저를 불렀겠습니까? '저 집사가 사람을 변화시킨다더라, 이혼을 철회시켰다더라, 자살을 막았다더라' 이런 소문이 퍼지니까 평소 같으면 쳐다도 못 볼 큰 교회에서 세미나 요청이 들어온 것이죠. 주로 교회 제직회나 리더 모임에서 큐티 세미나를 인도했는데, 저같이 부족한 사람을 쓰시는 하나님을 생각하면 송구해서 하루도 눈물로 예배드리지 않은 날이 없었습니다. 이 일은 정말 제가 아닌 하나님이 하시는 일이었습니다.

이후 주님이 뜻하신 바가 있어 신학을 하고 목사가 된 지 벌써 20여 년이 흘렀습니다. 보통은 힘들게 신학을 해서 목사가 되었으니 집사 시절은 잘 생각하지 않지요. 그런데 아직도 제겐 그 시절의 마음이 남아 있습니다. 그러다 보니 애통의 눈물이 마를 날이 없습니다. 예전이나 지금이나 한결같이 황송하고 송구스러운 마음이 유지되는 것은 하나님의 은혜라고밖에 달리 설명할 길이 없습니다.

히브리서에 보면 "하나님이 능력의 말씀으로 만물을 붙드신다"고 했습니다(히 1:3). 만물을 붙든다는 것은 곧 상대방의 마음을 얻는 것이라고 할 수 있습니다. 당시 집사였던 저를 세미나에 불러 주신 이유도 그래요. 제가 말씀을 전할 때 하나님이 함께하셔서 삶으로 도전하는 것이 있으니까 부른 것이지 결코 제가 성경을 잘 가르쳐서 부른 게 아니란 말입니다.

요셉의 인생을 봐도 그렇습니다. 그는 형들에게 죽임당할 뻔하고, 억울하게 감옥에 들어가는 등 이런저런 고난을 많이 겪었죠. 요셉은 여러 고난을 통과하며 별 인생이 없고, 자신이 100퍼센트 죄인임을 깨달았을 것입니다. 그러면서 보디발의 집에서든 감옥에서든 늘 평안한 대답으로 사람들의 마음을 얻어 냈습니다. 우리도 고난 가운데 내 죄를 보게 되면 이처럼 능력의 말씀으로 만물을 붙들고 사람의 마음을 얻게 될 줄 믿습니다.

> 요셉이 바로에게 대답하여 이르되 내가 아니라 하나님께서 바로에게 편안한 대답을 하시리이다 _창 41:16

> 요셉이 바로에게 대답하여 가로되 이는 내게 있는 것이 아니라 하나님이 바로에게 **평안한 대답**을 하시리이다 _창 41:16 (개역한글판)

바로가 요셉에게 "너 문제 잘 푼다면서?"라고 물으니까 요셉이 "내가 문제를 푸는 것이 아니라 하나님이 푸시는 거야. 하나님이 평안한 대답을 하시기에 내가 여기까지 오게 된 거야"라고 간증합니다. 저도 그래요. 어떻게 제가 다른 사람의 이혼과 자살을 막을 수 있겠습니까. 요셉의 고백처럼 때마다 하나님이 저와 함께하셨기 때문에 그 모든 일이 가능했던 것이죠.

16절의 '평안한 대답'은 원어로 '샬롬'입니다. 여기서 샬롬은 전쟁이 없는 상태에서 더 나아가 완전무결한 평화를 의미합니다. 이 평화는 돈과 학식이 있다고 얻을 수 있는 것이 아닙니다. 오직 언약 백성에게만 가능한 평화입니다. 즉, 믿는 사람만이 이 완전무결한 평화를 알고 누릴 수 있다는 겁니다. 내 안에 이런 평화가 있기에 사람들의 마음을 얻게 되는 것입니다. 우리가 "평화, 평화" 외치며 웃고 있으면 저절로 화평해집니까? 내가 죄인인 것을 아는 자만이 누군가에게 평화를 줄 수 있습니다. 하나님만이 평안의 근원임을 알 때, 한 영혼을 사망에서 생명으로 인도하는 평안한 대답을 할 수 있습니다.

요셉이 17세에 노예로 팔려 가서 30세에 바로 앞에 섰으니 자그마치 13년을 갖은 고초를 당한 셈입니다. 특별히 그는 꿈 때문에 우여곡절을 많이 겪었죠. 꿈 이야기를 했다가 형들에게 미움을 사서 노예로까지 팔려 오지 않았습니까. 감옥에서 두 관원장의 꿈을 해석해 주고도 바로의 꿈을 해석해 주기 위해 2년이나 더 갇혀 있어야 했습니다. 이처럼 요셉은 꿈 때문에 계속 훈련을 받았습니다. 우리도 같은 문제로 계속 훈련을 받다 보면, 언젠가 그 부분으로 남을 돕는 날이 오게 될 것입니다.

그런데 이때 요셉은 자신이 주인공이 아니라는 사실을 잘 알았습니다. 바로 왕 앞에서 자신이 아니라 하나님만이 평안한 대답을 하실 수 있다고 즉시 고백한 이유가 여기에 있습니다. 반면에 우리는 어떤가요? 교회에서조차 사람들이 나를 알아주지 않는다고 분해하며 불평하지 않습니까? 그 모습이 얼마나 부끄러운지 알아야 합니다. 우리가 누군가를 섬길 수 있는 은혜는 모두 하나님으로부터 온 것입니다. 인생을 살면서 여전히 뭐가 잘 안 풀려서 계속 속상하고 분하다면 아직 하나님이 아니라 내가 주인공이기 때문입니다. 그런 사람은 평안한 대답을 결코 할 수 없습니다.

중국 기자인 짱젠펑(張健鵬)이 쓴 『결정적인 말 한마디』라는 책에서 본 글입니다.

로저 롤스(Roger Rolls)는 미국 뉴욕주 역사상 최초의 흑인 주지사입니다. 취임 기자 회견장에서 많은 기자가 그의 화려한 경력에 대해 물었답니다. 그때 로저는 자신의 성공은 초등학교 때 피어 폴(Pierre Paul) 교장 선생님의 한마디 덕분이라고 말했습니다. 로저는 초등학생 때 친구들과 수업을 빼먹고 기물을 파손하는 등 사고를 많이 쳤습니다. 하루는 아이들과 함께 소란을 피우다가 창밖으로 뛰어내렸는데, 마침 그 앞에 피어 폴 선생님이 있었답니다. 그를 불러 세운 선생님은 고함치는 대신에 그에게 이렇게 말했습니다.

"나는 너의 눈을 보는 순간 알았단다. 너는 나중에 커서 뉴욕 주지사가 될 거야."

이후 로저는 선생님의 결정적인 한마디를 굳게 믿고 살았습니다. 그래서 40여 년 동안 주지사가 되기 위해 그 신분에 어긋나는 일을 하지 않았다고 합니다. 로저가 주지사가 된 후에 기자들은 여든이 넘은 피어 폴 선생님을 찾아가 소감을 물었습니다. 그러자 폴 선생님이 이렇게 말했답니다.

"제게 미래를 예측할 수 있는 능력이 있는 것은 아닙니다. 저는 그저 아이들을 사랑할 뿐입니다."

그렇습니다. 평안한 대답은 결정적인 한마디, 상대방의 마음을 움직이는 그 한마디입니다. 하나님의 심장을 가진 자가 하나님의 사랑이 전해지는 결정적인 그 한마디를 할 수 있습니다. 그래서 사랑의 본체이신 하나님만이 평안한 대답의 주인공이라는 말이 정말 맞습니다. 우리가 이 사랑이 전달되지 않아서 부부간에 가족 간에 평안한 대답과 평안한 대화를 하지 못하는 것 아닙니까.

다음은 평안한 대화가 있는 한 목장의 나눔입니다.

목자님: 저는 "내가 현재 도망갈 수 없는 감옥은 무엇인가?"에 대해 나누겠습니다. 어젯밤에 정말 쪽팔리는 일이 있었어요. 집이 아담해서 안방은 둘째 아이에게, 작은 방은 큰애에게 주고, 우리 부부는 거실에서 잡니다. 제가 코골이가 있는데, 어제는 좀 심했나 봅니다. 잠결에

무슨 소리가 들려서 깼더니 아내와 이야기하던 큰아이가 방문을 쾅 닫고 들어가는 거예요. 집사람한테 무슨 일이냐고 물으니 큰아이가 "아빠 코 고는 소리가 시끄러워서 공부에 방해가 돼요. 엄마도 옆에서 잠을 설치는데, 아빠는 왜 병원에 가서 치료받을 생각을 안 하는 거예요"라고 했답니다. 그러고 시계를 보니 새벽 3시였어요. 큰아이 말이 아무리 맞아도 그렇지요. 어쩜 저리 문을 꽝 닫을 수 있습니까? 자초지종을 듣고 나니 더 화가 치밀어 올라 견딜 수가 없었습니다.

'나라는 존재는 이 집에서 도대체 뭔가? 자식새끼한테 코 곤다고 무시나 당하고…… 집사람에게 피해나 주는 돼지 같은 존재인가? 나는 이 집에 그냥 돈이나 벌어다 주는 기계인가? 자다가 코 좀 골 수도 있는 거지…….' 이런 분한 생각에 사로잡히니 자존감이 여지없이 무너져 내렸습니다. 내가 현재 도망갈 수 없는 감옥인 이 좁은 집에서 가족을 묵묵히 섬기다 보면 제게도 기회가 올 것인데, 그걸 모르니 혈기로 반응한 것입니다.

'가족에게 더는 피해 주지 말고 무조건 여기서 나가자' 생각하며 옷을 갈아입는데, 집사람이 이 시간에 어딜 가냐고 묻더군요. 그래서 "당신과 아이들한테 더 이상 피해 주기 싫어서 그래"라고 말했습니다. 그랬더니 아이들까지 거실로 나와서 뜻하지 않게 가족회의가 소집되었습니다. 큰아이는 "아빠가 다이어트를 할 때는 코를 안 골았어요. 그런데 요즘은 그런 노력을 안 하잖아요. 저도 지금 시험 준비 때문에 정말 힘든데 아빠는 코까지 골고 그럼 저보고 어쩌란 말이에요?"라고 하더군요. 비록 좁은 집에서 사는 것이 감옥과 같은 환경이지만, 자녀들에게 그 환경에서 인내하는 모습을 보여 줬어야 하는데……. 이렇게 저는 아직 되었다 함이 없는 가장이자 목자입니다. 다시 생각해 보니 마땅히 갈 곳도 없고 해서 그날 가족에게 바로 사과를 하고, 아이들이 잠든 후에야 잠자리에 들었습니다.

A 집사님: 저는 코골이 수술을 했습니다. 같이 사는 사람에게 도리라고 생각해 결혼하고 얼마 안 돼서 했어요. 목젖의 일부를 절개하는 수술을 받았는데 효과가 없더라고요.

B 집사님: 제 남편은 이도 갈아요!

C 집사님: 교수들이 모여서 어디 갈 때도 코 고는 사람들만 모아서 따로 방을 씁니다.

여러분, 이런 나눔이야말로 평안한 대화가 아니고 무엇이겠습니까? 오히려 가족끼리 안 싸우는 사람들이 너무 이상한 겁니다. 목장에서 계속 배우자 칭찬만 하는 사람을 보면 '배우자가 얼마나 무섭게 하면 속마음은 입도 뻥긋 못 하나' 이렇게 생각하면 거의 맞습니다. 이 목자님처럼 평안할 수 없는 환경에서 자신의 실수를 고백하면서 자기를 돌아보는 것이 평안한 대답을 할 수 있는 비결입니다. 하나님만이 평안한 대화의 주인공임을 보여 주는 목장 나눔 같아서 제가 얼마나 감사한지 모르겠습니다.

역설적이지만 평안한 대답은 가장 어려운 시험을 만났을 때 하게 됩니다. 그러나 우리에게 어려운 시험은 실상 큰 문제가 아닙니다. 위기가 오히려 구원의 기회가 되기 때문입니다. 저는 가정 회복에 대한 말할 수 없는 사명을 가지고 우리들교회를 시작했습니다. 여전히 가정의 위기 가운데 이혼을 생각하는 분들이 있다면 가정의 목적은 행복이 아니고 거룩임을 기억하고, 하나님이 각자에게 딱 맞는 배우자를 붙여 주신 것을 아시기 바랍니다. 행복을 목적으로 걸어가면 고통밖에 오는 게 없습니다. 인간은 하나님 없이는 진정한 행복을 누릴 수 없기 때문입니다. 평안한 대화는 자신이 죄인임을 아는 사람이 하는 것이지, 돈 있고 외모가 훌륭하다고 할 수 있는 것이 아닙니다. 그래서 가장 어려운 환경에서도 평안한 대화가 가능한 것입니다. 어떤 어려운 시험에서도 하나님의 사랑이 전해지는 평안한 대답으로 가정을 살리는 여러분이 되기를 축원합니다.

* 하나님의 사랑이 전해지는 평안한 대답을 하고 있습니까? 여전히 하나님이 아닌 내가 주인공이기에 인정받지 못하면 답답해하고 분해하지 않습니까? 그래서 평안한 대답을 하지 못하는 것은 아닙니까?

우리들 묵상과 적용

가난하고 불우한 가정환경에서 자란 저는 어릴 때부터 어머니를 따라 교회에 다녔습니다. 이후 믿는 아내를 만나 결혼했지만, 가부장적이고 독선적인 성격으로 인해 아내를 힘들게 했습니다. 무엇보다 40년 넘게 교회를 다녔어도 "그들에게 그의 꿈을 말하였으나 그것을 바로에게 해석하는 자가 없었더라"(창 41:8)는 말씀처럼, 구속사의 말씀으로 힘든 인생이 해석되지 않아 오랫동안 게임과 술, 음란에 빠져 지냈습니다.

그러다 작은누나의 인도로 믿음의 공동체에 속하게 되었습니다. 처음에는 말씀이 들리지 않았지만, 그래도 공동체에 붙어만 있었더니 어느 날 "보라 내가 오늘 너를 여러 나라와 여러 왕국 위에 세워 네가 그것들을 뽑고 파괴하며 파멸하고 넘어뜨리며 건설하고 심게 하였느니라"(렘 1:10)는 말씀이 나팔 소리처럼 들렸습니다. 그제야 하나님이 제게 수년간 사업의 흉년을 겪게 하신 것이 제 안의 성공 우상을 뿌리 뽑고 파괴하시기 위한 것임이 깨달아져 회개가 터져 나왔습니다. 이후 공동체의 권면에 따라 사업을 접고, 영적 풍년의 때를 보내게 되었습니다. 그러던 중 저는 해외에 있는 조카에게 매일 설교 말씀 어록과 기도문을 SNS로 보내기 시작했습니다. 조카 한 명에게 보내던 메시지를 지금은 100명이 넘는 사람들에게 전하고 있습니다.

그런데 얼마 전, 부정맥으로 건강이 좋지 않은 딸이 대수롭지 않은 일로 제게 욕하는 일이 있었습니다. 그날은 조용히 넘어갔지만, 이 일이 제 안에서 소화가 안 되었는지 자꾸 악몽을 꿨습니다. 며칠 후 화를 주체할 수 없던 저는 잠자던 아내를 대나무 등긁이로 툭툭 쳐서 깨웠습니다. 그러곤 "나 당장 죽어 버릴 거야" 하면서 평소 먹던 공황장애 약을 한꺼번에 입에 넣으려고 했습니다. 그러자 아내가 울면서 "여보, 지금까지 잘해 온 거 아깝지 않아요? 지금 이렇게 가면 당신이 입버릇처럼 말한 구원과 사명은 어쩔 건데요?" 하는데, 갑자기 정신이 번쩍 들었습니다.

다음 날 아내와 딸에게 눈물로 사과하니 딸도 제게 잘못했다고 용서를 구했습니다. 딸한테 욕 한번 먹었다고 멘탈이 이렇게까지 흔들리는 저는 참으로 연약하고 무능한 죄인이 맞습니다. 이제는 언제 또 다시 저를 집어삼킬지 모르는 게임과 술, 음란 중독의 죄에 빠지지 않도록 날마다 말씀으로 저의 죄를 기억하며 (창 41:9) 가장의 역할에 충실하겠습니다.

영혼의 기도

주님, 권세와 지위와 학식으로는 평안한 대답을 할 수 없는데도, 왜 여전히 그것들에 제 눈이 돌아가는지 모르겠습니다. 솔직한 고백으로 나를 천거해 주는 지체 때문에 평안한 대답을 할 수 있는 것인데, 그런 사람은 금세 잊어버리고 또 부러 잊고 싶을 때도 있음을 고백합니다.

그동안 각 사람의 고난을 해석해 주면서 여기까지 왔습니다. 그런데 어느 순간 내가 고난을 잘 해석해 준다고 하면서 하나님보다 저 자신을 더 자랑하게 될까 봐 두렵습니다.

주님, 가장 무서운 것은 하나님보다 내가 주인공이 되어 사는 것임을 알게 하여 주옵소서. 마지막까지 저 자신을 돌아볼 수 있도록 주여, 도와주옵소서. 불쌍히 여겨 주옵소서. 참으로 이 기도밖에 할 수 있는 것이 없습니다. 평안한 대답은 오직 하나님만이 하실 수 있다고 고백하는 우리가 되기를 원합니다.

특별히 가정의 위기로 힘든 시간을 보내고 있는 분들을 위해 기도합니다. 어려움 가운데 있는 배우자와 자녀의 마음을 붙들지 못하는 이유가 아직 내 죄가 보이지 않기 때문임을 알기 원합니다.

그러므로 믿는 내가 먼저 회개할 수 있도록 주여, 인도해 주옵소서. 우리가 회개하는 만큼 가족의 마음, 북한의 마음, 전 세계의 마음을 붙들게 될 줄 믿습니다.

하나님의 사랑이 전해지는 진실한 대답, 평안한 대답을 할 수 있도록 은혜 위에 은혜를 더하여 주옵소서. 예수님 이름으로 기도드립니다. 아멘.

05

흉년의 대비책

창세기 41장 16~36절

하나님 아버지,
우리 인생에 흉년은 늘 옵니다.
흉년의 대비책을 세울 수 있도록
말씀해 주옵소서. 듣겠습니다.

인생을 살다 보면 풍년과 흉년은 누구에게나 찾아옵니다. 그래도 우리는 풍년만 좋고 흉년이 오면 너무 무섭지요. 한 아이가 태어났는데, "이 아이에게는 풍년도 있겠고, 흉년도 있겠다"는 말을 들으면, 다들 풍년이 있다는 말에 감사하기보다 흉년이란 말 때문에 힘들어합니다. 모든 것을 다 가진 바로도 그렇습니다. 하나님은 바로에게 풍년도 말씀하셨는데, 흉년만 생각하니 그저 무섭고 답답한 겁니다. 우리 인생에 찾아오는 무섭고 답답한 이 흉년을 어떻게 대비해야 할지 본문을 통해 살펴보겠습니다.

흉년이 온다는 것을 인정해야 합니다

17 바로가 요셉에게 이르되 내가 꿈에 나일 강 가에 서서 18 보니 살지고 아름다운 일곱 암소가 나일 강 가에 올라와 갈밭에서 뜯어먹고 19 그 뒤에 또 약하고 심히 흉하고 파리한 일곱 암소가 올라오니 그같이 흉한 것들은 애굽 땅에서 내가 아직 보지 못한 것이라 20 그 파리하고 흉한 소가 처음의 일곱 살진 소를 먹었으며 21 먹었으나

먹은 듯 하지 아니하고 여전히 흉하더라 내가 곧 깨었다가 22 다시 꿈에 보니 한 줄기에 무성하고 충실한 일곱 이삭이 나오고 23 그 후에 또 가늘고 동풍에 마른 일곱 이삭이 나더니 24 그 가는 이삭이 좋은 일곱 이삭을 삼키더라 내가 그 꿈을 점술가에게 말하였으나 그것을 내게 풀이해 주는 자가 없느니라 _창 41:17~24

바로가 꾼 꿈은 심히 흉하고 파리한 소가 살지고 아름다운 소를 잡아먹고, 가늘고 동풍에 마른 이삭이 무성하고 충실한 좋은 이삭을 삼킨다는 내용입니다. 그런데 바로가 직접 요셉에게 자신이 꾼 꿈을 말하는 내용을 보면, 지난 4장(창 41:1~7)에서 언급한 것과 좀 차이가 있습니다. "그같이 흉한 것들은 애굽 땅에서 내가 아직 보지 못한 것이라"(창 41:19), "먹었으나 먹은 듯하지 아니하고 여전히 흉하더라"(창 41:21)는 구절이 첨가되었습니다. 이 구절을 통해 흉하고 파리한 암소와 가늘고 마른 이삭에 대한 바로의 두려움이 처음보다 커진 것을 알 수 있습니다. 바로는 꿈에서 살진 소를 잡아먹고도 만족은커녕 여전히 배고파하며 뭔가 더 삼킬 것이 없나 이리저리 살피는 흉한 소를 보았습니다. 더욱이 이런 흉한 것들은 지금까지 보지 못한 것이라고 말합니다. 자신이 본 것 중에 역대급으로 가장 흉하다는 말이지요.

흉한 사건이 왔을 때 '지금까지 내가 성경을 읽었나? 큐티를 했나? 교회를 다녔나?' 할 정도로 해석이 되지 않는 것은 그동안 "흉한 것은 나와는 상관없다"고 생각해 왔기 때문입니다. 무엇보다 우리는 자기 자신이 얼마나 흉악한지 잘 모릅니다. 무엇을 해도 만족하지 못하면서 자신의 흉악함을 모르는 것이 인간의 실상이기 때문입니다.

불과 수년 전만 해도 국내 최고 학부의 법학과 진학을 꿈꾸는 한 성실한 고등학생이 있었습니다. 이 청년은 여유 있는 집안 출신으로 강남 8학군에 속한 고등학교에 다니며 줄곧 상위권 성적을 유지했죠. 그런데 수능시험을 망치는 바람에 원하는 대학에 들어가지 못했습니다. 그러다 미국 유학길에 오르면서 이 청년에게 비극의 싹이 자라기 시작했습니다. 내성적인 청년은 낯선 유학 생활을 견디지 못했습니다. 궁여지책으로 할머니까지 미국에 딸려 보냈지만, 끝내 학교를 졸업하지 못하고 귀국하고 말았죠. 이후 청년은 모든 인간관계를 끊고 철저히 외톨이가 되어 게임에 빠져 지냈습니다.

그런데 말입니다. 좋은 환경에서 온실 속의 화초처럼 자란 이 가늘고 약한 이삭 같은 청년이 이후 얼마나 흉한 일을 저질렀는지 모릅니다. 어느 새벽, 현실을 게임 속으로 착각해 흉기를 마구 흔들어 모르는 여자를 처참하게 죽인 것입니다. 살인의 동기가 무엇이냐는 질문에 그는 "공부만 하다가 이런 일이 벌어진 것 같다"고 대답했답니다. 그야 말로 지금까지 경험하지 못한 흉한 일이 그 집안에 생긴 것입니다.

19절에 보면 파리한 일곱 암소가 '약하고 심히 흉하다'고 했습니다. 이는 약한 것이 말씀으로 해석되지 않으면 얼마나 흉악하게 되는지를 보여 줍니다. 이 청년을 봐도 그래요. 온실 속의 나약함이야말로 얼마나 흉악한 것인지 모릅니다. "나는 고생 한번 안 해 봤다"는 나약함이 이런 흉악함으로 돌변하는 데는 그리 오랜 시간이 걸리지 않습니다. 누구든지 삽시간에 돌변할 수 있어요. 특히 어릴 때 호강하고 자란 사람일수록 시련이 왔을 때 나약함이 흉악함으로 돌변하는 것을 봅니다. 알코올중독으로, 폭력으로 그 흉악함이 드러나면서 "그동안 내가 어떻게 살았는데……" 하며 신세 한탄하는 사람들이 우리 주변에도 있지 않습니까.

그런데 여러분은 이 청년이 그저 너무 흉악하다고만 생각하십니까? 그렇게 여기는 사람이야말로 더 흉악한 사람입니다. 나와 내 가족에게도 언제든지 이런 흉악한 일이 일어날 수 있다는 것을 알아야 합니다. 연약한 내 남편이, 내 아내가, 내 자녀가 언제든지 흉악한 남편, 흉악한 아내, 흉악한 자녀로 돌변할 수 있다는 것입니다.

남북문제도 그렇습니다. 남한이 살진 소가 되어 7년 대풍을 맞았어도 감사하지 않으니 북한이 약하고 흉악한 소로 자리매김하고 있는 것입니다. 그러니 이제 북한 욕은 그만하고 흉년의 대비책을 세워야 합니다. 비단 북한만 그러하겠습니까? 집마다 먹었으나 먹은 듯하지 않은 연약하고 흉악한 자녀가 있고, 배우자가 있고, 부모, 형제가 있습니다. 그냥 무시할 수도 없고, 내 힘으로 끌어안고 갈 수도 없는 그런 힘든 가족이 내 옆에 있습니다. 그렇다면 각 가정에, 회사에, 나라에 찾아온 이 모든 흉년을 물리칠 수 있는 대비책은 과연 무엇일까요?

* 나에게 흉년이 온다는 것을 인정합니까? 아니면 흉년은 나와 전혀 상관없다고 생각합니까? 연약함이 흉악함으로 돌변한 가족과 지체는 누구입니까?

복음이 가장 쉬운 대비책입니다

요셉이 바로에게 대답하여 이르되 내가 아니라 하나님께서 바로에게 편안한 대답(평안한 대답*)을 하시리이다 _창 41:16 (*개역한글판)

애굽 사람들에게 소위 신으로 추앙받는 바로가 자신의 꿈을 풀이해 줄 사람을 찾는 것은 일견 이상해 보이는 일입니다. 그런 바로에게 요셉이 "평안한 대답은 하나님께서 하신다"며 담대히 말합니다. 다른 역본에는 '샬롬'을 뜻하는 이 평안한 대답이 '유익한 대답', '유리한 대답'이라고 나옵니다. 하나님이 바로에게 가장 유익한 것, 가장 평안한 대답을 주신다는 뜻이죠. 복음은 영어로 'Good News(기쁜 소식)', 헬라어로는 '유앙겔리온'입니다. 다시 말해, 요셉이 바로에게 가장 '기쁜 소식'을 전해 주겠다는 것입니다.

바로는 지금 꿈 때문에 근심하고 있습니다. 그러나 아무리 그 꿈이 재앙에 관한 것이라 해도 자신을 근심시키는 꿈의 실체가 무엇인지 알게 되면 시원케 되는 것이 있습니다. 여러분이 병에 걸렸는데, 수십 년을 병명도 모른 채 지낸다고 생각해 보세요. 얼마나 답답하겠습니까? 그때부터 '죽든지 살든지 병명이나 알자!'가 인생의 주제가가 됩니다. 확실한 진단을 받게 되면 시원할 수밖에 없는 이유는 병명을 알면 치료책이 나오기 때문입니다. 그래서 정확한 병명을 알게 되는 것이 복음입니다.

> 요셉이 바로에게 아뢰되 바로의 꿈은 하나라 하나님이 그가 하실 일을 바로에게 보이심이니이다 _창 41:25

하나님이 우리에게 하실 일을 미리 보이시는 가장 기본적인 방법은 바로 '말씀을 통해서'입니다. 이렇게 미리 알려 주시는 이유는 준비할 기회를 주시기 위함이죠. 그러므로 우리 삶에 어떤 힘든 사건이 와도 그래요. 날마다 큐티하며 말씀으로 준비된 사람은 해석하지 못할 일이 없습니다.

여러분의 삶에 하나님이 계속하여 살진 소와 흉한 소를 보이신다면 '하나님이 나에게 하실 일을 미리 보이시는 거구나! 나에게 하실 말씀이 있으시구나' 하고 깨달아야 합니다. 남북의 상황도 마찬가지입니다. 북한이 도발할 때마다 '몇 날, 몇 월, 며칠, 몇 시에 전쟁이 일어난다' 이런 것만 궁금해하지 마십시오. 여전한 방식으로 날마다 말씀을 묵상하며 구속사적 관점에서 전체적인 스토리로 남북 관계를 읽어 갈 때 하나님의 뜻을 분별할 수 있습니다.

> 26 일곱 좋은 암소는 일곱 해요 일곱 좋은 이삭도 일곱 해니 그 꿈은 하나라 27 그 후에 올라온 파리하고 흉한 일곱 소는 칠 년이요 동풍에 말라 속이 빈 일곱 이삭도 일곱 해 흉년이니 28 내가 바로에게 이르기를 하나님이 그가 하실 일을 바로에게 보이신다 함이 이것이라 29 온 애굽 땅에 일곱 해 큰 풍년이 있겠고 30 후에 일곱 해 흉년이 들므로 애굽 땅에 있던 풍년을 다 잊어버리게 되고 이 땅이 그 기

근으로 망하리니 31 후에 든 그 흉년이 너무 심하므로 이전 풍년을 이 땅에서 기억하지 못하게 되리이다 32 바로께서 꿈을 두 번 겹쳐 꾸신 것은 하나님이 이 일을 정하셨음이라 하나님이 속히 행하시리니_창 41:26~32

요셉이 바로의 꿈을 구체적으로 해몽해 줍니다. "두 꿈은 하나다. 일곱은 일곱 해를 나타낸다. 풍년 다음에 흉년이 온다. 꿈을 두 번 겹쳐 꾼 것은 이 일이 반드시 실행된다는 의미다."

어떤가요? 요셉의 해석이 이렇게나 쉽습니다. 직관적으로 살진 소는 풍년, 마른 소는 흉년을 뜻하는데, 이것을 모를 사람이 있습니까? 저도 바로 알 것 같은데요. 그런데 바로와 애굽의 박사들은 도무지 모릅니다. 복음은 쉽습니다. 결코 복잡하지 않습니다. 그래서 복음이 가장 쉬운 대비책인 것입니다.

어느 아침에 우연히 불교 방송을 들었습니다. 그런데 너무 어려워서 무슨 말인지 도통 못 알아듣겠더군요. 그날 들은 것이 하나도 기억나지 않았습니다. 지금도 저는 '내가 예수 믿은 것이 정말 기적이구나. 어쩌면 이렇게 쉬운 복음을 믿게 되었나' 싶을 때가 많습니다.

하나님은 바로와 같은 세상의 주권자뿐만 아니라 온 우주 만물을 다스리는 분입니다. 그러므로 하나님의 섭리는 이 세상에 미치지 않는 곳이 없습니다. 요셉이 바로의 꿈을 듣자마자 쉽게 푼 이유가 여기에 있습니다. 하나님을 믿어야 해석도 제대로 할 수 있습니다.

신혼 초부터 자주 싸웠다는 한 의사 부부의 이야기입니다.

아내 집사는 뒤끝이 있다 보니 10년 전 일까지 다 기억한다고 합니다. 그래서 하루는 여자목장에서 이 아내 집사에게 "남편에게 감사의 표현을 한번 해 보세요"라고 권면했답니다. 그래서 억지로라도 적용했더니 정말 마음에서 남편에 대한 감사가 올라왔다고 합니다. 그리고 남편이 부부목장에 처음 참석한 날에는 "남편이 목장에 와 준 것만으로도 정말 고마워요. 이것 하나만으로도 일평생 제게 다 갚고도 남아요"라고 고백했습니다. 그동안 아내 집사는 병원을 개원하고 삶이 너무 고달프고 힘들었답니다. 그런데 "결혼의 목적은 행복이 아니라 거룩이다"라는 단순한 말씀 하나로 자신의 삶이 해석되었다고 했습니다. 그렇습니다. 복음은 이렇게 단순한 것입니다. 어렵게 설명하니 다들 못 알아듣는 겁니다.

한 선교사님이 어릴 때 구원이 무엇인지 궁금해서 목사님을 찾아갔는데, 그분이 두 시간 동안이나 신학적인 관점에서 구원에 대해 설명해 주더랍니다. 결국 하나도 못 알아듣고 이후로 교회를 떠났답니다. 그러다 "예수께서 날 위해 죽어 주셨다"는 어떤 선교사님의 한마디 말에 선교사로 헌신까지 하게 되었다고 했습니다.

요셉의 해몽을 더 설명해 보면 이렇습니다. 7년간 대풍이 들면 사람들의 마음이 부유해지지 않겠습니까? 그러나 예수님은 "심령이 가난한 자가 복이 있다"(마 5:3)고 말씀하셨습니다. 대풍으로 배부른 자가 되면 어느새 감사함도 만족함도 없어지고, 금세 영혼이 황폐해지기 십상이죠. 결국 우리가 불행한 것은 가진 것이 없어서가 아닙니다. 가진 것이 많아도 감사할 줄 모르고 끊임없이 불평하기 때문입니다. 이것이 바로 흉악한 것입니다.

자녀가 시험에 계속 떨어지고, 남편이 승진에서 누락하고, 내가 질병에 걸려도 그래요. 복음이 내 속에 들어오면 어떤 흉년도 대비할 수 있습니다. 그런데도 이 쉬운 이야기를 못 알아듣고 "복음이 밥 먹여 주냐?" 하면서 화만 내는 사람들이 꼭 있습니다. 앞서 흉한 몰골로 게임만 하는 그 청년의 경우도 그랬습니다. 박사 아버지, 재벌 할아버지가 "저것이 돈이 없냐? 부모가 학벌이 없냐? 뭐가 부족해서 저러는가?" 이렇게만 생각하니 도무지 가정의 흉한 일이 해석되지 않는 겁니다.

그런데 말입니다. 요셉은 29절 딱 한 절에서만 풍년에 대해 해석하고, 그다음 구절부터는 계속 흉년에 대해서만 해석합니다. 풍년보다 흉년을 훨씬 많이 언급했습니다. 성경을 봐도 그렇습니다.

"네가 네 하나님 여호와의 말씀을 청종하면 이 모든 복이 네게 임하며 네게 이르리니 성읍에서도 복을 받고 들에서도 복을 받을 것이며 …… 네가 만일 네 하나님 여호와의 말씀을 순종하지 아니하여 내가 오늘 네게 명령하는 그의 모든 명령과 규례를 지켜 행하지 아니하면 이 모든 저주가 네게 임하며 네게 이를 것이니 네가 성읍에서도 저주를 받으며 들에서도 저주를 받을 것이요"(신 28:2~3, 15~16).

신명기 28장을 보면 복보다 저주가 4배 가까이 더 많이 언급됩니다. 예수님도 천국보다 지옥 이야기를 훨씬 많이 하셨죠. 날마다 긍정의 이야기만 한다고 긍정이 아닙니다. 우리는 저주처럼 보이는 십자가 이야기가 실상은 가장 긍정적이라는 사실을 알아야 합니다. 십자가 복음이 흉년의 가장 쉬운 대비책이기 때문입니다.

그런데 나는 아직 연약하다면서 십자가 복음보다 날마다 복받는 이야기만 듣다가는 젖먹이 신세에서 벗어나지 못할 것입니다. 장성한 자가 되어 단단한 음식을 먹는 데까지 나아가야 합니다(히 5:12~14). 그리하면 어떤 흉년이 와도 해석하지 못할 일이 없을 것입니다.

우리의 모든 아프고 떨어지는 고난은 하나님이 허락하신 일입니다. 그런데도 여전히 "그래서 내 병이 낫는다는 거야? 안 낫는다는 거야?", "우리 아이가 이제 게임을 끊는다는 거야? 만다는 거야?", "뭘 좀 보여 줘야 알지?" 하며, 화를 내는 것은 아직 복음이 무엇인지 모르기 때문입니다.

전에 요셉은 형제들이 자기에게 절하는 꿈을 꾸었습니다(창 37장). 그런데 지금 하나님이 다름 아닌 그 일을 행하고 계시는 것입니다. 아프고, 떨어지는 고난 중에도 구원의 일을 신실히 행하시는 하나님이십니다. 이 모든 고난의 사건을 통해 요셉에게 "절하리라" 한 일, 온 인류를 구원하고, 우리 집을 구원하기 위한 일을 지금도 하나님이 행하고 계심을 믿으시기 바랍니다.

복음은 장차 받을 환난입니다(살전 3:4). 이 말은 곧 "흉년이 온다는 것을 인정하라"는 말입니다. 아무리 그래도 최고 권력자인 바로에게 "7년 동안 망할 것을 인정하라"고 하는 것은 요셉 입장에서 결코 하기 쉬운 말은 아니었을 겁니다. 그러나 바로에게는 이 말이 복음이기에 요셉이 담대히 전한 것입니다.

이 말씀을 남북 관계에 적용해 보면, 살진 소인 남한이 흉한 소인 북한에게 먹힐 수도 있다는 것을 인정하라는 말입니다. 그동안 남한이 잘나서 살진 소가 된 것이 아니고, 잘나서 대풍을 맞은 것이 아니지 않습니까. "내가 먹힐 수도 있다" 즉 "흉년이 온다"는 것을 인정하기만 해도 하나님이 반드시 우리에게 대안을 주십니다.

✦ 복음이 가장 쉬운 흉년의 대비책이라는 것이 얼마나 인정됩니까? 여전히 복음이 무엇인지 모르기에 아프고 떨어지는 고난 가운데 화만 내고 있지는 않습니까? "흉년이 올 것을 인정하라"고 복음으로 처방해 주어야 할 사람은 누구입니까?

하나님이 흉년의 대안을 주십니다

"그러므로 우리는 들은 것에 더욱 유념함으로 우리가 흘러 떠내려가지 않도록 함이 마땅하니라"(히 2:1). 이 말씀처럼, 복음으로 준비하지 않으면 흘러 떠내려가는 것이 우리네 인생입니다. 본문에서 요셉은 흉년을 대비하는 두 가지 대안을 제시합니다.

명철한 지도자를 찾아라

이제 바로께서는 명철하고 지혜 있는 사람을 택하여 애굽 땅을 다스리게 하시고_창 41:33

앞으로 어려운 상황이 도래할 것입니다. 흉년을 대비하고자 백성에게 세금을 더 내라고 하면 당연히 조세 저항이 일어나지 않겠습니까? 7년간 대풍이 왔을 때 식량을 저장하는 것도 어렵지만, 흉년에 모은 것을 되판다고 하면 바로에 대한 폭동이 일어날 수도 있습니다. 이때를 대비하여 상황에 대한 예리한 통찰력을 가지고 위기에 대처할 수 있는 사람을 찾아야 합니다.

저는 그동안 "인생의 목적은 행복이 아니라 거룩이다!" 이 한마디 덕분에 가정을 지키고, 흉년을 대비하는 분들을 많이 보았습니다. 특별히 제가 섬기는 우리들교회에는 말로만 아니라 삶으로 어떻게 가정에서 거룩을 이루며 걸어왔는지 보여 주는 명철한 지도자들이 많이 있습니다. 이처럼 우리는 명철하고 지혜로운 지도자가 있는 교회 공동체에 참여하여 애굽의 세상 가치관으로 꽉 찬 나를 다스려 주기를 청해야 합니다.

그러면 우리가 부모로서 자녀를 명철한 지도자로 키워 내려면 어떻게 적용해야 할까요?

『성공하는 사람들의 7가지 습관』의 저자 스티븐 코비(Stephen R. Covey)는 한 강연에서 "아이를 글로벌 리더로 키우려면 '리더십은 신뢰에서부터 시작된다'는 것을 어려서부터 알게 해야 한다. 그러려면 자신의 소속 집단을 먼저 신뢰해야 한다"고 말했습니다. 다시 말해, 자기 집을 신뢰하지 못하면 리더십이 생기지 않는다는 겁니다. 앉으나 서나 자기 집을 욕하고, 자기 교회를 욕하고, 자기 회사를 욕하고, 자기 나라를 욕하는 사람들은 명철한 리더십을 가질 수 없습니다. 항상 내가 속한 공동체를 긍휼히 여기고 신뢰해야 합니다.

이어서 코비는 "소속 집단을 신뢰하는 리더가 집단 전체의 신뢰도도 고취시킬 수 있다"고 했습니다. 무엇보다 "가정에서 신뢰를 가르치는 교육법은 부모가 먼저 자녀에게 신뢰할 만한 사람이 되는 것"이라고 했습니다.

그렇습니다. 솔선수범하는 부모를 보면서 자녀들은 신뢰가 무엇인지 체험하게 됩니다. 하지만 가정에서 신뢰를 제대로 배우지 못하면 인생이 힘들어질 수밖에 없지요. 부모들은 자녀에게 밤낮 술 먹고, 거짓말하고, 바람피우고, 온몸으로 거짓을 행하는 것을 보여 주었기에 자녀들과의 대화가 어렵다고 토로합니다. 이 문제를 해결하는 가장 좋은 방법은 부모가 자녀의 말을 경청하고 존중하는 것입니다. 자녀는 부모가 온갖 조언을 해 주어도 부모의 생각을 강요하면 다 건성으로 흘려듣게 마련입니다. 따라서 부모는 자녀에게 "항상 우리는 너를 이해하고 있다"는 생각을 심어 줘야 한답니다. 물론 자녀들이 잘못된 이야기를 하면 무조건 찬성할 필요는 없습니다. 단지 부모가 자녀를 이해하려는 노력을 늘 한다는 것, 너무나도 불쌍할 정도로 이해하려고 노력한다는 것을 보여 주면 된다는 겁니다.

코비는 "말만이 아니라 책임 있는 행동을 일관적으로 보여 줄 때 신뢰가 회복된다"고 하면서 자신이 자녀에게 어떻게 신뢰를 보여 주었는지 아들과의 일화를 예로 들어 설명했습니다.

"내 아들은 16살에 처음 면허를 따고 속도위반을 했습니다. 제한 속도가 $40km$인데 $130km$로 달려서 연방 판사를 만났어요. 비록 면허는 취소되지 않았지만 555달러를 벌금으로 내야 했죠." 그는 잘못된 행동에 대해서는 아들에게 분명히 책임을 물어야 한다고 생각해 연방 판사도 취소하지 않은 아들의 면허를 직접 취소했습니다. 그리고 여름방학에 아르바이트를 하게 해서 아들이 직접 벌금을 물게 했습니다.

저는 이 부분이 중요하다고 생각합니다. 면허가 취소되지 않았으니 잘됐다고 하면서 그냥 넘어가면 그때는 좋을지 몰라도 이후에 자녀는 부모를 신뢰하지 않게 됩니다. 신뢰를 상실한 부분에 대해 책임을 묻지 않으면 결국 자녀가 부모에 대해서도 신뢰를 잃게 되기 때문입니다. 잘못에 대한 책임을 분명히 지게 함으로써 신뢰를 회복하는 법을 배우게 된 코비의 아들은 이후 누구보다 모범적인 운전자가 되었다고 합니다.

예전에 공중목욕탕에서 5살 미만은 돈을 안 받는다고 하면, 엄마들이 "주인아줌마가 나이 물어보면 4살이라고 해"라고 아이에게 시키는 게 다반사였죠. 이런 사소한 것에서부터 부모에 대한 아이들의 불신이 시작되는 겁니다. 그러나 예수 믿는 사람이라면 작은 일부터 안 믿는 사람은 죽었다가 깨어나도 못할 적용을 길로 놓고 걸어가야 합니다.

펜실베이니아 대학의 마이클 유심(Michael Useem) 교수는 "명철한 지도자는 찰나의 순간에 최선의 선택을 하는 사람"이라고 했습니다. 또 도덕경에 보면 "천하를 자기 몸처럼 아끼는 사람에게 가히 천하를 맡길 만하다"라고 했습니다. 한마디로 "지도자로서 개인의 이익을 초월하는 것보다 더 중요한 자격은 없다"는 것입니다.

결국 두 말을 종합해 보면, 항상 자신보다 가정을, 교회를, 나라를 생각하며 이타적인 결정을 하고자 할 때 최선의 선택을 하게 된다는 것입니다. 즉, 명철한 지도자는 이타적인 결정을 하는 지도자입니다. 겉으론 항상 남을 위하는 것 같은데, 결정적인 순간에 늘 자기중심적인 결정을 하는 사람이 있습니다. 지금은 몰라도 시간이 흐르면 다 드러나게 마련입니다. 그런 사람은 결코 명철한 지도자가 될 수 없습니다.

한 집사님이 열심히 교회에 다니는 고3 자녀에게 수능 전에 반짝 과외라도 시켜 주겠다고 했답니다. 그러자 아이가 "아빠, 내가 지금 과외받는다고 실력이 오르겠어요? 그 돈으로 건축헌금이나 하세요"라고 해서 건축헌금을 냈답니다. 그리고 아이의 수능점수가 잘 나오면 오죽이나 좋겠습니까. 그런데 점수가 잘 안 나왔답니다.

반면에 학기 초까지는 교회 모임에 잘 나오다가 이런저런 사정으로 나오지 않은 고3 아이 두 명은 서울대에 떡하니 붙었습니다. 그러니 이 집사님이 "그때 건축헌금 하지 말고 반짝 과외나 시킬걸" 이런 생각이 절로 들지 않겠습니까. 하지만 공부한답시고 공동체에 나가지도 않았는데 서울대에 붙었다면 금식하고 회개부터 해야 합니다. 이것이야말로 인생에서 가장 중요할 때 "하나님, 잠시 안녕히 계세요" 하고 신앙을 저버린 것 아닙니까.

제가 아는 어떤 집도 아들이 고3 때 과외시킨다고 교회를 안 보냈습니다. 그런데 그 아들이 서울대에 단번에 붙었습니다. 그때부터 수십 년 동안 교회를 안 나갔습니다. 부모가 자녀에게 신뢰를 잃어버린 결과입니다. 부모가 아무리 입으로 믿음을 이야기해도 정작 가장 중요할 때 하나님을 저버린 것을 삶으로 보여 주었기 때문이죠.

자녀는 부모가 무엇을 중요하게 여기는지 두 눈 뜨고 다 지켜보고 있습니다. 명철한 지도자는 말로 키워지는 것이 아닙니다. 자녀들은 항상 부모의 뒷모습을 봅니다. 그래서 아무리 교회를 열심히 다녀도 내 속이 세상 가치관으로 가득 차 있으면 내 자녀를 명철한 지도자로 키워 낼 수 없습니다.

십의 이조를 드려라

34 바로께서는 또 이같이 행하사 나라 안에 감독관들을 두어 그 일곱 해 풍년에 애굽 땅의 오분의 일을 거두되 35 그들로 장차 올 풍년의 모든 곡물을 거두고 그 곡물을 바로의 손에 돌려 양식을 위하여 각 성읍에 쌓아 두게 하소서 36 이와 같이 그 곡물을 이 땅에 저장하여 애굽 땅에 임할 일곱 해 흉년에 대비하시면 땅이 이 흉년으로 말미암아 망하지 아니하리이다 _창 41:34~36

당시 애굽과 그 밖의 국가에서도 백성은 세금으로 십의 일조를 냈습니다. 십일조는 기본입니다. 그런데 요셉이 바로에게 5분의 1, 즉 십의 이조의 곡물을 백성에게 거두고 그 곡물을 각 성읍에 저장할 것을 제안합니다. 이는 7년의 풍년을 이용해 그 뒤에 올 7년의 흉년에 대비하게 한 조치입니다. 요셉을 통해 애굽의 흉년을 대비하게 하신 것은 후에 이스라엘 민족을 구원하기 위한 하나님의 지혜입니다.

그러나 5분의 1, 수입의 20퍼센트를 드린다는 것은 결코 쉬운 일이 아닙니다. 누군가에게는 이런 제안이 잔인해 보일 수도 있습니다. 보통 십만 원에서 이만 원을 내기는 쉽습니다. 하지만 천만 원에서 이백만 원, 일억 원에서 이천만 원을 내라고 하면 당연히 조세 저항이 일어나지 않겠습니까. 십억을 벌면 어떻게 될까요? 그때부터는 십일조의 개념이 아예 없어집니다. 불쌍한 사람 돕는답시고 자기 이름을 세우는 일에 열심히 돈을 쓰기 시작하죠. 저는 사업가들 중에서 그런 사람을 많이 보았습니다. 선교헌금, 구제헌금이라는 명목으로 곳곳에 나누는 일도 그래요. 먼저 신앙고백으로 십일조를 드린 다음에 해야 합니다.

그런데 여기서 요셉이 말한 흉년의 대비책은 결코 무리한 일이 아니었습니다. 갑절의 세금을 거둔다고 해도 대풍이 든 해에는 백성이 먹기에 부족함이 없기 때문입니다. 또 사람마다 습관이 다 다르기에 각 백성에게 곡물을 저장하라고 하는 것은 다소 위험할 수 있습니다. 더욱이 백성에게는 저장고도 따로 없잖아요. 요셉이 말한 대안은 풍년의 때 세금 징수를 통해 여분의 식량을 받은 다음, 흉년의 때 세금을 낸 사람에게 되파는 방식입니다. 그러다 백성이 식량 살 돈이 없어지면, 정부가 그들의 땅을 취하는 것이죠. 가만히 있어도 땅이 생기는데 바로가 이 제안을 왜 싫다고 하겠습니까? 정말 하나님은 이스라엘의 구원을 위해 만세 전부터 요셉에게 명철과 지혜를 주셨습니다.

그렇다면 풍년의 때 흉년을 대비하는 삶이란 구체적으로 무엇일까요? 풍년의 때에는 흉년이 올 것을 대비하여 절제하고, 흉년의 때에는 풍년의 때 예비한 것으로 살아가는 것입니다.

앞에서도 언급했지만, 장차 받을 환난을 예비하는 것이 바로 복음입니다. 그리고 성경에는 복보다 저주에 관한 언급이 훨씬 더 많다고 했습니다. 말씀대로 환난을 예비하고 걸어가면 진짜 환난의 때에 넘어지지 않는 이유가 여기에 있습니다. 복음을 예방주사로 미리 맞아 놓았기 때문입니다.

제 아들이 대입 시험을 보러 간 날도 그랬어요. 그날 아침에 아들과 함께 묵상한 말씀이 "우리가 너희와 함께 있을 때에 장차 받을 환난을 너희에게 미리 말하였는데 과연 그렇게 된 것을 너희가 아느니라"(살전 3:4)였습니다. 저녁에 집에 돌아온 아들은 시험을 잘 못 보았다고 했어요. 그러나 말씀으로 미리 예방주사를 맞았기에 낙심하지 않고 "과연 말씀대로 되었구나"라고 아들에게 말할 수 있었죠.

여러분이 지금 풍년의 때를 보내고 있다면, 풍년의 소산이 흉년의 때에 실제적으로 쓰일 수 있도록 말씀과 기도와 찬송과 사랑으로 영육 간에 준비를 잘 해 두어야 합니다. 축복이 왔을 때 멀리 내다보고 고난을 예비해야 막상 고난이 와도 해석을 잘 하고, "나에게 있어야 할 일이구나" 하고 인정하게 됩니다.

그런데 흉년의 대비책에 왜 십일조 이야기가 나오는 걸까요?

"너희를 위하여 보물을 땅에 쌓아 두지 말라 거기는 좀과 동록이 해하며 도둑이 구멍을 뚫고 도둑질하느니라 오직 너희를 위하여 보물을 하늘에 쌓아 두라 거기는 좀이나 동록이 해하지 못하며 도둑이 구멍을 뚫지도 못하고 도둑질도 못하느니라"(마 6:19~20).

우리의 가장 마지막 예비가 좀과 동록이 해하지 못하는 하늘나라에 재물을 쌓는 것이기 때문입니다. 레위기 말씀을 봐도 그래요. 레위기의 마지막 내용이 다름 아닌 십일조에 관한 적용입니다(레 27장). 항상 우리의 모든 것의 마지막에는 돈 문제가 있습니다. 부부 싸움을 해도 그 뒤에 돈 문제가 있고, 교회에도 돈 문제가 끊이지 않습니다. 자녀가 공부를 못하는데 왜 그 부모가 죽을 것같이 힘듭니까? 공부 못하면 학교도 잘 못 들어가고 그러면 나중에 자녀가 돈을 많이 벌지 못할까봐 그런 것 아닙니까. 거룩이 주제인 레위기에서 마지막에 구체적인 적용으로 십일조 이야기를 한 것은 영적인 것과 돈 문제는 떼려야 뗄 수 없기 때문입니다. GOD와 GOLD는 영적 시력이 나쁘면 똑같아 보입니다. 십일조는 돈(GOLD) 대신에 하나님(GOD)을 택하겠다는 신앙고백입니다. 아무리 헌금을 많이 드려도 월정헌금은 절대로 신앙고백이 아닙니다. 십일조를 어떻게 드리느냐가 여러분의 신앙고백입니다.

이제 스스로 질문해 보기를 바랍니다. '내가 십일조를 하고 있나? 안 하고 있나? 하고 있다면 어떻게 하고 있나?' 이것으로 내가 흉년을 대비하고 있는지 점검할 수 있습니다. 신앙고백이 없이는 절대로 할 수 없는 것이 십일조이기 때문입니다. 생각해 보세요. 정작 하나님을 신뢰하지 않으면서 자녀 문제, 직장 문제, 결혼 문제를 하나님 뜻대로 하겠다는 것이 가능합니까? 사람은 속일 수 있어도 결코 하나님을 속일 수는 없습니다.

언젠간 흉년이 올 것이니 풍년인 지금 하나님께 십의 이조를 드리라는 말씀에 여러분은 어떤 마음이 듭니까? 저항감이 올라옵니까? 교회는 그 돈을 받아서 다 뭐 하나 싶습니까? 여러분이 드리는 십일조가 전 세계를 복음화시키고, 인생이 해석되지 않아 힘든 사람들을 돕는 일에 쓰이고 있습니다. 각 가정과 나라를 살리는 유익한 일에 쓰이니 이야말로 하나님의 세팅 아니겠습니까?

우리들교회에서는 아프리카의 재소자를 위한 기관을 세우고, 태국의 선교사 자녀를 위한 국제 학교를 세우는 일에 성도들의 십일조를 사용했습니다. 알다시피 우리나라는 수많은 선교사를 배출한 나라입니다. 현재 해외 파송 선교사 수만 2만 명이 넘습니다. 그중에서 선교사 자녀의 수는 만 오천 여 명이고, 대부분의 선교사 자녀가 아시아 지역에 있답니다. 특히 동남아 지역은 교육 환경이 열악하고 국제학교의 학비도 비싸다 보니 자녀들의 교육 문제가 선교의 걸림돌이 된다고 합니다. 그래서 우리들교회가 선교사 자녀를 위한 국제 학교 설립을 돕게 된 것입니다. 이처럼 곳곳에 흉년 든 나라와 사람들을 돕는 일이야말로 나의 흉년을 대비하는 일이 될 줄 믿으시기 바랍니다.

요셉을 애굽의 총리로 세우시고, 이스라엘을 제사장 나라 되게 하신 하나님이 십일조와 십의 이조를 드리는 여러분을 기억하시고 반드시 역사하실 것을 믿습니다. 제 친정어머니는 비록 살아 계실 때 제가 주의 일을 하는 것을 보지 못하셨지만, 하나님이 어머니의 신앙 고백을 기억하시고 구원 사역에 저를 쓰시는 줄 믿습니다.

신앙고백이 담긴 한 권사님의 글을 소개합니다.

가평에 와서 산 지 2년이 다 되어 갑니다. 서울에서 살던 삶과는 많은 것이 달라졌습니다. 아침에 문을 열고 나가면 코가 시리도록 추운 곳이지만, 잣나무 숲에서 내려오는 맑은 공기가 몸속까지 씻어 주니 걸핏하면 두드러기로 나타나던 알레르기 병이 없어졌습니다. 몸이 예전보다 더 건강해진 것 이상으로 마음도 정말 평안해졌습니다. 남편도 서울에 살았으면 퇴직자들처럼 할 일이 없어서 오늘은 등산 가고 내일은 낚시 가고 하면서 시간을 죽이기가 무척이나 힘이 들었을 텐데, 날마다 농사를 짓느라 바빠서 무료할 틈이 없습니다. 무엇보다 열매가 열리길 기다리는 농부의 꿈까지 갖게 되었습니다.

흉한 일이 많았던 2년의 시간 동안 그 흉한 일들은 다 길한 일임을 알게 됐습니다. 사람은 가진 걸 잃을까 봐 염려할 때가 가장 힘든 법입니다. 그래서 흉한 일을 두려워합니다. 저희도 망하기 전에는 두려움으로 인해 남편은 잠을 이루지 못했고 그걸 지켜보는 저도 마음이 답답하고 안타까웠습니다. 하지만 정작 망하고 나니 남편도 저도 편해졌습니다.

사람들은 길한 일, 흉한 일을 단정 짓길 좋아합니다. 합격하면 길한 일, 망하면 흉한 일, 돈 많이 벌면 길한 일, 병이 들면 흉한 일이라고 합니다. 그러나 길한 일이 흉한 일이 되고 흉한 일이 길한 일로 변하는 것이 인생입니다.

옛날에 농부가 애지중지 기르던 암말이 국경을 넘어 다른 나라로 가 버렸습니다. 말이 귀하던 시절이라 큰 재산을 잃은 농부가 슬퍼하자 그 아버지가 말했습니다.

"이 일이 흉한 일이라고 어찌 단정 지어 말할 수 있느냐?"

일 년 후 암말이 돌아왔는데 놀랍게도 수말 한 놈을 데리고 오고 새끼까지 낳았습니다. 사람들이 다 축하하자 이번에도 농부의 아버지가 말했습니다.

"이 일이 길한 일이라고 어찌 단정 지을 수 있느냐?"

며칠 후에 농부가 새 말을 타다가 떨어져 다리가 부러지는 사고가 생겼습니다. 사람들이 안됐다며 위로하자 아버지가 또 말했습니다.

"이 일이 흉한 일이라고 어찌 단정 짓느냐?"

얼마 후에 전쟁을 일으킨 왕이 젊은이들을 전쟁에 내보내 거의 다 죽었습니다. 그러나 농부는 다친 다리 때문에 나갈 수 없어서 아버지를 봉양하며 살 수 있었습니다.

다른 사람들이 보기에 저희는 흉한 일을 많이 당했습니다. 사업이 망하고 자녀가 아프고 남편이 감옥까지 가는 흉한 일을 겪었지만 그때마다 주님은 농부의 아버지처럼 말씀하셨습니다.

"이 일이 왜 흉한 일이라고 단정 짓느냐?"

올해가 저물어 가는데 내년에는 또 어떤 흉한 일과 길한 일이 생길지 모릅니다. 세상 사람들은 점쟁이를 찾아가지만 저는 그저 흉한 일을 길한 일로, 길한 일은 흉한 일로 해석하며 한 해를 맞이할 겁니다.

조선 초기의 문인이자, 생육신의 한 사람인 김시습도 이런 말을 했습니다.

"불길이 무섭게 타올라도 끄는 방법이 있고 물길이 하늘을 뒤덮어도 막는 방법이 있으니 화는 위험할 때 있는 것이 아니고 편안할 때 있으며 복은 경사 때 있는 것이 아니고 근심할 때 있는 것이다."

그렇습니다. 앞으로 흉년이 올 것을 인정하며, 항상 복음으로 예비하며 갈 때 어떤 고난이 와도 마음이 요동하지 않는 영적 풍년을 누리게 될 줄 믿습니다.

✦ 지금 나는 풍년과 흉년 중 어느 때를 보내고 있습니까? 흉년이 올 것을 복음으로 예비하고자 어떤 적용을 하겠습니까?

우리들 묵상과 적용

저는 강압적이고 폭력적인 아버지를 벗어나고 싶어 참석한 모임에서 한 남자를 만났습니다. 처음에 그는 자신은 돌싱녀와 동거만 했을 뿐 법적으로는 총각이라고 했습니다. 하지만 그의 아내가 저를 고소하는 바람에 졸지에 저는 불륜녀 신분으로 경찰 조사를 받게 되었습니다. 얼마 후 그는 이혼하고 저와 재혼했습니다. 저는 불륜이라는 피해의식을 감춘 채 행복한 가정을 꿈꾸며 남편과 자녀들에게 집착하며 살았습니다.

그 후 경제적 고난과 남편과의 불화로 흉년의 시기를 보내며 방황하고 있을 때(창 41:20~24) 믿음의 공동체로 인도되었습니다. 그곳에서 "나를 예수 믿게 해 준 부모가 최고의 부모"라는 말씀을 듣고, 힘든 아버지를 피해 오래전 집을 나가신 친정어머니를 만났습니다. 그리고 "엄마 덕분에 제가 예수님을 믿게 되었어요. 감사해요. 이제는 엄마가 그럴 수밖에 없었던 이유를 이해해요"라고 하며 어머니와 화해했습니다.

그러다 딸이 고3 때 혼전 임신을 하게 되었습니다. 제가 "생명은 지켜야 한다"고 하자 딸은 "어떻게 부모가 되어서 자식 앞길을 막을 수 있냐?"며 저를 많이 원망했습니다. 하지만 딸은 결국 아이를 낳았고, 딸 대신 제가 손녀를 양육하며 지냈습니다. 그러던 중 저는 자궁 적출과 유방암 수술을 연이어 받는 건강의 흉년을 겪게 되었습니다. 하지만 그 일로 하나님의 주권을 인정하지 않고 환경과 사람을 탓하며 여러 번 낙태한 저의 죄를 가슴 치며 회개하게 되었습니다. 그러자 얼마 후, 외도와 가출을 반복하던 남편이 집으로 돌아오는 기적이 일어났습니다. 하지만 기쁨도 잠시, 얼마 후 저는 급성 담석증 수술을 받고, 이틀 후에는 뇌출혈로 응급수술까지 받게 되었습니다. 그때 교회 지체들이 중환자실에서 함께 기도하며 제 곁을 지켜 주었습니다. 저는 또다시 제가 덤으로 사는 인생임을 고백할 수밖에 없었습니다.

이렇게 하나님은 남편의 외도와 자녀 고난, 질병으로 인한 '육적 흉년'을 겪을 때마다 말씀과 공동체를 통해 사건을 해석받아 그분이 하실 일을 보는 '영적 풍년'을 누리게 해 주셨습니다(창 41:25, 28~29). 이제는 모든 사건에서 하나님의 주권을 고백하며, 힘든 지체들에게 요셉처럼 하나님의 사랑이 담긴 평안한 대답을 전하기를 기도합니다(창 41:16).

영혼의 기도

하나님 아버지, 집마다 먹어도 먹은 듯하지 않은 흉한 소와 같은 배우자가 있고, 자녀가 있고, 부모, 형제가 있습니다. 그냥 무시할 수도 없고, 내 힘으로 끌어안고 갈 수도 없는 힘든 가족이 있습니다. 그런데 그 연약함이 흉악함으로 변해 버린 식구들을 두려워하고 무시하면서 온전히 체휼하지 못했습니다. 이런 우리의 모습이 얼마나 더 흉악한지 이제라도 깨닫기를 원합니다. 먼저 나의 흉악함을 직시하고 돌이키게 하여 주옵소서.

주님, 우리의 약하고 흉악한 식구들을 찾아가 주옵소서. 주의 피 묻은 손으로 그들을 안수하여 주시고, 살려 주옵소서. 고쳐 주옵소서.

특별히 흉악에 물든 다음 세대를 불쌍히 여겨 주옵소서. 부모 세대가 신뢰받는 부모가 못 되어서 자녀 세대가 고생하고 있습니다. 때마다 감정의 노예가 되어 살아가지 않고, 삶으로 신앙의 본을 보임으로 신뢰받는 부모, 신뢰받는 남편과 아내가 되어 거룩한 가정을 세워 가도록 도와주옵소서.

모든 문제의 마지막에는 항상 돈이 있다고 하시는데, 여전히 하나님보다 돈이 더 커 보이기에 주기보다 받기를 더 좋아하는 인생임을 고백합니다.
   이제는 흉년의 대비책으로 영육 간에 절제하며 신앙고백으로 십일조를 드리기를 원합니다. 복음은 장차 받을 환난이라고 하신 말씀을 기억하고, 풍년의 때에 흉년이 올 것을 인정하며 항상 복음으로 예비하는 저희가 되게 하옵소서. 그리할 때 어떤 흉년이 와도 요동하지 않는 영적 풍년을 누리게 될 줄 믿습니다. 주여, 함께하여 주옵소서. 예수님 이름으로 기도드립니다. 아멘.

내 집을 다스리라

창세기 41장 37~45절

하나님 아버지,
하나님의 영에 감동되어
우리의 가정과 직장, 교회, 나라를 잘 다스리기 원합니다.
말씀해 주옵소서. 듣겠습니다.

본문에서 드디어 요셉이 애굽의 총리가 됩니다. 그 당시 세계 최대 강국인 애굽은 히브리 민족인 요셉이 총리가 된 것을 부러 역사에서 지우려고 했습니다. 그래서 후에 있을 히브리 민족의 이주를 굳이 언급하지 않았죠. 그러나 요셉이 애굽의 총리인 것은 엄연히 역사적인 사실입니다.

지난 5장에서 요셉은 바로에게 흉년의 대비책으로 "흉년을 인정해라", "복음이 가장 쉬운 대비책이다", "명철한 지도자를 찾고, 백성이 십의 이조를 드리도록 준비하라"고 제안했습니다.

그러나 바로가 이 제안을 그대로 받아들이는 것은 결코 쉬운 일이 아닙니다. 그런데도 "바로와 그의 모든 신하가 이 일을 좋게 여겼다"고 합니다(창 41:37). 될성부른 나무는 떡잎부터 알아본다고 요셉이 많은 사람의 지지를 이끌어 낸 것입니다.

애굽의 총리가 되어 바로의 집을 잘 다스린 요셉처럼 내가 속한 곳을 잘 다스리기 위해서는 어떻게 해야 할까요?

하나님의 영에 감동되어야 합니다

37 바로와 그의 모든 신하가 이 일을 좋게 여긴지라 38 바로가 그의 신하들에게 이르되 이와 같이 하나님의 영에 감동된 사람을 우리가 어찌 찾을 수 있으리요 하고_창 41:37~38

바로의 신하들이 모두 요셉을 좋아했을까요? 한번 생각해 보세요. 총리는 신하들이 평생 노리는 자리 아닙니까? 그런데 히브리 노예 출신에 죄수 신분인 요셉이 그 자리에 가다니요. 그야말로 앞서 '조세 저항'에 이어 '직분 저항'이 일어날 일 아닙니까? 조선 시대로 치자면 모든 관료가 들고일어나서 "전하, 아니되옵니다. 통촉하여 주시옵소서" 할 일입니다.

그런데 38절에 보니 하나님을 믿지도 않는 바로가 "하나님의 영에 감동된 사람을 우리가 어찌 찾을 수 있으리요"라고 합니다. 아무리 믿지 않는 사람이라도 상대방이 하나님의 영이 충만한 자인지 아닌지 느낄 수는 있습니다. 그래서 요셉이 "흉년의 대비책으로 십의 이조를 거둬야 한다"고 했을 때 바로와 그의 모든 신하가 좋게 여긴 것이죠. 여기서 하나님의 영에 감동되었다는 것은 "하나님께 사로잡혀 흠뻑 빠졌다"는 뜻입니다. 하나님의 영에 감동된 사람이 내 옆에 있다는 것은 축복 중의 축복입니다. 이런 사람이 집과 교회와 나라를 다스리면 가정이 살고, 교회가 살고, 나라가 살아납니다.

성냥 한 개비에 불이 붙으면 금세 사그라들지만 성냥갑 전체에 불이 붙으면 활활 타오르듯이, 교회에 성령 충만한 사람이 많으면 많을수록 성령의 불이 잘 전염됩니다. 그래서 다 함께 모여서 드리는 현장 예배에 온라인 예배와는 비교할 수 없는 은혜가 임하는 것입니다. 예배의 감격을 아는 사람들이 함께 모이는 것이야말로 얼마나 큰 축복인지 모릅니다.

스탠퍼드 대학교의 인구학 명예교수인 폴 에이를리히(Paul R. Ehrlich)는 1968년 『인구 폭탄』이라는 책에서 장래를 예측한 바 있습니다. 당시 이 책이 엄청난 베스트셀러가 되면서 그는 큰 부자가 되었죠. 이 책에서 에이를리히 교수는 1990년의 세계는 전쟁, 역병, 기근, 스모그로 9만 명이 사망하고, 만년설이 녹아 해수면이 6m 높아지며, 핵전쟁이 나서 북반구의 3분의 2 지역에는 사람이 살지 못할 것이라고 했습니다. 이렇게 있는 대로 흉한 예언을 해 놓고는 최후까지 살아남는 가장 지적인 생명체는 '바퀴벌레'라는 결론을 내렸습니다. 하지만 현재 그는 미국에서 가장 뻔뻔한 공포 제조기, 빗나간 예언자로 자리매김됐습니다.

예측가는 앞으로 어떻게 돈을 써야 할지 계속 조언해 주는 것으로 돈을 법니다. 그런데 정작 모든 대가(代價)는 고객이 고스란히 부담하기에 자신의 말이 빗나가도 안전한 겁니다.

결정적으로 예측가의 말이 믿을 만하지 못한 이유가 무엇입니까? 언젠간 하나의 확률로 그의 예측이 맞을 수도 있지만, 그렇다고 그동안 한 말이 다 맞는가 하면 절대로 그렇지 않기 때문입니다. 무엇보다 이런 불완전한 예측에는 돈으로 따질 수 없는 비용, 즉 불필요한 불안감이 수반됩니다. 더욱이 자극적인 예측일수록 더 돈벌이가 되기 십상이죠. 그래서 벤저민 프랭클린(Benjamin Franklin)은 "이 세상에서 죽음과 세금만큼 확실한 것은 없다"는 명언을 남겼습니다. 피터 드러커(Peter Ferdinand Drucker)도 "예측은 존중받을 만한 인간의 행동이 아니다. 단기 예측 외에는 가치가 없다"고 말했습니다. 한마디로 확실한 미래 예측은 없다는 겁니다.

그런데 여러분, 왜 요셉의 예언은 바로에게 공포심을 불러일으키지 않고 오히려 평안한 대답이 되었을까요? 요셉은 노예일 때도 죄수일 때도 억지가 아닌 하나님의 영에 감동되어 자기 직무를 감당했습니다. 하나님이 그 마음을 주관해 주시니 흉한 해석을 해도 그것이 평안한 대답이 되어 상대방에게 기쁨을 준 것이죠.

이처럼 하나님의 영에 감동된 사람은 어떤 일이 주어지든 즐겁고 창조적으로 감당합니다. 그런 사람이 가장 확실하게 미래를 예측할 수 있습니다. 그래서 집마다 말씀을 묵상하며 하나님의 영에 감동된 '한 사람'만 있으면, 그 사람이 미래를 예측하고 가정을 이끌어 나가는 겁니다. 지금은 잘 몰라도 말씀 묵상하는 우리의 한마디 한마디가 다 예언이 되고, 가장 확실한 예측이 될 줄 믿습니다.

✴ 날마다 말씀을 묵상하며 하나님의 영에 감동되어 내게 주어진 일을 즐겁고 창조적으로 감당하고 있습니까? 성령의 불이 전염되는 현장 예배에 참석합니까? 이런저런 핑계를 대며 온라인 예배를 드리지는 않나요?

명철하고 지혜 있는 자가 되어야 합니다

요셉에게 이르되 하나님이 이 모든 것을 네게 보이셨으니 너와 같이 명철하고 지혜 있는 자가 없도다 _창 41:39

잠언 기자는 "여호와를 경외하는 것이 지혜의 근본이요 거룩하신 자를 아는 것이 명철이니라"고 했습니다(잠 9:10). 명철은 사리를 분별한다는 의미이고, 지혜란 능수능란하고 재주 좋은 기술자에게 쓰이는 표현입니다. 따라서 '명철하고 지혜 있는 자'란 공과 사, 선과 악에 대한 사리가 분명해 옳고 그름을 분별하며, 그것을 일상생활에서 실천해 나가는 기술이 뛰어난 재주꾼을 의미합니다.

요셉은 지난 13년간 노예와 죄수로 지낼 때 요령을 쓰거나 꾀를 부리지 않았습니다. 누구보다 사리가 분명했기에 보디발의 아내가 유혹했을 때도 단호히 거절했죠. 이처럼 명철하고 지혜 있는 자가 되려면 공사(公私)와 선악(善惡)을 구별하는 것은 절대적인 덕목입니다. 그러나 이러한 덕목은 하루아침에 생기지 않습니다. 그래서 요셉도 13년의 혹독한 훈련의 시간이 필요했던 것입니다.

다음은 〈공과 사를 엄격하게 구별하라〉는 제목의 기사에서 본 내용입니다.

로버트 레버링(Robert Levering)은 훌륭한 일터의 모델을 만들어 낸 미국의 경영 컨설턴트입니다. 그는 상사와 구성원 간의 관계의 질을 나타내는 신뢰를 믿음, 개인 존중, 공정성으로 세분화했습니다. 그런데 국내 20개 기업을 대상으로 신뢰경영 지수(Trust Index)를 조사한 결과, 세 범주 중에서 '공정성'이 가장 낮게 나왔다고 합니다. 조사에 응답한 사람들은 그 이유에 대해 '학연, 지연에 따른 연고주의에 의해 평가받는다', '능력과 성과에 따른 공정한 처우가 힘들다', '일방적인 고가로 인해 상사의 눈치를 보며 정치적인 행위가 자주 일어난다'고 답했습니다. 또한 남녀 차별이 공정성을 해친다고도 했습니다. 일례로 어떤 회사에 여자가 둘뿐인데, 한 사람은 사원이고 한 사람은 부장입니다. 그런데 사원이 없을 때는 부장에게 커피를 타라고 시킨다는 겁니다. 여자라서 당연히 시키는 것이 저변화되었기 때문입니다.

코우즈와 포즈너(Kouzes & Posner)의 연구에 의하면 정직과 더불어 공정성은 리더의 중요한 자질이라고 합니다. 무엇보다 공정성을 높이려면 리더 스스로가 공정성을 높여야 한답니다. 리더로서 공과 사를 구분하는 것은 공정성의 기본입니다. 그런데 리더가 스스로에게 엄격하지 못하면 자신의 행동을 재단하는 잣대와 조직 운영을 위해 들이대는 잣대가 달라질 수밖에 없다는 겁니다.

특별히 일터에서는 기회의 공정성이 더 중요합니다. 하지만 이는 모든 사람에게 똑같이 기회를 준다는 의미가 아닙니다. 구성원의 능력과 자질에 따라 합리적인 차별 근거에 입각해 적합한 기회를 제공하는 것을 뜻합니다.

그다음으로는 절차가 공정하고, 평가가 공정해야 합니다. 그러려면 공정한 도구와 시스템이 만들어져야 합니다. 이때 공정성에 대한 리더의 신념과 가치가 아주 중요합니다. 그러나 아무리 회사가 공정한 원칙을 내세워도 중간 관리자가 공정하지 않으면 직원들은 회사가 공정하지 못하다는 인식을 갖게 됩니다.

이를테면 같은 시기에 입사한 A와 B는 동일한 직급에서 비슷한 일을 하며 불만 없이 지냈습니다. 그런데 6개월쯤 지나서 A는 B가 자신보다 월등히 높은 연봉으로 계약했다는 사실을 알게 됐습니다. 그러자 계약의 불공정성을 느끼고 그 전과는 달리 업무에 열의를 보이지 않게 되었습니다. 또 여직원 C는 자신이 충분히 커피 타는 일과 잔심부름도 할 수 있다고 생각해 명랑하게 일을 하고, 칭찬도 받았습니다. 그러나 같은 시기에 입사한 남자 동료 D에게는 아무도 잔심부름을 시키지 않는다는 것을 알고 결국 불만이 생겼습니다.

교회도 그렇습니다. 공동체의 리더인 목자들이 잘못하면 교회의 시스템이 아무리 공정해도 교회가 욕을 먹을 수밖에 없습니다. 목장은 교회의 축소판이기 때문입니다. 목자가 공정하고 정직해야 목장을 잘 다스릴 수 있습니다. 아무리 사소해 보여도 목자가 원칙 없이 자꾸 이랬다저랬다 하면 그런 것들 때문에 목장이 무너질 수 있습니다.

가정에서도 마찬가지입니다. 부모들은 어려서부터 아이들에게 말씀을 읽히고, 원칙을 가르쳐야 합니다. 대부분 원칙을 무시해서 무너지는 경우가 많지 않습니까? 그동안 요셉이 말씀에 근거한 원칙으로 사리를 분별하고, 엄격한 공정성으로 공과 사를 구별했기에 애굽의 내각 총괄도 맡게 된 것입니다. 요셉은 헬퍼(helper, 돕는 자)로서 함께 있는 사람들에게 기쁨을 주면서 누구보다 충성스레 자신의 직무를 감당했습니다.

✦ 가정에서 자녀들을 명철하고 지혜 있는 자로 키우고자 지켜야 할 말씀의 원칙은 무엇입니까? 교회와 일터에서 사리를 분별하며 공과 사를 엄격하게 구별하고 있습니까?

작은 일에 충성해야 합니다

너는 내 집을 다스리라 내 백성이 다 네 명령에 복종하리니 내가 너보다 높은 것은 내 왕좌뿐이니라_창 41:40

믿음의 조상 아브라함, 이삭, 야곱에게는 없던 통치권이 요셉에게 주어졌습니다. 예수를 잘 믿는 사람은 어디를 가도 저절로 리더십이 주어지기 마련입니다. 내가 남의 밑에서 일을 해도 그래요. 예수를 믿으면 온 천하를 다스리는 지혜가 주어지기에 열등감이 없습니다. 그런데 믿으면서도 세상 보좌를 높게 여기기에 여기저기서 무시를 받는 겁니다. 하나님의 영이 임했는데 어떻게 사람의 직분과 하늘 보좌를 비교합니까? 바로도 이 세상 지도자가 높은 것은 그 왕좌뿐이라고 했습니다. 하지만 이것을 모르니 믿지 않는 가족이 돈이 많으면 거기 가서 비굴하게 "한 푼 줍쇼" 하고 있는 겁니다. 왕이 거지에게 구걸하는 꼴입니다. 내가 하나님의 자녀라는 자존감이 있어야 이 땅도 다스릴 수 있습니다.

요셉은 애굽에 와서 보디발의 집과 감옥을 거쳐 바로의 왕궁에 입성했습니다. 하나님은 언제나 요셉을 그가 속한 곳의 실권자(實權者)로 삼아 주셨습니다. 그를 통해 비천에 처할 때도, 풍부에 처할 때도 능력 주시는 자 안에서 모든 것을 할 수 있다는 믿음의 고백이 무엇인지 보여 주셨습니다(빌 4:12~13).

여러분은 요셉이 바로의 왕궁을 다스리게 된 결정적인 이유가 무엇이라고 생각하십니까? 저는 그가 작은 일에 충성했기 때문이라고 생각합니다. 우리가 요셉 하면 딱 떠오르는 게 총리밖에 없을 정도로 애굽의 총리가 대단하지만, 사실 총리라는 지위 자체는 중요하지 않습니다. 요셉이 어떤 직무가 주어져도 감당할 만한 사람이 되었다는 것이 더 중요합니다.

앞 장에서 온실 속의 화초처럼 나약하게만 자라면 그 연약함이 흉악함으로 삽시간에 변할 수 있다고 했습니다. 그런 사람은 찰나의 순간에 최선의 선택을 할 수 없습니다. 우리는 일생을 살아가면서 다양한 환경에 처합니다. 그래서 어릴 때부터 비천에 처할 줄도 알고, 풍부에 처할 줄도 아는 것이 얼마나 중요한지 모릅니다. 어디서나 자기 감정을 잘 다스리고, 어떤 상황에 처하든 얼굴색이 변하지 않아야 모든 집을 잘 다스릴 수 있습니다. 하지만 그렇지 못하면 결국 흉한 소에게 잡아먹힐 수밖에 없습니다.

요셉이 작은 일에 충성하며 모든 집을 잘 다스리니 그 결과가 무엇입니까? 그가 어떤 명령을 내려도 백성이 다 복종하게 된 것입니다. 바로 역시 요셉에게 어떤 명령을 내려도 그가 그 일을 처리할 수 있다는 것이 믿어졌습니다. 즉, 바로는 요셉을 신뢰했습니다.

바로가 또 요셉에게 이르되 내가 너를 애굽 온 땅의 총리가 되게 하노라 하고 _창 41:41

바로가 요셉에게 내각뿐만 아니라 토지 관리와 입법의 권한까지 총괄하게 합니다. 어떤 상황에서도 내게 맡기신 작은 일에 충성할 때 영광은 저절로 따라옵니다.

왕이든 목회자든 일을 맡길 줄 아는 사람의 특징이 무엇입니까? 적재적소(適材適所)에 사람을 잘 세우고, 그 결정에 대해서 스스로도 편안해합니다. 바로가 요셉에게 모든 것을 맡기니 요셉도 높아지고, 바로 자신도 높아지지 않았습니까. 흔히 사람들은 '나 아니면 안 된다'는 생각을 많이 하는데, 그것이야말로 망하는 지름길입니다.

✦ 어떤 상황에서도 충성하며 맡겨진 일을 감당하고 있습니까? 가정과 일터에서 내가 충성해야 할 작은 일은 무엇입니까?

영광은 저절로 따라옵니다

42 자기의 인장 반지를 빼어 요셉의 손에 끼우고 그에게 세마포 옷을 입히고 금 사슬을 목에 걸고 43 자기에게 있는 버금 수레에 그를 태우매 무리가 그의 앞에서 소리 지르기를 엎드리라 하더라 바로가 그에게 애굽 전국을 총리로 다스리게 하였더라 _창 41:42~43

하나님은 요셉이 전에 꾼 꿈대로 가족에게 절을 받기 전에(창 37:7, 9) 애굽 사람들에게 먼저 절을 받게 하셨습니다. 전에 요셉은 미디안 사람 상인들의 수레에 실려 보디발 집의 노예로 팔려 갔습니다(창 37:28). 그런데 지금은 애굽 전국을 다스리는 총리가 되어 왕에 다음가는 버금 수레에 탔습니다. 갑자기 친위 대장 보디발보다, 요셉을 모함한 보디발의 아내보다 신분이 높아졌습니다. 요셉이 미워서 그를 죽이려고까지 한 형들에게 절을 받을 수 있는 지위에까지 오른 것이죠.

요셉은 비록 애굽에 노예로 팔려 갔어도 하나님의 은혜로 보디발의 집에서 가정 총무를 하고, 감옥에서는 제반 사무를 처리했습니다. 남의 집에서도, 감옥에서도 총무를 하다가 애굽의 총리까지 되었습니다. 그러니 이 모든 은혜를 생각할 때 어찌 그 인생의 목적이 버금 수레가 될 수 있겠습니까.

그런데 남자들 중에는 버금 수레 같은 차가 인생의 목적인 사람이 많습니다. 그런 사람들은 차를 위해서라면 어떤 출혈도 마다하지 않더군요. 그러나 우리 인생의 목적이 버금 수레가 아닌 거룩이 될 때 하나님이 버금 수레에 우리를 친히 태우실 것입니다.

수십 년 전, 미국에 집회를 인도하러 갔을 때의 일입니다. 당시 한국에는 어마어마한 관세 때문에 외제 차를 타는 사람이 드물었습니다. 그런데 미국에 갔더니 한 번도 타 보지 못한 고급 차가 저를 마중하러 나와 있었습니다. 제가 부잣집에 시집을 갔지만, 집순이로 살면서 돈이 있는데도 못 쓰는 훈련을 받지 않았습니까? 그런데 부자 남편도 안 태워 준 외제 차를 우리나라도 아닌 미국에서 타게 된 것입니다. 제가 버금 수레를 탄 것이 맞지요? 그리고 미국에 있는 박사님들에게 말씀을 전하니까 집에서도 저를 인정해 주더군요.

> **44** 바로가 요셉에게 이르되 나는 바로라 애굽 온 땅에서 네 허락이 없이는 수족을 놀릴 자가 없으리라 하고 **45** 그가 요셉의 이름을 사브낫바네아라 하고 또 온의 제사장 보디베라의 딸 아스낫을 그에게 주어 아내로 삼게 하니라 요셉이 나가 애굽 온 땅을 순찰하니라
> _창 41:44~45

한마디로 바로가 요셉에게 애굽의 운명을 맡겼다는 뜻입니다. 내각을 총괄하고 온 땅을 순찰하는 요셉에게는 이제 거칠 것이 없는 권세가 주어졌습니다. 게다가 애굽에서는 태양신을 섬기는데, 제사를 집전하는 온의 제사장 딸을 아내로 삼게 했습니다. 노예에서 어마어마한 신분으로 바뀐 것입니다.

"믿음은 바라는 것들의 실상이요 보이지 않는 것들의 증거니"(히 11:1)라고 했습니다. 예수 믿는 우리는 하나님 때문에 바라는 것을 실상으로 놓고, 보이지 않는 것, 보지 못하는 것을 증거하면서 가야 합니다. 요셉도 그랬습니다. 이것을 우리 삶에 적용해 보면, 내 자식이 지금은 아무리 형편없어도 하나님이 내 자녀를 사랑하신다는 사실을 확실히 믿고, 언젠가는 하나님이 보시기에 기뻐하시는 모습으로 변화될 것을 간증하면서 사는 것입니다. 이것이 믿음입니다. 이것이 다스리는 자의 태도입니다. 그럴 때 영광은 저절로 따라옵니다.

✦ 혹독한 훈련을 통과한 뒤에 하나님이 나를 높여 주신 사건은 무엇입니까?

늘 깨어 있어야 합니다

잘 다스리기 위해서는 늘 깨어 있어야 합니다. 그러나 거칠 것 없는 권세를 갖게 되면 깨어 있기가 참으로 힘이 듭니다. 권세자의 자리에 가면 그 누구도 예외가 없지요. 요셉도 총리가 되니까 타락의 조짐이 딱 보입니다.

> 그가 요셉의 이름을 사브낫바네아라 하고 또 온의 제사장 보디베라의 딸 아스낫을 그에게 주어 아내로 삼게 하니라 요셉이 나가 애굽 온 땅을 순찰하니라 _창 41:45

바로가 애굽 여자와 혼인하라고 하니 요셉이 바로 응합니다. 요셉 입장에서는 왕의 명령을 거부하기 어려웠겠지요. 그러나 아스낫이 누구입니까? 이방 신을 제사하는 보디베라의 딸 아닙니까. 그러니까 우상숭배의 원흉을 아내로 취한 것입니다. 물론 요셉이 애굽에서 동족을 찾기가 하늘의 별 따기인 것도 사실입니다. 지난 38장에서 유다도 요셉을 팔아먹고 이방 여자와 결혼했습니다. 그래도 유다는 며느리 다말과의 사건에서 "그는 나보다 옳도다" 하며 자신이 죄인임을 회개하였습니다. 문제는 착하디 착한 요셉이 아무런 갈등이나 저항

없이 이방 신을 섬기는 사제의 딸과 결혼한 것이죠. 가장 결정적인 순간에 헷갈리는 선택을 하고 말았습니다.

우리는 성품으로 천국 가는 것이 아닙니다. 더욱이 하나님 없이 착한 성품이란 이 세상에 없습니다. 가장 겸손한 사람은 자신이 죄인임을 늘 인식하는 사람입니다. 그런 사람은 죄의 위력이 얼마나 대단한지 인정하기에 늘 깨어 있고자 힘쓸 수밖에 없습니다.

하루는 제가 등산을 하게 되었는데, 산을 오르기가 너무너무 힘이 들었습니다. 마치 처음 산을 타 보는 새끼 곰처럼 헐떡이며 올라갔죠. 그때 숨도 안 쉬어지고 목도 아프니까 '내가 두 번 다시 여기 오나 봐라' 하는 생각이 들더군요. "주여, 주여" 하면서 지팡이를 짚고 겨우 정상에 다다랐는데, 막상 내려올 때는 너무 편한 겁니다. 이후에도 그 산에 다시 갔죠. 올라갈 때는 여전히 힘들어도 내려올 때는 역시 편하더군요. 우리 삶도 그래요. 올라갈 때는 '주여'가 절로 나오는데, 내려올 때는 '주여'가 안 나옵니다. 그래서 환경이 편한 것이 얼마나 독인지 모릅니다. 아무리 힘들어도 저는 이 땅에서 "주여, 주여" 부르다가 천국에서 눈 떴으면 좋겠습니다. 우리는 새끼 곰과 같이 연약한 존재입니다. 너무 힘들어서 "엄마!" 하고 부를 때 어미 곰이 도와주는 것이지 새끼 곰이 혼자 할 수 있는 것이 뭐가 있습니까.

어느 날 네 살짜리 아이가 값비싼 꽃병에 손을 넣었는데, 부모가 아무리 애를 써도 아이의 손이 꽃병에서 빠지지 않더랍니다. 안절부절못하던 부모는 결국 집안 대대로 내려오는 가보인 꽃병을 깨기로 결정했습니다. 그런데 막상 깨고 보니 아이가 주먹을 꼭 쥐고 있는 게 아니겠어요? 그래서 아이에게 "얘야, 왜 그랬는지 말해 주겠니?"라고 물으니 "제 주먹 안에 동전이 있거든요"라고 대답하더랍니다. 아이가 동전을 포기하지 않은 결과 부모는 가보를 깨뜨려야 했습니다.

예수님은 십자가에 달리시기 전 겟세마네에서 "나의 원대로 마시옵고 아버지의 원대로 하옵소서"(마 26:39)라고 기도하셨습니다. 이 기도는 그저 운에 맡기겠다는 것이 아니라, 하나님 아버지께 내 생명까지 드리겠다는 것입니다. 예수님은 자신의 모든 것을 가장 확실한 분에게 의탁하셨습니다. 그래서 우리가 하나님께 솔직하고, 사람에게 솔직하다면 무언가를 잃는다는 것은 불가능합니다. 왜죠? 모든 것의 주인이신 하나님이 우리에게 생명, 가정, 재정, 사업 등을 맡기셨다면 문자 그대로 우리가 잃을 것이 없다는 뜻 아닙니까.

비록 나는 어리석게 주먹을 꼭 쥐고 있어도 하나님께 택함받은 인생입니다. 그래서 하나님은 소중한 것을 깨뜨려서라도 나를 도우십니다. 퓨마에게 쫓기는 형편없는 새끼 곰이 "엄마!" 하고 부르면, 으르렁거리면서 퓨마를 다 쫓아 버리는 어미 곰처럼 그렇게 우리를 도우십니다. 퓨마처럼 똑똑하다고 명철하고 지혜로운 지도자가 되는 것이 아닙니다. 약하고 형편없어도 날마다 "주여!" 하며 하나님의 도우심을 구할 때 가정을 다스리고, 직장을 다스리고, 나라를 다스리는 지도자로 주님이 나를 세워 가십니다. 결정적인 순간에 헷갈리지 않고 최선의 선택을 하도록 인도하십니다.

북한에서는 탤런트 전원주 씨를 모르면 간첩이라고 합니다. 전원주 씨가 홈쇼핑에 나와서 벽돌까지 갈아 버린다고 요란하게 선전한 믹서기 덕분이랍니다. 겉 포장지에 전원주 씨의 얼굴이 큼지막하게 붙어 있는데, 이 믹서기가 보따리장수를 통해 북한에 들어가서 대박이 났답니다. 북한은 대부분 음식을 집에서 해 먹기에 믹서기가 참 요긴하다고 합니다. 그래서 뇌물 1순위, 혼수 1순위가 바로 '전원주표 믹서기'입니다.

중국의 단동과 북한의 신의주는 서로 마주 보고 있는데, 두 도시 사이에는 11km의 북중 우호 송유관이 있습니다. 중국은 이 송유관을 통해 북한에 원유를 공급합니다. 그런데 가끔 기술적인 문제가 생기면 "내부 수리 중"이란 팻말이 걸리기도 한답니다. 의문스러운 점은 하필 북한이 말썽을 부릴 때마다 이 팻말이 걸린다는 겁니다. 중국이 성난 북한을 다루기 어렵다는 엄살을 믿을 수 없는 것이 이 송유관만 막으면 중국이 어떤 말을 해도 북한이 다 듣기 때문이랍니다. 과거에 중국은 천안문 사건으로 전 세계에서 고립되고, 서방의 경제제재까지 받았습니다. 그래서 도발을 일삼는 북한보다는 피해자인 한국이 더 합리적이고 이성적이라는 생각이 깔려 있습니다. 즉, 중국이 언제까지나 깡패 정권의 뒷배를 봐 주기는 곤란하다는 것이죠.

십여 년 전 연평도 포격 사건 당시 대통령도 이런 말을 했습니다. "역사상 어떤 권력도 국민의 변화를 거스를 수 없기에 북한 주민들의 긍정적인 변화를 주시해야 한다." 연평도 포격은 권력층과 주민을 분리하겠다는 의미인데, 마르크스의 이론을 빌리면 북한은 이미 끝장난 상태입니다. 더욱이 단순 생산조차 불가능한 하부구조가 망가진 이상 상부구조의 붕괴는 시간문제라고 합니다.

그러나 십여 년 전이나 지금이나 북한은 기습 도발을 일삼고 있습니다. 이런 북한을 누가 말리겠습니까. 열 사람이 한 명의 도둑을 못 잡는 꼴입니다. 속된 말로 우리가 '선빵'을 날릴 필요가 있는데, 저는 그 일환으로 1달러짜리 돈다발을 북한에 계속 보내야 한다고 생각합니다. 1달러짜리 지폐를 뿌리면 직감적으로 북한 주민들은 남한에서 보냈다는 것을 압니다. 북한 권력층에 현금을 갖다 바친 햇볕정책하고는 달리 1달러 살포야말로 북한 권력층과 주민을 분리시키는 가장 확실한 방법입니다. 군사학 교과서에서도 군사적 대응보다 고도의 심리전으로 맞서는 것이 가장 효과적이라고 가르친답니다. 저는 이런 것이야말로 흉년을 대비하는 지혜가 아닌가 생각합니다.

우리가 하나님의 영에 감동되어 늘 깨어 있을 때 가정과 직장과 나라의 흉년을 대비하는 명철과 지혜가 생길 줄 믿습니다.

✦ 나 자신과 가정과 직장과 나라를 다스리기 위해 깨어 있어야 할 부분은 무엇입니까? 약하고 형편없어도 날마다 "주여" 하며 하나님의 도우심을 구하고 있습니까?

우리들 묵상과 적용

저는 이혼하고 5년간 친정엄마의 빚을 갚느라 지칠 무렵에 지금의 남편을 만나 재혼했습니다. 남편에게 빚이 있다는 사실을 듣고 덜컥 겁이 났지만, 어차피 내가 갚을 돈이 아니라 생각해 정확한 액수를 묻지 않았습니다. 그러다 남편과 그의 전처 사이에서 태어난 아들을 키우는 것이 힘들어 한 목장 모임에 참석하게 되었습니다.

매주 모임에 참석하다 보니 저에게 알코올중독과 우울증이 있다는 것을 알게 되어 아들의 양육과 저의 치료를 위해 일을 그만두었습니다. 남편은 제가 돈을 벌지 않자 필요한 것을 말하면 장을 봐 주곤 했습니다. 하지만 제게 직접 돈을 주지 않으니 답답했고, 남편이 저를 못 믿는 것 같아 내심 서운했습니다. 그래도 예배와 목장 모임을 사수하며 꾸준히 양육을 받다 보니 어느새 저도 하나님의 영에 감동되어 (창 41:38) 술도 끊고, 아들과의 관계도 편해졌습니다.

그러나 저는 돈 문제에 있어서는 여전히 남편과 하나가 되지 못했습니다. 그래서 남편의 수입은 같이 취하고 싶으면서도 자꾸만 "나를 만나기 전의 빚은 혼자 갚아야 한다"며 선을 그었습니다. 그런 제게 남편은 "참 냉정하네. 이제부터 필요한 돈은 당신이 알아서 벌어써"라며 똑같이 저를 냉정하게 대했습니다. 저는 치사한 마음에 다시 직장에 나가려고 했지만, 지체들의 권면으로 남편의 마음이 돌아서기를 기다렸습니다.

그러던 어느 날, 모태 불교이던 남편이 기적처럼 세례를 받고 부부목장에 참석하게 되었습니다. 이후 저희 부부는 목장 모임에서 "빚 문제를 숨김없이 나누고 함께 빚을 갚아 나가세요"라는 명철하고 지혜 있는 권면을 들었습니다(창 41:39). 그러자 답답했던 제 가슴이 시원해졌습니다.

얼마 후 저희 부부는 빚 문제로 또다시 다투게 되었습니다. 그런데 이 일을 겪으며 지금껏 돈 문제로 하나님을 간절히 찾지 않은 저의 완악함을 보게 되었습니다. 무엇보다 엄마가 진 억대의 빚을 하나님이 물질의 풍년을 주셔서가 아니라 내 능력으로 갚았다고 여겼기에 엄마에게도 늘 생색이 나고, 남편도 무시됐던 것임을 알았습니다. 이처럼 돈 문제에 있어 하나님 자리에 앉아 있는 저야말로 교만한 죄인임이 깨달아지자 구속사의 말씀으로 영적 풍년을 누리게 되었습니다. 흉년의 때를 대비하지 못하고 술값으로 많은 돈을 탕진했던 저를 돌이켜 회개하게 하시고, 말씀의 풍년으로 저희 가정에 닥친 물질의 흉년을 대비하게 하신 하나님, 감사합니다.

영혼의 기도

주님, 우리가 잘 다스리고, 잘 다스림을 받기 위해서는 하나님의 영에 감동되어야 한다고 하십니다. 명철하고 지혜 있는 자가 되어 공과 사를 구별해야 하는데, 저 자신에게 엄격하기보다는 관대해지는 모습이 있습니다. 작은 일에 충성하는 것도 '이 정도면 됐지' 하는 생각에 점점 어려워집니다.

그러다 허락하신 직분의 자리에서 권세를 남용하게 될까 봐 두렵습니다. 산을 오를 때와 내려올 때의 마음이 다른 것처럼 제게도 그런 마음이 있음을 고백합니다. 그래서 말씀을 볼 때마다 주님 앞에 참으로 죄송합니다.

하나님이 그리스도의 보혈로 우리를 값 주고 사셨는데도, 아직도 동전 하나를 꽉 쥐고 살면서 누가 뭐라고 하면 부르르 떨며 용서하지 못하고 '안 돼'를 부르짖는 인생입니다. 그래서 중요한 것을 다 놓치고 살아갑니다. 그럼에도 불구하고 귀중한 꽃병을 깨뜨려서라도 이 모습 그대로 우리를 구원해 주시니 감사합니다.

여전히 처리되지 않은 욕심 때문에 힘이 들지만, 이제는 날마다 주시는 말씀으로 깨어서 우리 자신을 다스리기를 원합니다. 참으로 하나님의 영에 감동되어 가정과 직장과 교회와 나라에서 신뢰를 받게 하여 주옵소서. 모든 사람이 우리의 말을 좋게 여기도록 명철과 지혜를 더하여 주옵소서. 예수님 이름으로 기도드립니다. 아멘.

07

번성하게 하셨다

창세기 41장 46~52절

하나님 아버지,
영육 간에 나눠 줄 것만 있는
번성한 인생을 살기 원합니다.
말씀해 주옵소서. 듣겠습니다.

영국은 전쟁에서 한 번도 '압승했다', '대승했다', '속전속결로 전격적 승리를 했다'는 기록이 없답니다. 그런데도 이 조그마한 섬나라에 불과한 나라가 1815년부터 1914년까지 세계 최강국으로 군림했습니다. 그야말로 '해가 지지 않는 나라'였죠. 역사상 수많은 열강이 휘몰아치듯이 밀려오다가 어느 순간 흔적도 없이 사라졌습니다. 바벨론의 찬란한 영광도 불과 수십 년에 불과했습니다. 고고학적 발굴을 통해 발자취를 더듬을 나라가 수두룩한데, 특별한 전략이 있는 것도 아닌 영국이 무려 100년이나 세계 최강국을 유지했다는 것은 역사의 수수께끼가 아닐 수 없습니다. 그런데 교회사적으로 보면 그 당시 영국은 가장 많은 선교사를 배출했습니다. 그래서 하나님이 영국에 '번성하는 은혜'를 부어 주신 것입니다.

요셉은 총리가 되고 두 아들을 낳고는 작은아들을 '에브라임'이라고 불렀습니다(창 41:52). 에브라임은 '열매가 풍성하다', '창성하다', '번성하다'는 뜻입니다. 에브라임 이름의 뜻처럼 우리는 성공하는 것을 참 좋아하죠. 그러나 진정한 성공은 성공 이후의 성공, '수성(遂成)'입니다. 가진 돈이 많고, 지식이 많다고 저절로 열매가 풍성해지는 것이 아닙니다. 우리를 번성하게 하시는 이는 오직 하나님뿐이기 때문입니다. 즉, 하나님이 나와 함께하셔야만 번성할 수 있습니다. 어떻게 하나님이 요셉을 번성하게 하시는지 본문을 통해 살펴보겠습니다.

번성은 성공 이후의 성공, 수성입니다

> 요셉이 애굽 왕 바로 앞에 설 때에 삼십 세라 그가 바로 앞을 떠나 애굽 온 땅을 순찰하니 _창 41:46

성경은 요셉의 나이가 30세라고 밝힙니다. 요셉은 모진 시련 끝에 총리의 자리에 올랐지만, 사람들 눈에는 30세의 젊은 나이에 총리가 된 것만 들어오지 않겠습니까?

한 칼럼에서 본 내용입니다. 중국 송나라의 한 학자는 남자의 세 가지 불행으로 첫째가 초년에 등과해서 관직에 출세하는 것이고, 둘째가 부모의 후광으로 높은 벼슬을 하는 것이며, 셋째가 능력이 좋은 데 문장까지 탁월하고 생기기까지 미남인 것이라고 했습니다. 남들이 모두 부러워할 조건을 불행이라고 한 것은 인간은 최고의 위치에 오르면 그만큼 자멸하기 쉽기 때문입니다.

특별히 두 번째 경우가 불행인 이유는 무엇을 해도 훌륭한 부모 밑에 가려져서 자신이 나타나지 않기 때문이랍니다. 그러니 이런 사람이 자기 이름으로 독립을 하려고 하면 다들 부모덕이나 보라며 무시하기 일쑤입니다. 수년 전, 고위 공무원 자녀의 특채 문제가 불거지면서 부모와 자녀 둘 다 사회적 지탄을 받고 그 자리에서 물러난 일도 있지 않습니까.

그러나 이보다 더 조심할 것은 초년 출세로 너무 일찍 세상에 자신의 이름을 알리는 것이랍니다. 사실 성공의 빠르고 늦고는 크게 중요하지 않습니다. '준비된 성공이냐', '성공을 유지할 능력이 있느냐'가 더 중요합니다. 다시 말해, 세상에 자신의 이름을 낼 정도로 성숙한지가 가장 중요합니다. 그러므로 뜻을 세우고 성공을 거두려면 조급하게 서두르지 말고 매사에 신중하며 치밀해야 합니다. 대영제국 시절 영국이 바로 그러했습니다. 그들에게는 변화에 매달리는 조바심도 없을뿐더러 변화를 놓치는 게으름도 없었습니다. 그 결과 매사 신중하면서도 결정을 잘했습니다.

요셉의 번성은 이제부터 시작입니다. 왕의 임명장을 받자마자 요셉이 한 일이 무엇입니까? 애굽 온 땅을 순찰했습니다. 어제도 오늘도, 총리가 되기 전에도 되고 나서도, 여전한 방식으로 열심히 사는 요셉입니다. 그는 성공의 자리에 오른 후에도 결코 자신의 성공을 헛되게 하지 않았습니다. 그러나 보통은 이렇게 살기 어렵죠.

제가 집사 시절 16년간 재수생 모임을 인도하면서 알게 된 사실이 있습니다. 고3 때 입시에 척 붙은 아이들은 대부분 대학에 들어가서 신앙생활을 열심히 하지 않더군요. 대학이 인생의 목적이기에 '다 이루었다' 하면서 신앙적으로 슬럼프에 빠지는 겁니다.

회사에서도 그래요. 신입 사원 시절에는 승진하기 위해 열심히 일하던 사람도 과장이 되고 부장이 되면 정치적으로 변하기 시작합니다. 그러다 이사가 되면 '다 이루었다' 하면서 더는 열심히 일하지 않습니다. 교회도 크게 다를 게 없습니다. 열심히 주의 일에 충성하고 봉사하다가 장로가 되면 '다 이루었다' 하면서 일손을 놓고 지시만 하는 분들이 적지 않지요.

그동안 사람들의 존경과 신뢰를 받았기에 직분도 받았을 텐데, 장로가 되고, 목사가 되고, 심지어 대통령이 되고 난 후에 그 신뢰가 모두 무너져 내리는 일들이 얼마나 허다합니까? 일시적인 성공에 도취되어 성공 이후에 무너져 내리는 사람이 우리 주변에도 있지 않습니까? 그래서 성공 이후의 성공이 진짜 성공이고, 번성입니다. 문제는 인간의 힘으로는 이 성공을 지키기가 어렵다는 겁니다. 설혹 잠시 지켜 낸다고 해도 큰 의미는 없습니다. 번성하게 하시는 이는 하나님뿐이기에 하나님으로 말미암지 않고는 성공을 끝까지 지킬 수 없기 때문입니다.

대영제국 시절 영국은 역사의 전환기마다 지혜로운 선택을 했습니다. 세계 변화의 흐름을 정확히 읽어 내는 이들의 감각은 모두 하나님이 주신 축복이었죠. 하지만 무려 100년을 배부르고 등 따스하게 지내다 보니 천하의 영국도 당시 초강대국으로 떠오른 미국의 뜻을 헛짚었습니다. 영국이 얼마나 미국을 무시했습니까? 그러나 땅덩어리가 넓은 미국을 그렇게 무시한 것부터 뭔가 문제가 있는 겁니다.

1956년, 이집트가 수에즈 운하를 자국령으로 선포하자 영국, 프랑스, 이스라엘은 이를 저지하기 위해 2차 중동전쟁을 벌였습니다. 그러나 결국 세계 여론의 압박으로 철수하고 말았죠. 이 일이 분수령이 되어 세계 최강대국 영국은 역사의 뒤안길로 들어섰습니다. 아무리 100년을 잘살아도 한 번 선택을 잘못하면 완전히 바닥으로 떨어질 수 있습니다. 이후 영국은 어떻게 되었습니까? 하나님이 금하시는 동성애가 성행하고, 멋있게 잘 지어 놓은 교회는 텅텅 비어 술집, 영화관, 나이트클럽으로 전락했습니다. 이 세상의 악한 나라가 가는 전철을 똑같이 밟았습니다.

오늘도 내일도 하나님이 나와 함께하지 않으시면 우리는 제대로 된 결정을 할 수 없습니다. 경험이 많아서 잘할 수 있다고요? 어림없는 소리입니다. 날마다 말씀으로 하나님께 '묻자와 이르되' 하며 나 자신의 부족함을 봐야 성공도 지킬 수 있습니다. 그러므로 대학에 붙고, 취직하고, 승진하는 게 다가 아닙니다. 하나님이 나와 함께하심으로 자기 자리를 잘 지키는 것이 진정한 번성입니다.

✦ 성공 이후에 '다 이루었다' 하면서 손 놓고 있는 일은 무엇입니까? 여전한 방식으로 내 할 일을 하며, 날마다 하나님께 '묻자와 이르되' 하는 것이 수성의 비결임을 압니까?

그러므로 번성하려면 적용해야 합니다

47 일곱 해 풍년에 토지 소출이 심히 많은지라 48 요셉이 애굽 땅에 있는 그 칠 년 곡물을 거두어 각 성에 저장하되 각 성읍 주위의 밭의

> 곡물을 그 성읍 중에 쌓아 두매 49 쌓아 둔 곡식이 바다 모래 같이 심히 많아 세기를 그쳤으니 그 수가 한이 없음이었더라 _창 41:47~49

그동안 요셉은 흉년의 대비책을 계속 말했습니다. "7년 풍년 후에 7년 흉년이 올 것이니, 풍년일 때 흉년을 대비하라." 드디어 그 말대로 7년의 풍년이 왔습니다. 48절에 보니 요셉이 "그 칠 년 곡물을 거두어 각 성에 저장했다"고 합니다. 하나님께 들은 말씀대로 적용한 것이죠.

그런데 풍년이 1년만 오는 게 아니잖아요. 2년째도, 3년째도 계속 풍년입니다. 7은 완전수 아닙니까? 내 평생에 풍년이 올 수도 있고, 2대, 3대째까지 풍년이 올 수도 있습니다. 이럴 때 과연 한결같이 흉년을 대비하며 살 수 있을까요? 거듭 말씀드리지만, 성공을 지키는 것도, 풍년 가운데 흉년을 대비하는 것도 인간의 힘으로는 할 수 없습니다. 아무리 내가 신앙생활을 열심히 해도 그래요. 계속 승진하고, 계속 돈이 생기면 다 딴소리하게 마련입니다. 예외가 없어요. 풍년이 계속되면 실전에서 무너지는 경우가 허다합니다.

그러면 요셉이 풍년의 때에도 한결같이 적용할 수 있었던 비결이 무엇입니까? 그동안 요셉이 나름 환난을 많이 겪지 않았습니까. 무엇보다 그에게는 하나님의 약속, 말씀이 있었습니다. 그렇습니다. 고난과 그 고난을 해석할 말씀이 요셉의 번성 비결이었습니다.

제 남편은 혈압이 높은데도 음식을 조절하지 않았어요. 제가 "음식을 조절해야 한다"고 하면 "의사 앞에서 별소리를 다 하네. 내 마음대로 맛있는 음식 먹고 콱 죽을 거야"라고 말하곤 했죠. 쿨해 보이지만, 이런 생각이야말로 망하는 가치관, 지옥 가는 가치관 아닙니까. "먹고 죽겠다"는 말이 꼭 "있으면 먹고 없으면 금식하고 죽으면 천국 간다"는 말과 비슷해 보여도 한쪽은 지옥 가치관이고, 다른 한쪽은 천국 가치관인 겁니다. 이렇게 말씀의 가치관이 없던 남편이 마지막에 회개하고 천국에 간 것은 지금 생각해도 하나님의 은혜라고밖에 달리 설명할 길이 없습니다.

평생 흉년을 한 번도 경험하지 않는 인생은 없습니다. 누구나 흉년을 겪습니다. 그러니 지금 하는 일마다 잘된다고, 건강하다고 너무 으스대지 마십시오. 특별히 당뇨병은 무서운 병입니다. 자각증상이 없기 때문입니다. 고혈압도 마찬가지죠. 문제는 자각증상이 없다 보니 병에 걸려도 음식 조절을 잘 하지 않는다는 겁니다. 이런 것이야말로 흉년을 대비하지 않는 자의 모습입니다. 지금 눈에 보이는 현재가 너무 중요하기에 뒤를 미처 대비하지 않는 것입니다.

그래도 막상 사업이 잘되고, 아이들이 공부를 잘하면 흉년을 대비하는 게 말처럼 쉽지 않지요. 잘나갈수록 힘든 사람들이 자꾸 무시가 되고, 나누는 데도 인색해집니다. 그러니 "예수 믿으면 잘살아야지, 왜 내가 벌어서 남 주냐?" 이런 말만 하게 됩니다. 말씀을 듣는 목적도 다 내 것을 지키기 위함입니다. 부자 청년은 "네 소유를 팔아 가난한 자들에게 주라" 하신 예수님의 말씀을 듣고, "재물이 많으므로 근심하며 갔다"고 했습니다(마 19:21~22). 예수를 믿어도 기복 신앙에 머물러 있으면 "흉년을 대비하라"는 말씀이 딱 듣기 싫어서 떠나 버리는 것이죠.

존 번연(John Bunyan)은 청교도 신앙인으로 『천로역정』을 쓴 위대한 작가입니다. 다음은 그가 쓴 『죄인 괴수에게 넘치는 은혜』라는 책에 실린 '한국어판 편집자의 글'입니다.

오늘 우리의 신앙생활에서 안일한 믿음주의, 값싼 은혜, 싸구려 구원에 익숙한 자들은 위대한 청교도 신앙이었던 존 번연이 이 책에서 끊임없이 회의(懷疑)하는 가운데 자기 신앙을 시험하고 확인하는 자리에 이르려는 자세가 잘 이해되지 않을 것이다. '믿기만 하면 될 것을 웬 생고생을 그렇게 하는가?' 하고 단순하게 생각할 것이다. 그러나 이런 생각은 잘못되었다. 쉽게 믿은 자는 쉽게 무너진다는 것을 알아야 한다. 피상적 믿음은 모래 위에 세운 집과 같다.

그렇습니다. 우리는 내적 갈등을 통해 믿음의 확신으로 나아가야 하는데, 말씀을 듣기도 싫어하고, 갈등하는 것 자체도 싫어하죠. 그러니 "풍년이면 풍년답게 잘살아라, 너만을 위해 살아라" 하고 말해 주는 곳으로 가고 싶어 합니다. 주로 이단들이 이런 말을 많이 합니다. 풍년이 계속 들면 겸손하게 살기도 어렵고 절제하기도 어려운 이유는 인간이 100퍼센트 죄인이기 때문입니다. 그래서 적용도 하나님이 하게 해 주셔야 할 수 있습니다.

제 친정어머니는 집이 망하기 전이나 후나 달라지신 것이 전혀 없으셨어요. 한결같이 새벽 기도 가시고, 몸뻬 차림으로 교회 변소 청소를 도맡아 하셨죠. 우리 집이 지금 풍년인지 흉년인지도 모르고 자라다 보니 저는 집이 망했을 때도 크게 상처받지 않았어요. 게다가 어머니는 특별히 저를 위해 뭘 따로 해 주신 게 없었어요. 그래서인지 어머니가 돌아가시고 나서 엄마가 보고 싶다는 마음이 별로 들지 않았죠. 그런데 오랜 시간이 흘러 제가 주님을 인격적으로 만나고 나서, 이름도 없이 빛도 없이 한결같이 하나님을 섬기시던 어머니의 모습이 떠올랐습니다. 그때 '이것이 진짜 사랑이구나' 알았습니다. 어머니의 사랑과 섬김 덕분에 제가 하나님의 사랑이 무엇인지 깨닫게 된 것입니다. 세상사를 보면 인간의 사랑에 목말라서 엄마를 찾고, 배우자의 사랑을 갈구하는 사람이 대부분이라고 해도 과언이 아닙니다. 하지만 저는 어머니의 삶을 통해 하나님의 사랑을 깊이 맛보았기에 인간의 사랑에 상대적으로 덜 목마른 것이 아닌가 싶습니다.

교회만큼 각계각층의 다양한 사람들이 모여 있는 곳도 없습니다. 특별히 여러분은 목장에서 만나는 사람들을 어떻게 대하고 있습니까? 최선을 다해 그들을 섬기고 계신가요? 제 어머니가 그러셨던 것처럼 교회 공동체를 섬기는 일이야말로 부모가 자녀에게 줄 수 있는 최고의 고난 대비책입니다.

가정이 있는 어떤 분이 한 자매를 만나 진짜 사랑을 맛보았다고 합니다. 그런데 그 자매가 우리들교회에 다니게 되면서 자신에게 이별을 통보했다는 겁니다. 자신은 아내와 이혼하고 그 자매와 당장 결혼하려고 했는데, 갑자기 헤어지자고 하니 죽을 것 같답니다. 그래서 이분이 자매의 이별 통보로 지옥을 살고 있는 자신을 도와 달라고 제게 메일을 보내왔습니다. 저는 그분에게 그렇게 결정한 자매를 힘들게 하지 말고 도리어 도와 달라고 간청했습니다.

부인과 헤어지고 그 자매와 살면 당장은 행복할 것 같지만 절대 그렇지 않습니다. 인간은 영적 존재이기에 죄를 짓고 나면 강퍅해지기 때문입니다. 끊임없이 죄책감이 들기에 어디를 가도 편치 않을 것입니다. 더욱이 이분에겐 자녀가 있지 않습니까. 그러니 바로 앞의 몇 년 뒤가 안 보여서 오늘의 감정에 충실한 것을 사랑이라고 착각해서는 안 됩니다.

우리는 사랑의 풍년에 사랑의 흉년을 미리 내다봐야 합니다. 그런데 아예 사랑의 홍수가 들면 오로지 '즐기자'가 목표가 되어 미래를 내다보지 못합니다. 사랑에도 절제가 필요합니다. 건강도 그래요. 건강의 풍년에 흉년의 때에 먹는 것처럼 음식을 절제하면 건강에도 좋을 텐데, 많이 먹으면 성인병밖에 더 걸리겠습니까.

신명기에 보면 "네가 먹어서 배부르고 아름다운 집을 짓고 거주하게 되며 또 네 소와 양이 번성하며 네 은금이 증식되며 네 소유가 다 풍부하게 될 때에 네 마음이 교만하여 네 하나님 여호와를 잊어버릴까 염려하노라 여호와는 너를 애굽 땅 종 되었던 집에서 이끌어 내시고"(신 8:12~14)라고 했습니다. 정말 그래요. 소유가 풍부해지면 어느새 마음이 교만해져서 하나님 여호와를 잊어버리기 쉽습니다. 이처럼 잘나갈 때 하나님을 저버리는 것이 죄인 된 인간의 실상입니다.

그런데 여러분, 고난이 무슨 예고하고 찾아옵니까? 예고도 없이 감당할 수 없는 고난이 오기에 우리가 고난을 통해 훈련되는 겁니다. 그러므로 흉년의 대비책은 따로 없습니다. 여전한 방식으로 예배 잘 드리고, 믿음의 공동체에 붙어 가는 것뿐입니다. 그리하면 어떤 흉년에서도 번성하게 될 줄 믿습니다.

수십 년간 국내 간장 업계 1등을 수성하고 있는 어느 기업 회장님의 인터뷰 기사를 보았습니다. 이분이 믿음이 있는지 없는지는 잘 모르지만, 저는 이분을 통해 세상에서도 성경의 원리대로 살아가면 성공할 수 있다는 것을 보았습니다. 이분은 창업 초창기의 헝그리(hungry) 정신을 잊지 않기 위해 40년 된 금고와 20년 된 소파를 여전히 쓴다고 했습니다. 만약 믿음도 없이 이렇게 적용했다면 정말 예수 믿기 어려우실 것 같다는 생각도 듭니다. 자기 힘으로 수성하는 사람들은 하나님 믿기가 하늘의 별 따기이기 때문입니다.

이 기업의 장수 비결은 '천천히 제대로, 넓고 깊게'라는 경영전략에 있었습니다. 이분은 "뿌리 깊은 나무가 땅속의 물을 잘 찾아가는 것처럼, 한 우물을 넓고 깊게 판 기업이 블루오션을 더 쉽게 발견할 수 있다", "기업의 외형보다 내실을 키우는 데, 결과보다는 과정에, 외부의 평가보다는 내부의 가치에 관심이 있다"고 했습니다. 그러면서 "지금까지의 경험으로 보면 기업은 야망이나 과욕이 아닌 내실이 이끌어간다"고 말했습니다. 또 "권위를 힘으로 지키려고 하면 무너지지만, 나를 낮추고 나누려고 하면 지킬 수 있다"고도 했습니다.

이 글을 읽으면서 우리들교회도 큐티로 한 우물을 팠더니, 땅속의 물인 생수를 잘 찾아가고 있다는 생각이 들었습니다. 정말 큐티로 내실을 잘 다지니 자립신앙이 생겨 교회가 저절로 성장하는 게 있습니다. 이 기업이야말로 '뭐든지 원칙을 제대로 지키면 수성할 수 있다'

는 것을 보여 주는 사례입니다. 그러니 여러분도 무엇을 하든 원칙을 잘 지키고 큐티로 내실을 잘 다지기를 바랍니다.

우리가 번성하기 위해서는 첫째도, 둘째도 적용이 중요합니다. 풍년에 흉년을 대비하라는 말씀을 아무리 들어 놔도 막상 풍년이 되면 "늴리리야 늴리리 늴리리 맘보~" 하면서 술집으로, 노래방으로, 산으로, 들로 놀러 가면 되겠습니까. 하나님은 나 한 사람 잘 먹고 잘 살라고 풍년을 주신 것이 아닙니다. 섬기라고 주신 것입니다. 아무리 풍년이 길어도 흉년이 든 것처럼 사는 적용을 꼭 하시기 바랍니다. 그런 사람은 막상 흉년이 와도 힘들지 않습니다. 그래도 여러분은 "어디 풍년 한번 줘 보세요. 풍년도 안 주시고 흉년든 것처럼 살라고 하지 마시고" 이런 생각부터 듭니까? 그러나 하나님은 우리에게 반드시 풍년을 주시게 되어 있습니다.

* 풍년일 때 흉년을 대비하고자 내가 적용해야 할 일은 무엇입니까? 풍년의 때이든 흉년의 때이든 원칙을 지키고 큐티로 내실을 잘 다지고 있습니까?

고난을 잊어버리게 하는 은혜가 번성입니다

50 흉년이 들기 전에 요셉에게 두 아들이 나되 곧 온의 제사장 보디베라의 딸 아스낫이 그에게서 낳은지라 51 요셉이 그의 장남의 이름을 므낫세라 하였으니 하나님이 내게 내 모든 고난과 내 아버지

의 온 집 일을 잊어버리게 하셨다 함이요_창 41:50~51

'므낫세의 은혜'는 단순히 요셉이 아들을 얻었기 때문에 받은 은혜가 아닙니다. '잊어버린다'는 뜻의 므낫세처럼 '잊어버리는 은혜'입니다. 하나님이 요셉에게 무엇을 잊어버리게 하셨습니까? "내 모든 고난과 내 아버지의 온 집 일"입니다. 여기서 '내 모든 고난'은 무엇일까요? 보디발 아내의 모함을 받아 억울하게 감옥에 갇혀 죄수로 지낸 것, 술 맡은 관원장이 자신을 까맣게 잊어버린 것 등이겠지요. 결국 술 맡은 관원장이 요셉을 잊은 것은 그가 히브리 노예였기 때문입니다. 그런데 '내가 비천한 노예라서 날 무시한 거야', '내가 여자라서, 지역감정 때문에 나를 천거하지 않은 거야' 이런 생각이 들면 당연히 원망이 생기지 않겠습니까.

그러면 '내 아버지의 온 집 일'은 또 무엇입니까? 요셉은 아버지의 편애를 받다 보니 어릴 때부터 배다른 형제들에게 따돌림을 당했습니다. 급기야 형들이 그를 시기하여 죽이려고까지 했죠. 결국 그 형들에 의해 노예로 팔려 애굽까지 왔으니 어떻게 이 일을 잊을 수 있겠습니까. 아마도 요셉은 형들에 대해서도, 자신을 찾지도 않는 아버지에 대해서도 철천지한(徹天之恨)이 맺혔을 것입니다. 여러분이 요셉이라면 온 세상이 나를 괴롭힌다는 생각이 절로 들지 않겠습니까? 어떻게 쿨하게 모든 것을 잊을 수 있습니까?

어떤 분이 실연(失戀)을 당해 정신과 의사에게 상담을 받으러 갔답니다. 그런데 실연의 아픔보다 '그깟 이별쯤이야' 하며 쿨하게 털어

버리지 못하는 자신이 더 견딜 수 없더랍니다. 실연 자체보다 쿨하지 못한 감정이 자신을 우울하게 만들었다는 것이죠. 하지만 느닷없는 실연의 아픔에서 자유로울 수 있는 사람이 누가 있겠습니까? 오히려 아픈데도 아픈 줄 모르는 사람, 슬픈데도 슬퍼할 줄 모르는 사람, 화가 나는 상황에도 화를 느끼지 못하는 사람이 더 문제입니다.

쿨함에 목숨을 거는 젊은이들은 대개 자신을 멋지고 자유롭고 세련되게 보이려고 애씁니다. 하지만 정작 그 속을 들여다보면 한 치 앞도 모르는 인생에서 악을 쓰고, 외로워도 상처 입기 두려워 외로움을 참아 내고 있습니다.

『코끼리 무덤』이라는 소설에서는 '쿨하다'는 것을 이렇게 표현했습니다. "쿨하다는 것은 돈하고 상관이 없어. 그건 한없는 상냥함이야. …… 쿨하다는 것은 질척대는 삶의 중력권 밖에 있다는 여유거든……. 그건 살아 있는 사람들에겐 절대 허락되지 않는 거야. 살기 위해선 일상에 신음하게 마련이니까."

한마디로 쿨한 사람은 없다는 겁니다. 그렇다면 쿨한 것과 반대로 실연의 아픔을 마구 분출하거나, 화가 나서 더는 못 견디겠다면서 분노를 표출하는 것은 어떻습니까?

『최성애 박사의 행복 수업』이라는 책에 보면 이와 관련해 흥미로운 내용이 나옵니다.

1960~1970년대 미국에서는 한때 '분노를 억압하면 정신 건강에도 안 좋고 관계도 망치니 가능한 한 맘껏 표출하는 것이 좋다'는 사고방식이 유행했습니다. 그 방식의 주창자는 조지 바흐(George Bach)

로 그는 청중들이 보는 앞에서 부부에게 말랑말랑한 긴 고무 막대기를 쥐어 주고는 서로 화를 내다가 참을 수 없는 지경이 되면 그것으로 막 때리라고 했습니다.

그런데 과연 이 방식이 효과가 있는지 나중에 검증해 보니 결론적으로 도움이 안 됐다는 겁니다. 분노를 표출할수록 화가 더 치밀어 오르고, 생리적으로 각성되다 보니 전보다 더 흥분되고, 나쁜 기억만 올라왔답니다. 심지어 '아까 내가 이 말은 안 했지? 이따가 꼭 해야지' 하면서 머릿속으로 연습까지 할 정도였습니다. 이럴 때 상대가 예전 일까지 들춰내면서 망신을 주면 어떻게 될까요? 반격할 생각에 심장이 막 뛰고 적개심과 투쟁심이 끓어올라 스트레스 호르몬이 막 분출된다는 겁니다.

하지만 당시 많은 사람이 '맞아! 그동안 내가 너무 참고 살았어. 이제부터 할 말은 해야 해!'라며 조지 바흐의 방식을 받아들였습니다. 결국 잘못된 진단과 처방으로 인해 수많은 부부가 관계 회복을 위해 부부 상담을 받으러 갔다가 도리어 관계가 급속도로 나빠지고 돌이킬 수 없는 지경에 이르렀다고 합니다.

우리가 잊어버리지도 않고 때마다 구구절절 백번 천 번 상처받은 이야기를 하면 악순환만 계속될 뿐입니다. 진정한 번성은 요셉처럼 고난을 잊어버리는 것입니다. 하지만 그조차 우리 힘으로 할 수 없습니다. 이제나저제나 우리의 고난을 잊게 하실 분은 하나님뿐이기 때문입니다.

그렇다면 요셉이 언제 이 기가 막힌 상처를 잊었을까요? 바로 총리가 되고 '자녀를 낳은 후'입니다. 그때 요셉이 처음으로 가정의 따스함을 맛본 겁니다. 가정이 이렇게 중요합니다. 지금껏 외롭고 억울한 일만 당한 요셉이 가정을 이루면서 비로소 가정보다 더 따뜻한 곳이 없다는 걸 알게 되었습니다. 그래서 52절에서 '하나님이 나를 번성하게 하셨다'고 고백한 것입니다.

> 차남의 이름을 에브라임이라 하였으니 하나님이 나를 내가 수고한 땅에서 번성하게 하셨다 함이었더라 _창 41:52

사람은 자녀를 낳으면 인생이 달라집니다. 부모가 되면 갑자기 책임감이 생기고 없던 사랑도 솟아오르죠. 우리가 의식하든 의식하지 못하든 하나님의 형상이 인간에게 들어가 있기 때문입니다. 부모에게 본능적인 사랑을 주셔서 종족을 보존하시려는 하나님의 뜻이 여기 숨어 있습니다. 그러니 엄마들은 모성애가 있다고 잘난 척할 것이 하나도 없습니다. 자기 자식을 끼고도는 것은 인간의 본능입니다. 그래서 부모는 자기 자녀를 객관적으로 대하도록 적용해야 합니다.

'난 결혼도 안 했는데, 아기도 없는데, 그러면 쓴 뿌리를 못 잊겠네' 이렇게 생각하는 분이 혹시 있습니까? 성경에는 불임에도 불구하고 자녀를 낳고 기업을 이어 가는 이야기가 많이 나옵니다. 그로 인해 창세기부터 시작된 믿음의 후손이 우리에게까지 이르렀습니다. 이것이 의미하는 바가 무엇입니까? 무엇보다 '영적 후손'을 이어 가는 것이 절대적으로 중요하다는 것이죠. 하지만 육적으로 아이 낳지 못하는 것만 안타까워하면 절대 고난의 상처가 잊히지 않습니다.

여러분에게 가족이란 무엇입니까? 가족에게 따스함을 느끼기도 하지만, 가족이 그저 따뜻하기만 한 존재입니까? 우리 주변만 봐도 상처가 난무한 가정이 수두룩합니다. 가족이라는 이름으로 부모에게 상처받고, 배우자에게 상처받고, 자녀에게 상처받는 사람들이 많이 있습니다.

그런데 교회 공동체에서 하나님의 진한 사랑을 맛보고 가정의 고난을 다 잊게 되었다고 고백하는 분들이 있습니다. 공동체에서 받은 사랑으로 전도하고 계속하여 영적 후손을 낳다 보니 어느새 마음 깊은 곳의 쓴 뿌리가 제거된 것이죠. 이렇게 내 안의 쓴 뿌리를 캐낼 수 있는 간단한 방법이 있는데, 아직도 교회 공동체를 우습게 여기고 전도를 등한히 여기지는 않습니까? 진정한 번성은 집 나간 배우자가 돌아오고, 자녀가 돌아오고, 직장에서 승승장구하는 것이 아닙니다. 인생은 올라갈 때가 있으면 내려갈 때가 있고, 양지가 있으면 음지가 있게 마련입니다. 하나님 나라 가족이 모인 따뜻한 공동체에서 사랑 받으며 영적 후사를 낳다 보면 마음의 쓴 뿌리가 다 캐어져서 저절로 내실 있는 공동체가 될 줄 믿습니다.

진정한 행복은 감옥에서 나오고 총리가 되는 것에 있지 않습니다. 미워하던 사람을 용서하고 내 마음이 진정으로 자유해지는 데 있습니다. 과거의 상처와 미움, 피해의식으로부터 해방되어 영육 간의 나누어 줄 것만 있는 인생이야말로 번성한 인생, 행복한 인생입니다.

우리들교회의 한 집사님의 나눔입니다.

저는 아이를 갖는 것도, 아이를 낳는 과정도 힘들었습니다. 그런데 어렵게 낳은 아이가 자폐 기질이 있다는 이야기를 듣고는 아이가 건강하기를 바라며 소망으로 기도하는 것과 아이가 아플까 봐 두려움으로 기도하는 것은 천국과 지옥이라는 것을 알았습니다.

고난이 축복이라는 말씀처럼, 저는 고난을 통해 하나님을 만났습니다. 하지만 죄인이 아닌 고난의 피해자에만 계속 머물러 있었습니다. 가해자든 피해자든 내가 죄인임을 깨닫는 것이 고난의 참목적임을 몰랐기에 정작 내 죄는 보지 못하고 상대방의 잘못만 보았습니다. 이렇게 질기게 변하지 않는 저의 모습을 이제라도 회개합니다.

요셉이 고난을 잊을 수 있었던 것은 그가 고난당하기 전에 하나님께 받은 확실한 비전 때문이 아니었을까 싶습니다. 그래서 저도 자녀가 아프든 건강하든 피할 수 없는 인생의 고난에서 오직 말씀을 들려주고, 하나님의 꿈을 심어 주기를 다짐합니다. 그것만이 부모가 자녀에게 줄 수 있는 최선의 사랑임을 늘 기억하겠습니다.

우리가 지옥을 사는 이유는 고난 때문이 아닙니다. 말씀의 가치관이 없기 때문입니다. 제가 날마다 고난이 축복이라고 외치지만, 사실 고난 자체는 축복이 아닙니다. 제가 그렇게 말하는 이유는 고난을 통해 하나님을 알아 가고, 우리가 성숙되기 때문입니다.

몇 년 전, 세계 10개국을 대상으로 행복에 관한 여론조사를 실시한 적이 있습니다. 여러 보기를 준 뒤 '다음 중 누가 가장 행복하다고 생각하십니까?'라고 질문하자 9개 나라가 1위로 '나 자신'이라고 응답했습니다. 그런데 한국만 무려 응답자의 30퍼센트 정도가 세계 최고 부자인 '빌 게이츠'라고 답했답니다. 다른 나라에서 살고 싶다는 비율도 한국이 1위였습니다. 한국의 물질주의는 미국의 3배고, 일본의 2배라는데, 얼마나 돈에 집착하는 한국 사람이 많은지 모르겠습니다. 저출산의 이유도 다 돈 때문입니다. 부자에 대한 이미지도 부모의 덕으로 부자가 됐을 것이라는 응답이 66.4퍼센트이고, 부정부패와 권모술수로 재산을 모았을 것이라는 응답도 57.6퍼센트나 되었습니다. 돈을 좋아하면서도 부자에 대해서는 아니꼽다는 식의 이중 잣대를 갖고 있는 것입니다.

한국은 세계 10위권 안에 드는 무역 대국이자, 경제 대국입니다. 이렇게 다른 나라에 비해 경제적으로 풍족해도 한국인들의 마음은 날이 갈수록 강퍅해지고 감사가 없어지고 있습니다. 잘 먹고 잘살게 되니 십자가 복음도 실종되고, 교인 수도 줄어들고 있는 것이 한국교회의 실상입니다. 영적 흉년의 때를 지나고 있는 이 나라를 위해, 말씀의 가치관으로 진정한 번성이 무엇인지 보여 주는 나와 우리 가정, 우리 교회가 되기를 간절히 기도합니다.

✦ 하나님이 잊어버리게 하신 내 모든 고난은 무엇입니까? 교회 공동체에 속해 하나님 나라 가족의 사랑을 느끼며 영적 후사를 낳는 데 힘쓰고 있습니까? 그것이 내 마음의 쓴 뿌리를 캐내는 길임을 압니까?

우리들 묵상과 적용

제가 중3 때 아버지가 친척에게 사기를 당해 억울하게 구치소에 갇히셨지만, 그 일로 저희 가족은 하나님을 믿게 되었습니다. 그러다 아버지의 사업이 완전히 망하게 되자 그때부터 하나님 백(back)으로 세상에서 보란 듯이 성공하는 것이 제 유일한 소망이 되었습니다. 이후 하나님은 대학 졸업을 앞둔 제게 국비유학의 길을 열어 주셨습니다. 하지만 장학금을 받아도 여러 개의 아르바이트를 해야 겨우 생활할 수 있었습니다.

어느 날은 돈이 부족하여 렌즈를 제때 세정하지 못해 두 눈에 심한 상처가 생겼습니다. 더욱이 그때 저는 "앞으로 한 달 후까지 연구 성과가 없으면 짐을 싸서 한국으로 당장 돌아가라"는 지도교수의 협박성 경고까지 받았습니다. 답답한 마음에 교회 수련회에 가서 엉엉 울며 기도하는데, "내가 너를 너무나 사랑한다. 내가 다 안다" 하시며 하나님이 저의 마음을 만져 주시는 것만 같았습니다. 기도를 마치자 신기하게도 며칠 동안 아파서 뜨지도 못하던 두 눈이 떠졌습니다. 무엇보다 수련회를 끝내고 학교로 돌아와 다시 연구를 시작한 첫날부터 수많은 연구 성과를 내게 되어 박사 후 과정까지 밟게 되었습니다.

요셉은 총리가 되어도 한결같이 흉년을 대비하는 적용을 했지만(창 41:46~49) 저는 말씀으로 준비되지 않았기에 귀국하여 교수라는 멋진 옷을 입자마자 성공에 도취하여 금세 교만해졌습니다. 무엇보다 결혼을 신분 상승의 기회로 여겼습니다. 그러다 보니 저의 빛나는 학벌과 인생 역경의 성공담으로 든든한 집안 배경을 가진 예쁜 여자와 결혼해 그동안 받은 설움을 씻어 내고만 싶었습니다. 하지만 간절히 원해도 오랫동안 결혼이 되지 않자 "이제는 내 마음대로 살겠다"며 하나님께 선전포고 하고 술과 음란에 빠져 지냈습니다.

그러던 어느 날, 저는 출장 중에 과로로 쓰러져 하나님께 제발 살려 달라고 부르짖게 되었습니다. 겨우 몸을 추스른 그다음 주에 저는 우리들교회로 인도되었습니다. 말씀을 들으며 내 힘으로 끊을 수 없던 술과 음란이 끊어졌고, 다윗이 바란 광야에 있었던 것처럼(삼상 25:1) 하나님을 깊이 만나기 위해 제게도 결혼이 안되는 광야의 시간이 필요했다는 것을 알았습니다. 이렇게 말씀으로 삶이 해석되자, 결혼이 되든 안되든 하나님 한 분만으로 감사하다는 고백이 나왔습니다. 그런데 이 고백을 하고 얼마 지나지 않아 하나님은 청년부 목자로 섬기던 예쁜 자매와 신결혼하는 축복을 주셨습니다. 그리고 몇 년 후에는 귀한 딸도 허락해 주셨습니다(창 41:50~52). 이제는 하나님이 허락하신 따스한 공동체에서 제 속에 남아 있는 상처와 쓴 뿌리를 캐내고, 영적 후사 낳는 사명을 감당하기를 기도합니다.

영혼의 기도

하나님 아버지, 아무리 말씀으로 예비해도 막상 풍년이 되면 환경에 넘어지는 연약한 인생입니다. 편안한 것이 너무 좋아서 성공 후에 성공을 지켜 내기가 참으로 힘듭니다. 불쌍히 여겨 주옵소서.

주님, 인간의 힘으로는 풍년의 때에 흉년을 대비하는 것이 너무나 어렵습니다. 마음 깊은 곳의 쓴 뿌리를 캐내는 것도 힘이 듭니다. 그래서 여전히 기복적인 마음으로 '요셉은 총리라도 되었으니 쓴 뿌리를 잘라 냈지 나는 아무것도 된 일이 없는데 어떻게 잘라 내겠어' 생각할 때도 있습니다. '당신 때문에, 부모 때문에 되는 일이 없다'가 주제가 되어 지옥을 살고 있는 저희를 불쌍히 여겨 주옵소서. 피해의식에 가득 젖어 사는 것이야말로 번성을 저해하는 너무나도 큰 원인임을 알고 이제라도 주의 은혜를 구하게 하옵소서.

주님, 우리의 가정이 따스하기를 원합니다. 가족이 모두 한 말씀을 보고 함께 기도하며 다른 사람을 섬기는 따스한 가정이 되도록 성령의 햇살을 비춰 주옵소서. 특별히 가정을 떠나 방황하는 남편이, 아내가, 자녀가 돌아오도록 주여, 역사하여 주옵소서. 병든 우리 가정을 고쳐 주옵소서. 살려 주옵소서.

말씀대로 적용하여 진정한 번성이 무엇인지 보이는 저와 우리 가정, 우리 교회, 우리나라 되기를 원합니다. 원망과 한이 서린 모든 것으로부터 자유하게 되어 영육 간에 나눠 줄 것만 있는 인생이 되도록 함께하여 주옵소서. 예수님 이름으로 기도드립니다. 아멘.

08

기근에도 먹을 것이 있더니

창세기 41장 53~57절

하나님 아버지,
기근 중에도 먹을 것이 있다고 하십니다.
어떻게 하면 먹을 것이 있게 되는지
말씀해 주옵소서. 듣겠습니다.

어느 날, 세계적인 지휘자 레너드 번스타인(Leonard Bernstein)에게 누군가가 이렇게 물었습니다. "오케스트라를 지휘할 때 가장 까다로운 악기는 무엇입니까?" 그러자 번스타인은 "세컨드(Second) 바이올린입니다"라고 답했습니다. 퍼스트(First) 바이올린을 훌륭하게 연주하는 사람은 얼마든지 구할 수 있지만, 퍼스트 바이올리니스트와 똑같은 열의로 연주하는 세컨드 바이올린을 연주하는 사람은 구하기 어렵기 때문입니다. 그것은 프렌치 호른이나 플루트의 경우도 마찬가지라고 합니다. 어떤 악기든지 제1 연주자는 많지만, 그와 함께 아름다운 화음을 이루어 줄 제2 연주자는 너무나 적습니다. 하지만 만약 아무도 제2 연주자가 되어 주지 않는다면 오케스트라 연주는 절대 이루어질 수 없습니다.

그런데 요셉은 이인자의 역할에 충실함으로써 기근 중에도 애굽 온 땅에 먹을 것이 있도록 했습니다. 어떻게 하면 기근 중에도 먹을 것이 있게 되는지 살펴보겠습니다.

흉년의 예언을 반복해서 들으니 먹을 것이 있습니다

53 애굽 땅에 일곱 해 풍년이 그치고 **54** 요셉의 말과 같이 일곱 해 흉년이 들기 시작하매 각국에는 기근이 있으나 애굽 온 땅에는 먹을 것이 있더니 _창 41:53~54

각국의 기근은 단순한 자연현상이 아닙니다. 하나님이 말씀하신 7년의 풍년이 차서 7년의 흉년이 시작된 것입니다. 즉, 말씀대로 흉년이 온 것이죠. 우리 인생의 기근도 그렇습니다. 말씀대로 온 것입니다. 결코 우연이 아닙니다. 다시 말해, 현재의 흉년은 내가 살아온 날의 결론입니다. 그런데도 사람들은 "갑자기 흉년이 왔다"고 생각합니다. 그러나 하나님이 말씀하셨어도 내가 안 들어서 모를 뿐이지 '갑자기' 온 흉년은 없습니다.

하나님은 120년 동안 노아를 통해 "홍수가 올 것이니 방주 안으로 들어가라"고 경고하셨습니다. 그러나 노아 시대 사람들은 "지금 햇볕이 쨍쨍 나는데 무슨 소리냐! 노아가 미친 것인가?" 하며 그를 정죄했습니다. 노아가 세상을 정죄하니 그저 싫은 겁니다(히 11:7). 홍수 심판을 예고하는 노아나, 광야에서 외치는 자의 소리가 되어 예수님을 예비한 세례 요한이나, 지금 풍년 가운데 흉년을 외치는 요셉이나 상황은 똑같습니다.

요셉의 말과 같이 애굽 땅에 흉년이 들지만, 풍년에 흉년을 준비했기에 기근이 들어도 애굽 온 땅에 먹을 것이 있습니다. 그의 말대로

다 이루어진 것이죠. 요셉은 선포한 말에 책임을 졌습니다. 그러나 엄연히 따지면 이 말은 요셉의 말이 아닙니다. 하나님의 말씀입니다. 요셉이 하나님의 말씀을 선포하니까 하나님이 그 말을 책임지신 것입니다.

제 남편이 하루아침에 소천했을 때 저는 에스겔 말씀을 묵상하고 있었습니다. 에스겔서를 보면 24장까지 유다에 관한 심판의 경고가 나옵니다. 하나님은 유다 백성이 내 백성, 내 새끼니까 무려 24장을 할애해서 구구절절 심판을 경고하신 것이죠. 그리고 25장부터는 암몬, 모압, 에돔, 블레셋, 두로, 시돈, 애굽 등 이방 나라들이 받을 심판을 경고하십니다.

저는 그날 주신 말씀대로 남편 한 사람의 구원을 위해 마지막까지 기도하고 적용한 것밖에 없는데, 남편이 구원받고 천국에 가면서 저의 유다 시절이 끝이 났습니다. 이후 이방 나라에 관한 심판을 선포한 에스겔처럼, 저도 전 세계를 두루 다니며 말씀을 선포하게 됐습니다.

우리들교회 창립을 얼마 앞두고 있을 때 천국 성전을 세우는 에스겔 40장 말씀을 묵상했습니다. 그리고 창립 예배 때는 성전을 건축함으로 떠났던 하나님의 영광이 동문을 통하여 성전으로 들어간다는 43장 말씀을 묵상했습니다.

그런데 그때 이 말씀이 얼마나 제게 격려가 되었는지 몰라요. 신기하게도 우리들교회 휘문채플에서 주로 쓰는 후문이 바로 '동문(東門)'이기 때문입니다. 그러니 꼭 하나님이 우리들교회를 '동쪽에서 하나님의 영광이 들어오는 교회'라고 말씀해 주시는 것만 같았죠.

저는 이 모든 것을 그날그날 주신 말씀으로 선포하며 왔을 뿐인데, 지나고 보니 말씀대로 다 이루어졌습니다. 그야말로 하나님은 제가 '광야에서 외치는 자의 소리'가 되게 하셨습니다. 그뿐만 아니라, 과부가 된 기근에도 늘 먹을 것이 있게 하셨습니다. 그 후에도 흉년이 끊임없이 왔지만 때마다 먹을 것이 있게 하셨어요. 우리들교회를 생각만 해도 하나님은 너무나도 많은 것을 제게 주시고 보이셨습니다.

구약의 선지자들은 끊임없이 예루살렘의 멸망과 백성의 바벨론 포로 생활을 예언했습니다. 그래도 심판의 말씀을 미리 듣고 당하는 것과 안 듣고 당하는 것은 하늘과 땅 차이입니다. 제가 앉으나 서나 늘 말씀을 묵상하며 흉년의 예언을 들었기에 하나님은 남편이 하루아침에 죽는 사건에서도 심판을 넘어서는 구원을 보게 하셨습니다. 그리고 지금까지 남편의 구원 간증을 통해 날마다 나누어 줄 것만 있는 인생을 살게 하십니다.

이처럼 주님의 말씀을 반복해서 듣는 것이 흉년을 예비하는 길입니다. 우리가 지금 요셉을 통해서도 흉년의 대비책을 얼마나 반복해서 듣고 있습니까? 그런데 이런 말씀을 들어도 전혀 깨달아지지 않고, 그저 지겹기만 합니까? 그래도 고난이 오면 그때부터 말씀이 들리게 될 줄 믿습니다.

사업이 망하면, 배우자가 바람을 피우면, 자녀가 잘못되면 교회를 떠나는 성도들이 많습니다. 그러나 실제로 우리들교회에서는 교회를 떠나기는커녕 그때부터 자기 죄를 보고 강단에서 간증하는 놀라운 역사가 일어납니다. 대단한 경력과 학력에도 불구하고, 흉년이 오면 즉시즉시 환경에 순종하여 적용하는 간증이 넘쳐납니다. CEO 출신이 경비로 일하고, 고학력자들이 일용직 막노동자와 파출부로 뛰는 것을 개의치 않아 합니다. 무엇보다 이렇게 말씀대로 적용했을 때 곳곳에서 하나님이 먹을 것이 있게 하시는 것을 봅니다. 이것이야 말로 진정한 번성 아닙니까?

✤ 내가 반복해서 들어야 할 흉년의 예언은 무엇입니까? 광야의 외치는 자의 소리가 되어 담대히 선포해야 할 말씀은 무엇입니까? 그것이 하나님이 주신 말씀이라면 주님이 반드시 책임져 주실 것을 믿습니까?

흉년에 먹을 것이 있는 것은
바로와 요셉의 합작품입니다

55 애굽 온 땅이 굶주리매 백성이 바로에게 부르짖어 양식을 구하는지라 바로가 애굽 모든 백성에게 이르되 요셉에게 가서 그가 너희에게 이르는 대로 하라 하니라 56 온 지면에 기근이 있으매 요셉이 모든 창고를 열고 애굽 백성에게 팔새 애굽 땅에 기근이 심하며
_창 41:55~56

기근이 드니 바로가 요셉에게 모든 일을 일임합니다. 그러자 요

섭이 모든 창고를 열어 곡식을 팝니다. 한마디로 흉년에도 애굽에 먹을 것이 있는 것은 '바로와 요셉의 합작품'입니다.

바로의 꿈은 41장에 처음 등장하죠. 흉하고 파리한 일곱 암소가 아름답고 살진 일곱 암소를 잡아먹고, 가늘고 동풍에 마른 일곱 이삭이 무성하고 충실한 일곱 이삭을 삼키는 꿈입니다. 바로는 이 꿈 때문에 번민했습니다. 무엇보다 이 꿈을 해석해 줄 애굽의 점술가와 현인들이 하나도 없었습니다. 그런데 하나님이 요셉에게 바로의 꿈을 해몽할 수 있는 지혜를 주셨습니다. 요셉은 그 지혜로 흉년을 풍년으로 만들었습니다. 그러면 세상적으로 복을 받은 사람은 요셉이 아니라 바로 아닙니까.

더욱이 하나님은 바로에게 꿈을 통해 무려 14년 동안 행할 일을 알려 주셨습니다. 미래를 알 수 있다니 이야말로 부자 되는 꿈 아닙니까? 그러나 미리 알려 주면 뭐 합니까? 깨닫지 못하면 다 소용없습니다. 그래서 요셉이 "하나님이 그가 하실 일을 바로에게 보이심이니이다"(창 41:25) 하며 바로에게 꿈을 해석해 준 것이죠. 사실만 보자면 꿈도 바로가 꾸고, 풍년의 복도 바로와 애굽이 받은 겁니다. 그런데 이때 요셉의 태도를 보세요.

"이 모든 꿈과 복은 왕의 것입니다. 저는 이런 꿈을 꾼 적도 없고, 이런 복을 받은 적도 없습니다. 단지 하나님은 제게 그 꿈과 복이 무엇을 뜻하는지 알 수 있는 머리를 주셨습니다. 그 꿈과 복이 무엇인지 알지만, 그것은 제 것이 아닙니다."

그렇습니다. 요셉은 이런 겸손한 태도로 바로와 좋은 관계를 맺었습니다. 이 일로 요셉이 얻은 것은 바로의 관리인, 즉 '취업의 복' 하나뿐입니다. 애굽의 총리라고 하니 대단해 보이지만, 실상은 월급쟁이일 뿐입니다. 물론 요셉이 친족을 먹여 살릴 만큼은 성공했지만, 7년의 풍년 동안 얻어 들인 애굽의 부는 요셉하고 하나도 상관없습니다. 요셉은 바로가 총리의 자리에 있으라면 있고, 그만두라고 하면 하루아침에 그만두어야 합니다. 그는 자신의 생살여탈권(生殺與奪權)이 바로에게 있다는 것을 잘 알기에 자신이 있어야 할 자리에 있었을 뿐입니다.

삼성의 영원한 이인자 이학수 씨는 1997년 삼성그룹을 총괄하는 비서실장 보직에 올라 14년을 고(故) 이건희 회장 옆을 지켰습니다. 그는 그룹 내에서 이인자 역할을 하며 삼성그룹을 글로벌 기업으로 성장시키는 데 크게 기여한 인물입니다. 하지만 시대가 바뀌면서 하루아침에 이인자의 자리에서 물러나게 되었습니다. 우리가 이런 상황을 잘 해석해야 하는데, 그저 억울해만 하면 도저히 살 수가 없지요. 가령 내가 낸 아이디어로 회사가 번창했는데, 회사가 나를 우습게 여기면 어떻겠습니까? 억울해서 죽을 것 같지 않겠습니까.

그러나 진정한 상급은 눈에 보이는 것이 아니라 우리 마음에 보람을 느끼는 것입니다. 왜 어떤 사람들은 아무도 알아주지 않는 일에 헌신할까요? 그 일 자체가 자신에게 엄청난 의미와 기쁨을 주기 때문입니다. 그러면 앞서 이학수 씨에게 상급은 무엇일까요? "우리나라 최고의 기업을 만드는 데 내가 일조했다!" 하며 그 자체로 기뻐하는 것입니다.

바로는 하나님 나라의 백성인 요셉의 지혜 때문에 애굽이 잘된 것을 인정했습니다. 그래서 요셉을 대우해 줬을 뿐만 아니라, 그가 하나님을 섬기는 것을 막지도 않았죠. 하지만 여전히 바로는 자기가 섬기는 신이 따로 있고, 신상 앞에 절도 합니다. 그런데도 하나님은 말로 표현할 수 없는 재물을 바로에게 부어 주셨어요.

그런데 말입니다. 바로가 꿈 때문에 아무리 번민했어도 요셉의 말을 동화 같은 이야기로 치부하고 얼마든지 안 들을 수도 있었습니다. 그런데도 요셉의 말을 듣고 그를 총리로 등용했습니다. 이것이 바로의 위대함입니다. 아무나 이렇게 할 수 있는 것은 아닙니다. 바로와 요셉은 서로를 인정하고 각자 최선을 다했습니다. 그 결과 바로와 애굽이 복을 받은 겁니다.

드라마 〈선덕여왕〉에서 미실은 진흥왕, 진지왕, 진평왕 등 여러 왕을 거치며 이인자 역할을 했습니다. 실질적으로는 일인자 역할을 한 셈인데, 왕실 권력을 자기 멋대로 휘두르다가 결국 망하고 말았죠. 열심히 일하는 것 자체가 상급이 되어야 하는데, 거기에 돈과 야망이 들어가면 그 순간부터 망하는 겁니다. 내가 있어야 할 자리를 잘 알고, 자기 자리를 지키고 있으면 하나님은 절대로 우리를 굶기지 않으십니다. 기근에도 반드시 먹을 것이 있게 하십니다.

* 내가 있어야 할 자리는 어디입니까? 아무도 알아주지 않아도 내가 보람을 느끼고 기뻐하는 일은 무엇입니까?

세상의 주인은 세상입니다

애굽은 풍년의 때보다 오히려 흉년의 때에 훨씬 더 소득을 많이 올렸습니다. 남들은 다 죽겠다고 난리일 때 최고의 부를 쌓은 것이죠. 14년 동안 애굽과 바로는 정말 말할 수 없는 부를 쌓았습니다. 7년의 풍년 동안 애굽은 요셉의 제안대로 아껴 쓰고, 백성에게 곡물의 5분의 1을 받아 꼬박꼬박 저축했습니다. 이렇게 모은 곡물은 흉년의 때에 남김없이 다 써야 합니다.

흉년이 들면 내가 갖고 있는 땅, 건물, 금붙이도 다 소용없어집니다. 당장 굶어 죽지 않으려면 그것들부터 팔아서 곡식을 사야 합니다. 그러니 애굽에 은금이 쏟아져 들어올 수밖에요. 하지만 백성 입장에서는 요셉이 얼마나 악덕 징수원, 악덕 총리입니까? 공짜로 곡물의 5분의 1이나 걷어 가더니 돈 받고 되팔고 있잖아요. 그러나 결과적으로 이것은 애굽을 위한 일입니다.

소위 돈이 붙는 사람들을 보면 무슨 재주로 돈을 버는지 도대체 이유를 알 수 없을 때가 많습니다. 이런 사람을 보면 돈 냄새를 잘 맡는 동물적인 끼가 있습니다. 그러나 대단한 경영학의 귀재라 해도 돈을 못 버는 사람들이 있습니다. 아무리 용을 써도 돈이 안 벌리는 분들은 이인자의 자리에서 월급쟁이로 사는 것이 낫습니다. 하나님이 세상의 구조를 그렇게 만드셨기 때문입니다.

혹시 "내가 학벌도 좋은데 왜 이러고 사나" 이러는 분이 있습니까? 내가 잘났다고 잘사는 것이 아닙니다. 세계 최대 부자인 바로를 보세요. 너무 바보 같은데 너무 잘살지 않습니까? 이런 큰 부자는 하나님으로부터 비롯된 것입니다. 그러니 '나는 왜 저 사람처럼 부자가 아닌가' 하며 비교할 필요가 없습니다. 요셉처럼 세상의 주인은 세상임을 인정하는 사람은 재물의 복이 붙은 사람을 위해 관리자로 기꺼이 살아갑니다. 이것이 겸손이고, 지혜입니다.

그런데 말입니다. 부자로 사는 것보다 아침부터 몸을 움직여서 부지런히 사는 것이 '오히려 축복'입니다. 왜 그런가요? 전도서 5장 10절에서 11절에 보면 "은을 사랑하는 자는 은으로 만족하지 못하고 풍요를 사랑하는 자는 소득으로 만족하지 아니하나니 이것도 헛되도다 재산이 많아지면 먹는 자들도 많아지나니 그 소유주들은 눈으로 보는 것 외에 무엇이 유익하랴"라고 했습니다.

재산이 늘어나는 것을 보고 있노라면, 처음에는 안 먹어도 배가 부르겠지요. 하지만 그것도 잠시입니다. 소유가 늘어날수록 그것을 관리하는 데 비용도 많이 들고, 주변에서 호시탐탐 재물을 노리는 사람들도 생겨나게 마련이지요. 그러니 부자가 될수록 정신적 압박이 오죽하겠습니까. 돈이 많은 것이 꼭 축복은 아닙니다.

그러면 세상의 주인은 세상임을 인정한 요셉이 어떤 지혜로 세상을 도왔습니까?

온 지면에 기근이 있으매 요셉이 모든 창고를 열고 애굽 백성에게 팔새 애굽 땅에 기근이 심하며 _창 41:56

온 세상에 기근이 들어 애굽으로 곡식을 사러 사람들이 몰려오는데, 무료로 나눠 준다고 한번 생각해 보세요. 압사 사고라도 일어나면 어떡합니까? 그만큼 곡물을 걷고 다시 파는 것은 큰 지혜가 필요한 일입니다. 그래서 똑똑하게 관리할 수 있는 총리가 있어야 합니다.

아무리 백성에게 곡물을 거저 받았어도 그래요. 그 전에 저장고를 만들어 두었기에 지금 되팔 수 있는 거 아닙니까. 가만히 보면 부자들은 생각 하나를 조금 다르게 해서 부자로 삽니다. 그런데도 여러분은 '겨우 저장고 하나로 저렇게 잘사나?'라고 생각하십니까? 그거 하나로도 잘살 수 있습니다. 그러니 부자라고 무조건 욕하지 마십시오.

지난 7장에서 우리나라 국민의 특징이 돈은 좋아하면서도 부자 욕하는 데는 1위라고 했습니다. 왜 그럴까요? 부자들의 재물이 하나님으로부터 나온 것임을 인정하지 않기 때문입니다. 행복의 기준이 돈에 있기에 남과 비교하다가 자신이 불행하다고 여기기 때문입니다. 이런 현상에 대해 미국의 심리학자 에드 디너(Ed Diener)는 "한국인은 사회 구성원과 자신을 끊임없이 비교해 남을 이기는 것이 행복해지는 길이라고 생각한다. 언제나 '승자'일 수는 없기 때문에 남과 물질적인 면을 계속 비교하다 보면 행복도가 낮아질 수밖에 없다"고 말했습니다. 그러니 여러분, 믿는 우리가 하나님의 지혜를 총동원해서 이런 세상을 도와야 하지 않겠습니까.

우리들교회는 개척 초기부터 추수감사헌금을 특별히 사정이 어려운 교인들을 위해 구제헌금으로 사용해 왔습니다. 한번은 1년 동안 차비로 쓰시라고 50만 원 상당의 교통카드를 지급하겠다고 했습니다. 그랬더니 "우리는 현금이 필요하다", "차라리 상품권을 달라"며 의견이 분분했습니다. 이를 놓고 운영위원회에서 회의를 몇 번이나 했습니다.

구제헌금을 관리하는 일도 이렇게 힘든데, 요셉은 얼마나 더 힘들었을까요? 더욱이 풍년에 강제징수를 했을 뿐만 아니라, 흉년에 뭔가 복지 정책을 내놓은 거 같은데 공짜가 아니라 돈을 받고 팔았잖아요. 당연히 백성의 불만이 많을 수밖에 없지요. 적어도 요셉의 정책은 포퓰리즘(populism)은 아니었습니다.

우리가 공짜를 좋아하지만, 인간은 값을 치러야 소중한 줄 압니다. 복음도 그래요. 물론 구원은 값없이 받는 선물입니다. 그러나 값싼 복음이 되지 않으려면 구원을 위해 최소한의 값을 치러야 합니다. 우리가 큐티책과 신앙 서적을 사서 전도하는 일도 그래요. 모두 복음의 값을 치르는 일입니다.

복지 정책 중에 큰 복지는 경제 정책과 고용 창출이고, 작은 복지는 소득의 재분배입니다. 육칠십 년대에 우리나라가 보릿고개, 설탕 파동, 쌀 파동을 이겨 내고 잘살게 된 비결이 무엇입니까? 소득의 재분배가 아닌 "잘 살아 보세!"로 고용 창출을 이뤄 냈기 때문입니다. 그러나 사람들에게는 이제나저제나 소득의 재분배가 매력적인 정책입니다. 하지만 소득의 재분배를 강조한 공산주의는 이미 몰락했습니다. 북한을 봐도 그래요. 한국의 1인당 국민소득은 3만 달러가 넘는데, 북한은 남한의 30분의 1 수준에 불과합니다.

요셉의 정책에 백성이 다 들고일어날 수 있었지만, 절대군주인 바로가 요셉을 적극적으로 밀어주었기에 이 정책이 가능했습니다. 그 결과 애굽은 흉년에도 확실히 잘살게 되었습니다.

마찬가지로 우리나라도 다음 세대를 위해 복지 정책을 잘 세워야 합니다. 무상 급식, 무상 의료, 무상 보육 정책 다 좋습니다. 문제는 재원입니다. 건강 보험 재정은 계속 적자 상태입니다. 그런데도 모든 것을 무상으로 하려고 한다면 공산주의와 다를 바가 없습니다. 한번 무상으로 하기 시작하면 예전으로 돌아가는 것은 하늘의 별 따기입니다. 무엇보다 포퓰리즘에 기반한 과도한 복지 정책은 국민의 세금 부담으로 이어질 수밖에 없지요. 더욱이 복지 정책의 남발로 폐해를 겪고 있는 나라들을 우리가 보고 있지 않습니까. 조금 갖고 있다고 다 나누어 먹으면 잠시 후에 쫄딱 망할 수밖에 없습니다. 그러므로 우리나라에도 요셉처럼 하나님의 지혜로 나라를 부강하게 하는 위정자가 있어야 합니다.

말씀을 묵상하는 우리는 항상 개인의 적용뿐만 아니라 교회와 나라를 위한 적용도 해야 합니다. 이번 본문은 포퓰리즘에 연연하기보다 때로는 욕을 먹더라도 요셉처럼 적용하는 것이 필요하다는 점을 보여 줍니다. 물론 이 정책을 허락한 바로도 훌륭합니다. 바로는 요셉을 알아보았고, 요셉은 돈과 야망을 내려놓고 애굽을 위해 최선을 다했습니다. 그로 인해 모두가 윈윈(win-win)하게 된 것이죠. 바로와 요셉의 합작품으로 먹을 것이 있게 된 것처럼, 예수 믿는 우리가 세상의 주인은 세상임을 인정하고 말씀대로 적용할 때 하나님은 절대 우리를 굶기지 않으십니다.

✦ 세상의 주인은 세상임을 인정하며 특별히 나라를 위해 적용해야 할 것은 무엇입니까? 내가 말씀대로 적용할 때 하나님이 절대 우리를 굶기지 않으실 것을 믿습니까?

믿는 우리는 나그네 인생임을 알고 걸어가야 합니다

각국 백성도 양식을 사려고 애굽으로 들어와 요셉에게 이르렀으니 기근이 온 세상에 심함이었더라 _창41:57

창세기 42장 5절에 보면 "가나안 땅에 기근이 있음이라"고 합니다. 예수 믿는 야곱이 있는 가나안에는 기근이 없어야 할 것 같은데 기근이 있다는 겁니다. 이 기근으로 믿는 야곱이 믿지도 않는 바로에게 가서 "한 푼 줍쇼" 해야 할 처지가 되었습니다. 이렇게 안 믿는 사람들이 믿는 우리를 먹여 살리는 일이 오면 어떻게 해석해야 할까요?

세상에 속한 왕인 바벨론의 느부갓네살은 유다를 망하게 했습니다. 하지만 지혜로운 히브리 소년들을 포로로 데려가 교육하고 관직에 등용했습니다. 그중에 다니엘과 세 친구들이 있었죠. 특별히 하나님은 그들에게 은혜를 베푸셔서 모든 것을 통달할 수 있는 지혜와 지식을 주셨습니다(단 1장). 그래서 다니엘이 총리로 있는 동안 바벨론은 그의 지혜로 더욱 부강해졌습니다. 하나님이 우리에게 지혜를 주고 또 주셔도 그래요. 하나님이 주시는 지혜와 명철은 끊임이 없습니다.

지혜의 근원은 하나님께 있기 때문입니다.

그런데 여러분, 다니엘이 그 좋은 머리로 내 나라를 멸망시킨 바벨론을 일부러 망하게 하려고 왕에게 거짓 보고를 일삼았을까요? 전혀 그렇지 않았죠. 요셉이 바로를 섬겼듯이 다니엘도 느부갓네살을 깍듯이 섬겼습니다. 자신은 나그네일 뿐이고, 세상의 주인은 세상이라는 것을 인정했기 때문입니다.

그렇다면 세상의 결국은 무엇입니까?

"하나님의 날이 임하기를 바라보고 간절히 사모하라 그 날에 하늘이 불에 타서 풀어지고 물질이 뜨거운 불에 녹아지려니와 우리는 그의 약속대로 의가 있는 곳인 새 하늘과 새 땅을 바라보도다"(벧후 3:12~13).

이 세상에 속한 자는 세상이 전부이기에 이 땅이 멸망할 때 함께 망할 수밖에 없습니다. 그러나 그때 성도는 새 하늘과 새 땅을 바라봅니다. 그렇습니다. 세상은 하나님의 백성이 이 땅을 통과하는 짧은 시간 동안만 존재하는 것입니다.

믿는 우리는 천국을 본향에 둔 나그네 인생입니다. 그런데 우리가 세상을 통과할 때 우리보다 세상 사람이 잘되어야지 그나마 편안하게 가지, 나그네 주제에 세상에서 너무 잘되면 떠날 때 곤란해지지 않겠습니까. 하나님 믿는 백성의 구조가 이렇습니다. 세상 사람들은 우리가 이 땅에 사는 동안 내 육신의 일을 돕기 위해 한시적으로 존재할 뿐입니다.

그러므로 우리는 세상 사람을 원수로 여길 것이 아니라 오히려 불쌍히 여겨야 합니다. 나그네에게 세상은 대적할 대상이 아니란 말입니다. 요셉처럼 이 세상의 주인인 바로를 위해 충성하는 것이 우리가 할 일입니다. 나의 수고로 복은 애굽이 다 받고, 나는 하나님이 계획하시고 지으실 터를 바라보고 가면 되는 겁니다(히 11:10). 그리할 때 어떤 기근에서도 먹을 것이 있는 나그네 인생을 즐기게 될 줄 믿습니다.

그러면 우리가 나그네 인생길을 편안히 걸어가려면 어떤 적용을 해야 할까요? 먼저 짐이 가벼워야 합니다. 함께 여행을 해 보면 짐이 별로 없는 사람이 제일 세련돼 보입니다. 반면 여행을 처음 가는 사람은 초보 티를 팍팍 내느라 짐이 한가득하죠. 하지만 짐이 가벼워야 마음의 부담도 덜 수 있습니다. 다음은 나의 육신을 귀히 여겨야 합니다. 특별히 술과 담배, 기름지고 단 음식 등 몸에 좋지 않은 것들을 성전인 내 몸에 들이붓지 말아야 합니다. 그다음은 내 가정, 내 직장, 내 나라가 편안하도록 충성해야 합니다. 가정과 직장과 나라가 편해야 내 육신도 편안히 갈 수 있기 때문입니다.

어려서부터 머리 좋다는 이야기를 듣고 자란 분이 있습니다. 이분은 시험이란 시험은 다 수석 합격하고, 젊은 나이에 행정고시까지 합격해 공무원이 되었습니다. 그런데 잘 다니던 직장을 때려치우고 사업을 시작했다가 쫄딱 망했습니다. 그 좋은 머리로 가장 좋아하는 돈을 벌고자 애썼건만, 지금까지 자기가 머리를 써서 계획한 일 중에 제대로 된 일이 하나도 없다고 합니다. 하나님이 돈을 주지 않으신 것을 인정해야 하는데, 이분처럼 머리만 너무 좋은 것도 비극입니다. 그래도 너무 잘나서 도저히 주님을 만날 수 없던 이분이 사업이 망해서 주님을 만났습니다. 그러니 이분에게는 망한 것이 축복이라고나 할까요. 별 인생이 없습니다.

이 세상이 잘되도록 우리의 지혜를 사용하면 하나님은 우리를 충분히 먹고살게 해 주십니다. 그런데 내게 주신 것에 감사하지 않고 돈과 야망을 위해 살기에 다 망하는 겁니다. 몇 대째 부자로 살면서 천국에도 못 가는 세상 사람을 부러워하고 시기하다가 세상도 망하고 나 자신도 망하게 하는 인생을 살면 안 되지 않겠습니까.

우리는 세상의 주인이 아닙니다. 나그네, 순례자에 불과합니다. 그러므로 하나님이 계획하시고 지으실 터를 바라보며, 하나님이 주신 지혜로 세상에 유익을 끼치는 나그네 인생길을 잘 걸어가기를 축원합니다.

* 믿는 우리는 나그네 인생임을 압니까? 그것을 인정하며 가정과 직장, 나라의 유익을 위해 내가 충성해야 할 일은 무엇입니까?

우리들 묵상과 적용

저는 술만 드시면 폭력을 휘두르는 아버지와 그런 아버지에게 꼼짝없이 당하시는 어머니 밑에서 자랐습니다. 17살 때부터 비행 청소년으로 살며 음주와 폭력을 일삼았고, 19살에는 미군 부대에 드나들며 마약과 밀수로 돈을 벌었습니다. 부모님은 목사가 꿈인 남동생이 교회 가는 것을 막으셨는데, 저는 그런 부모님에 대한 반항심으로 잠시 교회를 다녔습니다. 하지만 결국 모든 일에 남을 탓하며 교회를 떠나고 말았습니다.

이후 저는 더욱 악한 생각에 빠져 오로지 쾌락을 위해 살았습니다. 유흥업소와 도박판에서 남의 돈을 갈취했고, 싸움질을 하다가 여러 번 감옥에 갈 뻔도 했습니다. 그러나 그때마다 부모님은 힘들게 번 돈으로 저의 감옥행을 막아 주셨습니다. 그렇게 꿈도 미래도 없이 살던 제게 여동생은 아들과 딸이 있는 지금의 아내를 소개해 주었습니다. 신앙심이 있고 성실한 아내는 교회에 다니는 조건으로 저와 결혼해 주었습니다. 하지만 저는 '어떻게 하면 예배를 안 드리고 도망치나' 궁리할 뿐이었습니다. 그러다 다시 제가 음주와 폭력을 일삼자 아내는 이혼을 생각했습니다. 하지만 말씀을 듣고 돌이킨 후 제게 교회에 가자고 간곡히 권유했습니다.

그렇게 드리게 된 첫 예배에서 저는 '남자는 짐승'이라는 설교 말씀을 들었습니다. 설교를 듣는데 그동안 제가 저지른 온갖 짐승 같은 짓들이 생각나서 눈물이 흘렀습니다. 하지만 저는 아내가 제 기분을 조금만 상하게 해도 교회에 가지 않겠다고 어깃장을 놓았습니다. 그때마다 아내는 "미안하다"고 하며 저를 다시 교회로 이끌어 주었습니다. 이후 양육도 꾸준히 받고 매주 설교 말씀을 꼼꼼히 기록하다 보니 제가 짐승 중에서도 가장 악한 짐승임을 알게 되었습니다. 무엇보다 인간의 노력이 아닌 오직 살아 계신 하나님의 말씀만이 저를 바꿀 수 있다는 것을 인정하게 되었습니다.

하나님은 기근에도 먹을 것이 있게 하신 것처럼(창 41:54~55) 제 인생의 흉년의 때에 직장도 주시고, 소중한 가족도 허락해 주셨습니다. 그동안 저는 앞날에 대한 희망도 전혀 없이 세상에 대한 복수심으로 가득 차 살았습니다. 그러다 보니 나그네 인생길에서 아등바등 헛되이 수고할 수밖에 없습니다. 그런데 이제는 날마다 주시는 말씀과 지체들의 기도와 보살핌 덕분에 세상을 살아갈 힘이 생겼습니다. 저 같이 우둔한 짐승을 위해 눈물로 기도해 준 아내와 이방인 같은 저를 가족의 일원으로 받아들여 준 아들과 딸에게 고맙다는 말을 전하고 싶습니다. 지금까지 저를 이끌어 주신 하나님, 사랑합니다.

영혼의 기도

주님, 우리 인생에 기근이 왔습니다. 그런데 이 기근이 내 살아온 날의 결론이라고 인정하지 않을 수 없는 것이 그동안 우리가 흉년의 대비책 듣기를 싫어했기 때문입니다. 세상의 주인은 세상이라고 말씀하시는데도, 여전히 세상의 주인이 되고 싶어 몸부림치는 저희입니다. 그래서 죽어도 이인자는 싫고, 나도 내 자녀도 모두 일인자가 되어야 한다며 바로와 애굽에 주신 세상의 복을 바라고 또 바랍니다. 나그네 인생은 짐이 가벼워야 좋은 것인데, 오히려 많은 짐을 갖지 못한 것을 부러워하며 '우리 집은 예수 믿는데 왜 이 모양인가?'가 늘 주제가인 우리를 불쌍히 여겨 주옵소서. 이제는 세상의 주인은 세상임을 인정하며, 세상이 잘되기를 위해 우리의 머리도 빌려주고, 우리가 받은 은혜도 흘려보내기를 원합니다.

그러나 주님, 우리에게 온 기근이 너무나도 힘든 것을 고백합니다. 믿음이 연약하여 왜 이런 기근이 왔는지 해석되지 않을 때도 많습니다. 이러다가 하나님을 놓을까 봐 참으로 염려됩니다. 주여, 힘이 듭니다. 잠시라도 숨을 쉴 수 있도록 이 기근을 풀어 주옵소서. 기쁨을 허락해 주옵소서.

14년 뒤를 내다보고 말씀대로 적용한 요셉을 보며, 우리나라에도 말씀에 입각한 지도자가 나오기를 기도합니다. 우리의 눈이 그런 지도자를 알아보도록 주여, 인도해 주옵소서. 특별히 남북 관계에서 균형 잡힌 시각을 가질 수 있도록 은혜 위에 은혜를 내려 주옵소서.

　　항상 믿는 우리는 나그네임을 기억하며, 하나님이 계획하시고 지으실 터를 바라보게 하옵소서. 하나님이 주신 지혜로 세상에 유익을 끼치며 나그네 인생길을 잘 걸어가길 원합니다. 그리할 때 어떤 환경에서도 먹을 것이 있을 줄 믿습니다. 기근 가운데 있는 우리에게 하늘 문을 열어 먹을 것을 허락해 주옵소서. 우리를 불쌍히 여겨 주옵소서. 도와주옵소서. 예수님 이름으로 기도드립니다. 아멘.

PART 3

하나님의 구원 작전

Chapter 9 · 관계 회복

Chapter 10 · 작전

Chapter 11 · 어찌하여

관계 회복

창세기 42장 1~17절

하나님 아버지,
하나님과의 관계 회복을 위해 먼저 내 죄를 회개하고,
상대방에게도 진정성 있는 사과를 하기 원합니다.
말씀해 주옵소서. 듣겠습니다.

어느 칼럼에서 읽은 글입니다. 행복한 부부나 관계의 달인들은 다툼 중이나 후에 바로 관계 회복을 위한 노력을 시도한다고 합니다. 문제를 가능한 한 미루지 않고 빨리 해결하고자 노력하며, 하고 싶은 말을 다 하지 않고 말을 다듬고 고쳐서 한다는 겁니다. 무엇보다 갈 데까지 가지 않고 화해를 시도한답니다.

그러나 가장 중요한 것은 '정서 계좌'의 잔고랍니다. 그동안 관계에서 쌓아 놓은 온정과 배려 등 '정서 계좌'의 입금 상태가 어떻게 되었는지가 관계 회복의 중요한 요인이라는 겁니다. 정서 계좌의 보유고가 탄탄하면 약간의 다툼이나 감정적 거리감을 회복하기 쉽지만, 마이너스라면 어렵습니다. 예를 들어 50만 원 잔고에서 5만 원을 쓰는 것은 채워 넣기 쉬워도, 5만 원만 있는데 50만 원을 인출한다면 나중에 채워 넣기 힘들 것입니다. 그래서 우리는 물질적 부를 위해서도 저축을 해야 하지만, 온정과 배려, 신뢰로 정서 계좌를 늘 채워 놓아야 한다는 겁니다.

그런데 요셉과 형제들은 정서 계좌의 잔고가 바닥을 친 것도 모자라 심각한 마이너스입니다. 어마어마한 액수의 부도가 나서 인간의 힘으로는 도저히 회복 불능 상태입니다. 알다시피 요셉과 형제들은 지난 몇십 년 동안 서로 보지 않고 지냈습니다. 이럴 때 끝까지 안 보고 사는 사람도 있겠지만, 요셉과 형제들은 그럴 수가 없습니다. 그들 모두 하나님의 택자들이기 때문입니다. 더욱이 그들은 장차 열두 지파의 조상이 될 사람들 아닙니까.

우리가 앞으로 보겠지만, 하나님은 간단한 방법으로 야곱 가족을 애굽으로 이주시킬 수도 있었습니다. 하지만 상당히 힘든 방법으로 그들을 옮기십니다.

그런데 여러분, 과거에 요셉의 형들이 무슨 죄를 지었습니까? 시기심으로 요셉을 죽이려고 꾀하다가 노예로 팔아 버리지 않았습니까(창 37장). 이렇게 졸렬하기 그지없는 형들이지만, 그들도 믿음의 조상이 되어야 하기에 관계 회복을 위한 시간이 반드시 필요한 것입니다.

그러면 이 형편없는 형들을 하나님이 어떻게 회복시키시는지 본문을 통해 살펴보겠습니다.

어쩔 수 없이 만나게 하십니다

관계 회복을 위한 첫 번째 단계는 생각만 해도 가기 싫은 곳에 가게 되는 것입니다.

> 그 때에 야곱이 애굽에 곡식이 있음을 보고 아들들에게 이르되 너희는 어찌하여 서로 바라보고만 있느냐 _창 42:1

요셉은 억울하게 감옥에 갇혔다가 죄수의 몸으로 수치스럽게 인생을 마감할 뻔했습니다. 그런데 바로가 그를 총리로 불러 줌으로써 모든 수치를 씻었습니다. 그뿐만 아니라 가정을 꾸리고 자녀도 낳았죠. 그래서 요셉은 "하나님이 내 모든 고난과 내 아버지의 온 집 일을 잊어버리게 하셨다. 내가 수고한 땅에서 번성하게 하셨다"(창 41:51~52)라고 고백했습니다.

우리는 흔히 "난 벌써 그 일은 다 잊었어. 이미 다 용서했어"라고 말하지만, 그것은 일방통행일 뿐입니다. 쌍방이 용서하고 회복된 것이 서로 확인되어야 합니다. 어떤 사실이 증거가 되려면 심증만 있으면 안 되고 물증이 필요한 것처럼, 내가 누군가를 용서했으면 모두가 알 수 있는 회복이 있어야 합니다. 그래서 요셉도 형들을 반드시 만나야만 합니다.

하지만 이 일은 요셉도 형들도 생각조차 하기 싫은 부담스러운 만남입니다. 형들은 동생에게 너무 큰 죄를 지었기 때문에 요셉을 찾는 것이 두려웠을 겁니다. 더욱이 미디안 상인들이 요셉을 사서 애굽 쪽으로 데리고 갔잖아요. 그쪽은 아예 쳐다보기도 싫지 않았을까요?

그러곤 형들이 어떻게 살았습니까? 특별히 유다는 죄책감에 공동체를 떠나 이방 여인과 불신결혼을 했습니다. 그러다 아들 둘이 연이어 죽고, 아내까지 죽어도 정신을 못 차리다가 급기야 창녀로 변장한 며느리 다말과 동침까지 하고 말았죠(창 38장). 다른 형제들도 그래요. 죄책감 가운데 그저 소극적으로 안주하며 살았습니다.

요셉도 그렇지요. 그는 애굽의 총리니까 형제들을 찾으려면 얼마든지 찾을 수 있었습니다. 자기 고향도 알고, 자기 집도 다 알잖아요. 하지만 총리가 된 지 9년이 지났는데도 형제들을 찾지 않았습니다. 솔직히 엄두가 나지 않았을 겁니다. 아무리 자신은 형들을 용서했다고 해도 그래요. 만약 형들이 여전히 자신을 죽이려고 한다면 요셉은 어찌해야 할까요? 총리로서 "저들을 죽이라" 명령할 수 있겠지요. 하지만 그러면 사랑하는 아버지 야곱과 동생 베냐민은 어떡합니까? 그러니 요셉도 형들도 서로를 부러 잊고 싶은 겁니다.

> 야곱이 또 이르되 내가 들은즉 저 애굽에 곡식이 있다 하니 너희는 그리로 가서 거기서 우리를 위하여 사오라 그러면 우리가 살고 죽지 아니하리라 하매 _창 42:2

지금까지 요셉과 유다에 가려 조용히 있던 믿음의 사람, 야곱이 등장합니다. 야곱이 왜 여기서 갑자기 등장한 걸까요? 요셉과 형들이 자력으로는 해결을 못 하고 있으니 믿음의 사람 야곱이 직접 나서서 중재하기 위해서입니다. 기근에서 살길을 본 야곱은 "저 애굽에 곡식이 있다"고 하면서 마치 곡식을 직접 본 듯이 이야기합니다. 그리고 "애굽으로 가서 곡식을 사 오라"고 아들들에게 명령합니다. 그런데 야곱의 이 명령을 통해 드디어 창세기 15장에서 하나님이 아브라함에게 약속하신 말씀이 이루어집니다.

"여호와께서 아브람에게 이르시되 너는 반드시 알라 네 자손이 이방에서 객이 되어 그들을 섬기겠고 그들은 사백 년 동안 네 자손을 괴롭히리니 그들이 섬기는 나라를 내가 징벌할지며 그 후에 네 자손이 큰 재물을 이끌고 나오리라"(창 15:13~14).

하나님은 아브라함에게 땅도 안 주시고, 자식도 안 주시면서 "네 자손이 복을 받으려면 400년 동안 이방에서 노예 노릇을 해야 한다. 그 후에 네 자손이 큰 재물을 이끌고 나온다"라고 말씀하셨습니다. 그 이방이 바로 애굽입니다. 그러므로 야곱의 명령으로 아들들이 애굽에 가게 된 것은 하나님이 아브라함에게 약속하신 구속사의 성취이자, 이 집안에 구원이 이루어지는 일입니다.

야곱은 할아버지 아브라함과 아버지 이삭이 흉년에 애굽으로, 블레셋으로 피난 가는 것을 하나님이 기뻐하지 않고 때마다 야단치신 것을 알았습니다. 그래서 그동안 기근이 들어도 애굽에 가지 않은 것이죠. 그런데 지금은 안 가면 당장 굶어 죽게 생겼으니 아들들을 애굽에 보내기로 합니다. 종들이 아닌 아들들을 직접 보낸 것은 그만큼 이 일이 너무나 중요하기 때문입니다. 3일을 굶으면 도둑질 안 할 사람이 없다는데, 하나님은 요셉의 형들이 가기 싫은 애굽에 어쩔 수 없이 가도록 강력한 기근을 사용하십니다.

그런데 이 기근에서 요셉은 부지런하고, 형들은 게으르기가 짝이 없습니다. 그래서 누구는 기근이 와도 나누어 주는 입장이 되고, 누구는 기근으로 다 죽게 생겼는데도 그저 '서로 바라보고만' 있습니다. 그야말로 '관망만 하고'(창 42:1, 개역한글판) 있는 셈입니다.

그동안 형들이 애굽에 갈 생각을 하지 못한 것은 아직 밑바닥을 찍지 않았기 때문입니다. 이처럼 우리 주변에는 요셉의 형들처럼 돈도 없고, 죄도 많은데 마치 아무 일 없었다는 듯이 관망만 하면서 멀쩡한 얼굴로 가만있는 사람들이 있습니다.

이혼을 앞둔 부부를 보면, 한쪽이 돈이 많으면 다시 합치지 않으려는 경우가 많습니다. 요즘은 경제권을 가진 여자들도 많다 보니 경제적으로 여유 있고, 미모도 갖추면 망설이지 않고 이혼을 결정하더군요. 그래서 차라리 길이 없는 것이 살길입니다. 오히려 기근이 살길입니다. 형들도 기근이 오니까 할 수 없이 애굽으로 가게 되지 않았습니까. 그러나 조금이라도 뭐가 있으면 "저 인간하고는 절대 못 살아"가 우리의 주제가입니다. 그래서 하나님이 그 조금을 나에게 안 주시는 겁니다.

가족이든 친구든 "교회 한번만 가 보자! 거기에 살길이 있다"고 아무리 말해도 그 한번을 데려오기가 얼마나 힘든지 모릅니다. 목구멍이 포도청이 되기 전까지는 교회로 발걸음을 향하기가 어렵습니다. 지금 애굽으로 가는 형들의 모습을 한번 상상해 보세요. 꼭 죽으러 가는 것 같지 않았을까요? 그런데 이때 안 갔으면 어쩔 뻔했습니까? 그때 형제들이 애굽에 갔기에 믿음의 조상이 된 것입니다. 애굽에 살길이 있는데도 안 갔으면 영원한 멸망만이 그들을 기다리고 있었을 것입니다.

우리들교회 판교채플을 짓기 위해 7년 정도 건축헌금을 모았을 때의 일입니다. 건축헌금의 거의 절반이 외부에서 보내온 헌금이었습니다. 우리들교회에 유난히 힘든 분들이 많다는 소문을 듣고 안타까운 마음에 보내 주신 것이었죠. 그 일로 저는 더욱 확신을 가지고 "힘들고 어려운 사람들은 다 우리들교회로 오라!" 외치게 되었습니다.

그런데 한편으로는 또 그래요. 헌금하고 싶어도 돈이 없어서 못 하는 분들이 계시잖아요. 그런 분들의 마음도 우리 주님이 다 아십니다. 우리들교회에 오죽이나 어려운 사람이 많으면 개척 초부터 추수감사헌금을 성도들을 위한 구제헌금으로 썼겠습니까. 중요한 것은 부자든, 가난한 자든 모두 하나님께는 천하보다 귀한 한 영혼이라는 점입니다. 다만, 가난하고 힘든 사람들은 그만큼 체휼을 잘하니까 전도를 잘하는 것이고, 부유한 사람들은 그런 경험이 적으니 상대적으로 전도를 잘 못하는 것입니다.

전에 야곱은 장자의 축복을 얻고자 형 에서를 속이고 외삼촌 라반이 있는 하란으로 도망갔습니다. 그 일로 늘 두려움에 젖어 살았죠. 그러다 하나님의 은혜로 형을 만나 화해하고 두려움의 문제에서 비로소 해방되었습니다. 요셉과 그의 형들도 마찬가지입니다. 요셉은 형들을 만나 자신이 그들을 용서한 것을 확인해야 하고, 형들은 죄책감에서 그만 벗어나야 합니다. 요셉과 형들의 사건은 가족 비밀이 되어 무덤까지 갖고 가야 할 일이 아닙니다. 그러면 양쪽 다 가슴에 멍울로 남게 됩니다. 따라서 요셉과 형들의 관계 회복은 반드시 해결되어야 할 과제입니다. 그러나 벌써 요셉이 집을 떠난 지도 20년이 넘어가고 있고, 요셉도 형들도 자력으로는 절대 할 수가 없기에 하나님이 기근으로 일하시는 것입니다.

요셉의 형 열 사람이 애굽에서 곡식을 사려고 내려갔으나 _창 42:3

성경은 '야곱의 아들들'이라고 하지 않고 '요셉의 형 열 사람'이라고 합니다. 아무리 아버지가 애굽에 가라고 했어도 요셉과 당사자들이 해결해야 할 문제라는 겁니다. 다시 말해, 기근에서 살길을 알게 되었으면 적용은 내가 해야 한다는 말입니다.

✳ 생각만 해도 내가 가기 싫은 곳은 어디입니까? 하나님이 어떤 기근으로 나를 그곳으로 옮기셨습니까? 살길을 알아도 눈치만 보며 가만있는 모습은 없습니까? 기근 가운데 내가 적용해야 할 것은 무엇입니까?

약점을 인정해야 합니다

야곱이 요셉의 아우 베냐민은 그의 형들과 함께 보내지 아니하였으니 이는 그의 생각에 재난이 그에게 미칠까 두려워함이었더라
_창 42:4

야곱은 다른 아들들은 애굽으로 보내면서도 재앙이 미칠까 두려워 막내아들인 베냐민만은 보내지 않습니다. 여러분, 이 베냐민이 누구입니까? 라헬의 소생이자, 요셉의 아우 아닙니까?

하나님은 거짓말쟁이에 사기꾼인 야곱을 여러 고난으로 연단하시며 험악한 인생을 살게 하셨습니다. 그런데도 여전히 야곱이 곱고 아리따운 아내 라헬, 잘나고 똑똑한 자식 요셉을 편애하는 소위 '라헬

병(病)'이 안 고쳐진 겁니다.

이때 형들의 마음을 한번 생각해 보세요. 기근이 나서 아버지가 애굽에 가라고 하는데, 가기 싫어 아주 죽겠습니다. 이럴 때 형들이 "그동안 아버지가 우리를 위해 해 준 게 뭐가 있냐! 나는 못 간다" 이러면 관계 회복의 길은 점점 멀어지는 겁니다. 그래도 그렇지요. 야곱은 어떻게 형제들 중에서 베냐민만 쏙 뺄 수 있습니까? 그리도 요셉을 편애하더니 지금은 베냐민만 편애하는 아버지가 형들에게 인간 같아 보이겠습니까? 야곱도 이렇게 안 되는 것이 있습니다.

만일 야곱이 부인 중에서도 못생기고 믿음 좋은 아내를 사랑했다고 하면 우리는 그것을 편애라고 하지 않습니다. 하지만 성경은 곱고 아리따워서 야곱이 라헬을 사랑했다고 말합니다(창 29:17~18). 자녀 중에서도 공부 못하고, 연약하고, 게임 중독이 있는 아이를 부모가 사랑한다고 하면 편애라고 하지 않지요. 하지만 야곱은 요셉이 아름답고 잘나서 편애했습니다. 야곱도 곧 알게 되겠지만, 더욱이 그 잘난 아들이 애굽의 총리까지 되지 않았습니까.

야곱의 라헬병처럼 누구에게나 죽어도 변하지 않는 약점이 있습니다. 그러나 형제들이 아버지의 약점을 탓하고 계속 따지고 들면 관계 회복은 더 어려워질 뿐입니다.

소아정신과 교수인 배승민 씨에 따르면, 아이들은 부모가 다퉜어도 화해하는 모습을 보면 금세 안정감을 느낀다고 합니다. 문제는 부부 사이가 나쁘고 갈등이 큰 상황인데도, 그것은 싹 무시한 채 부모가 아이와만 잘 지내려고 하는 것이랍니다. 자식들만 끼고도는 것이야말로 '밑 빠진 독에 물 붓기'가 아닐 수 없답니다. 그러다 부부가 살기 힘들다고 이혼해 버리면 나중에 자녀도 힘들 때 부모를 똑같이 따라 하게 된다고 합니다. 즉, 자녀가 부모에게 인내를 배우지 못하면, 무엇인가 시도하려고 할 때 부모를 보며 '당황스러운 좌절'을 겪는다는 겁니다.

역사적으로 봤을 때, 훌륭한 군주는 훌륭한 남편이나 아버지가 되기 어렵다고들 합니다. 고구려를 창건한 주몽도 그랬죠. 사생아로 태어난 상처가 있던 그는 여자를 성공의 발판으로 삼아 취하고 버리기를 반복했다고 합니다. 상처가 사람을 그렇게 만들 수 있습니다.

그렇다면 영적으로 참된 좋은 좋은 남편, 좋은 아버지일까요? 꼭 그런 것도 아닙니다. '사랑의 원자탄'이라고 불린 고(故) 손양원 목사님은 자기 아들을 둘이나 죽인 안재선을 용서하고 양자로 삼았습니다. 그리고 어린 딸에게 안재선을 오빠라 부르게 했습니다.

그런데 어떻게 아버지가 자기 오빠를 죽인 원수를 오빠로 부르라고 합니까? 손 목사님 본인은 용서했어도 다른 가족의 정서는 전혀 고려하지 않은 겁니다. 아마도 그때 식구들이 받았을 고통은 상당했을 것입니다.

그러나 저는 손 목사님 덕분에 하나님이 6·25 전쟁에서 우리나라를 지켜 주셨다고 생각합니다. 목사님은 자기 아들들을 죽인 공산주의자 청년을 양자로 입양함으로써 공산주의를 이기는 길은 그리스도의 사랑밖에 없다는 것을 보여 주셨습니다. 이래저래 나그네 인생길에서 십자가의 길을 가는 것이 복된 인생인데, 참으로 그 길을 잘 가셨습니다. 그에 비해 야곱은 참 지질해 보입니다.

　그래도 저는 야곱이 자신의 약점 때문에 평생을 애통했으리라 생각합니다. 믿음의 선진들만 봐도 약점이 없는 사람은 없습니다. 그러니 예수를 믿어도 여전히 변하지 않는 약점이 상대방에게 있음을 인정하고, 그것을 하나님께 맡기기 바랍니다. 그를 불쌍히 여기고 그만 좀 옳고 그름을 따지기 바랍니다. 그리고 비록 약점이 있더라도 믿음의 부모, 믿음의 형제가 해 주는 말이라면 좀 듣기를 바랍니다. 요셉의 형들을 봐도 믿음의 사람, 야곱의 말을 들어야 살길이 열리지 않습니까. 우리가 목장 모임을 할 때도 그렇습니다. 목자가 약점이 있다고 미워하지 말고, 그가 나를 위해 해 주는 말이라면 경청하기 바랍니다. 그럴 때 다른 사람과의 관계에서도 회복을 경험하게 될 것입니다. 여기저기 미운 사람이 많으면 가정에서든 직장에서든 관계 회복이 어려울 수밖에 없습니다. 그러면 영육 간에 번성할 수 없습니다. 관계가 회복되는 것이야말로 기근에도 먹을 것이 끊어지지 않고 번성하는 비결입니다.

　저는 야곱을 생각할 때마다 인생의 연약함에 대해 얼마나 묵상하게 되는지 모릅니다. 정말 성경을 보면 볼수록 사람에 대한 이해가 깊어지는 것 같습니다. 우리도 야곱처럼 믿어도 안 되는 것이 각자 있습니다. 그러나 각자의 약점을 인정하고 하나님께 맡길 때, 그 부분을 하나님이 치리해 주십니다. 보세요. 야곱이 라헬과 요셉을 끼고돌았다고 하나님도 끼고도시는 것이 아닙니다. 야곱이 그리도 끼고돌던 라헬은 결국 약속의 땅에 묻히지 못했습니다. 또 예수님의 직계 조상은 잘난 요셉이 아닌 야곱의 사랑을 받지 못한 레아의 아들 유다가 되었습니다. 그러니 내가 형들의 입장이라면 야곱이 라헬과 요셉만 너무 예뻐한다고 속상해하지 마시기 바랍니다. 하나님이 다 보고 계십니다. 그걸 모르고, 자꾸 하나님보다 사람에게 인정받으려고 하면 결국 나만 손해인 겁니다.

십몇 년 전, 미국의 유명한 로버트 슐러(Robert H. Schuller) 목사가 세운 수정교회(Crystal Cathedral Ministries)가 재정 악화로 파산보호 신청을 했습니다. 1만 장의 유리로 지어진 이 교회는 미국 서부의 관광 명소입니다. 당시 교회의 빚이 총 5,500만 달러에 달했다고 하는데, 재정 상태 진술서를 보면 파산하기 1년 전에 슐러 목사 가족 23명에게만 180만 달러가 넘는 임금이 지급됐다고 합니다. 슐러 목사는 자녀들을 위해 탈세를 하고, 그들의 이름을 올려 주택 보조를 받게 했을 뿐만 아니라, 하청 업체에서 자녀들이 돈을 받아 쓰게 했다고 합니다. 그러다 파산 상태에 이르렀고, 결국 수정교회는 가톨릭 교구에 매각되었습니다. 목회자도 사람인지라 실수할 수 있습니다. 그러나 목회자의 권위를 내세워 내 자식만 끼고돌면 이처럼 자식의 앞날을 망치게 됩니다. 그래도 저는 부도가 난 것이 슐러 목사님을 향한 하나님의 망극하신 사랑이라고 생각합니다. 이 땅에서 망하는 사건은 하나님이 회개할 기회를 주시는 것이기 때문입니다. 그래서 저는 슐러 목사님이 회개하고 천국에 가셨으리라 생각합니다.

그런데 여러분, 야곱의 집보다 불화가 많은 가정이 있습니까? 야곱은 무려 부인을 넷이나 얻어 들이고, 아들을 열둘이나 낳았습니다.

"가지 많은 나무에 바람 잘 날이 없다"는 속담처럼 그 가정에 사건이 끊임없었죠. 우선 장자인 르우벤은 야곱의 첩 빌하와 동침하여 아버지의 침상을 더럽히고, 유다는 며느리와 동침해 아이까지 낳았습니다. 어디 그뿐인가요? 시므온과 레위는 살인을 저질렀습니다. 별의별 일이 다 있었습니다. 그런데도 하나님은 아브라함과 이삭과 야곱의 하나님으로 불리는 것을 기뻐하셨습니다. 야곱이 도덕적으로 완전해서 그런 것이 아닙니다. 그가 늘 자기 죄 때문에 애통해했기 때문입니다.

이 세상에서 제일 무서운 사람은 자기 죄를 모르는 사람입니다. 그런 사람은 무슨 일만 생기면 이러고저러고 밤낮 손가락질하며 남 탓하기에만 바쁩니다. 그러나 성경은 인간이 악하고 음란한 죄인이라고 분명히 말합니다. 돈을 벌기 위해 악해지고, 돈을 벌고 나면 음란으로 빠지는 것이 죄인의 수순입니다.

그러므로 우리의 모든 막힌 관계가 회복되려면 인간에 대한 이해의 폭이 넓어져야 합니다. 그런데 아무리 '인간은 100퍼센트 죄인'이라는 말씀을 들어도 우리는 "저딴 인간이 바람까지 피우는데 어떻게 같이 사냐!", "술을 저렇게 처먹는데 어떻게 사냐!"라며 배우자의 약점을 들먹이고 옳고 그름을 따집니다. 그러나 술 마시고 바람피우는 배우자보다 그런 말을 하는 내가 더 죄인임을 알아야 합니다. 우리 인생의 목적은 행복이 아니라 거룩이기에 야곱과 같은 모델이 성경에 등장하는 것입니다. 야곱도 이렇게 변하지 않는 약점이 있는데, 꿈도 야무지게 내 배우자, 내 자녀의 약점이 당장 끊어지기를 바라시겠습니까? 서로의 약점 속에 싹트는 우리의 믿음입니다. 아무리 야곱이 연약하고 형편없어도 믿음의 조상이 된 것처럼, 우리도 내 죄 때문에 애통하며 회개하기만 하면 하나님이 천국 백성 삼아 주시고, 이 땅에서도 천국을 누리게 하십니다.

언젠가 인터넷 중독 전문 상담 선생님의 강의를 들은 적이 있습니다. 부모가 자녀에게 자주 하는 첫 번째 말이 "했냐?"이고, 두 번째가 "왜 안 했냐?"라고 합니다. 부모와 자녀가 15분을 대화하기 힘들다는데, 그 이유가 하도 부모가 자녀의 약점을 들먹이기 때문이랍니다. 이에 대한 치료책을 제가 알려드리겠습니다. 부모와 자녀가 함께 큐티하며 15분 이상 나눔을 하시기 바랍니다. 물론 그래도 각자의 약점이 쉬이 끊어지지 않을 수 있습니다. 그러나 날마다 큐티하며 나의 약점을 인정할 때 가정 안에 변화가 시작될 것입니다.

✦ 예수님을 믿어도 해결되지 않는 나의 약점은 무엇입니까? 그 약점을 생각할 때 애통한 마음이 듭니까? 내가 여전히 인정하지 못하는 내 부모 형제, 내 배우자, 내 자녀의 약점은 무엇입니까?

진정성에 있어서는 단호해야 합니다

5 이스라엘의 아들들이 양식 사러 간 자 중에 있으니 가나안 땅에 기근이 있음이라 6 때에 요셉이 나라의 총리로서 그 땅 모든 백성에게 곡식을 팔더니 요셉의 형들이 와서 그 앞에서 땅에 엎드려 절하

매 7 요셉이 보고 형들인 줄을 아나 모르는 체하고 엄한 소리로 그들에게 말하여 이르되 너희가 어디서 왔느냐 그들이 이르되 곡물을 사려고 가나안에서 왔나이다 8 요셉은 그의 형들을 알아보았으나 그들은 요셉을 알아보지 못하더라 _창 42:5~8

요셉은 형들을 알아보았으나 모르는 체합니다. 여기에는 요셉의 깊은 뜻이 숨어 있습니다. 요셉이 먼저 알은척을 하면 형들과 진정한 관계 회복을 이룰 수 없기 때문입니다. 지금은 요셉이 총리니까 누구든 그 앞에 와서 절을 합니다. 요셉이 여기서 자신을 밝히면 '내가 총리라서 형들이 절했을 거야' 하며 평생 의심하며 살았을 것입니다. 그래서 요셉은 먼저 형들이 회개했는지부터 알아봐야 합니다.

9 요셉이 그들에게 대하여 꾼 꿈을 생각하고 그들에게 이르되 너희는 정탐꾼들이라 이 나라의 틈을 엿보려고 왔느니라 10 그들이 그에게 이르되 내 주여 아니니이다 당신의 종들은 곡물을 사러 왔나이다 11 우리는 다 한 사람의 아들들로서 확실한 자들이니 당신의 종들은 정탐꾼이 아니니이다 12 요셉이 그들에게 이르되 아니라 너희가 이 나라의 틈을 엿보러 왔느니라 13 그들이 이르되 당신의 종 우리들은 열두 형제로서 가나안 땅 한 사람의 아들들이라 막내 아들은 오늘 아버지와 함께 있고 또 하나는 없어졌나이다 _창 42:9~13

요셉이 형들에게 "너희는 간첩이다!"라고 하니까 형들이 "아닙니다. 절대 아닙니다"라고 반복해서 말합니다. 그래도 요셉이 계속 다그치니 "우리는 확실한 자들입니다"라고 하면서 물어보지도 않은 말을 하기 시작합니다. "우리는 열두 형제인데, 막내는 아버지와 있고, 한 명은 없어졌다"고 합니다.

그런데 여러분, 없어지긴 누가 없어졌습니까? 자기들이 죽이려다가 팔아 버렸잖아요. 형들이 아직 진실하지 못합니다. 이처럼 계속 사건이 와도 죄를 오픈하기는커녕 마치 자신은 아무 죄도 없는 것처럼 가만히 있는 사람들이 있습니다.

> 14 요셉이 그들에게 이르되 내가 너희에게 이르기를 너희는 정탐꾼들이라 한 말이 이것이니라 15 너희는 이같이 하여 너희 진실함을 증명할 것이라 바로의 생명으로 맹세하노니 너희 막내 아우가 여기 오지 아니하면 너희가 여기서 나가지 못하리라 16 너희 중 하나를 보내어 너희 아우를 데려오게 하고 너희는 갇히어 있으라 내가 너희의 말을 시험하여 너희 중에 진실이 있는지 보리라 바로의 생명으로 맹세하노니 그리하지 아니하면 너희는 과연 정탐꾼이니라 하고 17 그들을 다 함께 삼 일을 가두었더라 _창 42:14~17

요셉은 형들이 정탐꾼이 아니란 것을 이미 알고 있는데도, 계속해서 형들을 단호하게 다그칩니다. 형들은 그저 기가 막힐 따름입니다. 그런데 보세요. 요셉이 압박할수록 진실이 하나씩 터져 나옵니다. 형들은 당장 간첩으로 몰려 죽게 생겼으니까 잊고 싶은 과거를 자꾸

들추어내며 자신들을 증명하려고 합니다. 물론 형들 입장에서는 너무 억울하겠지요. 그러나 자신들은 그 문제를 부러 잊고 싶어도 하나님이 잊지 않고 계시기에 사건이 자꾸 오는 겁니다. 사람은 속일지언정 하나님은 속일 수 없기 때문입니다. 그러므로 형들은 자신들이 간첩이 아니라는 것을 증명하고자 안간힘을 쓸 것이 아니라, 먼저 하나님과의 관계 회복에 힘써야 합니다.

배우자가 바람을 피워도 그래요. 당장 외도가 끊어지는 것보다 배우자가 하나님과의 관계를 회복하는 것이 더 중요합니다. 하나님과의 관계가 회복되어야 외도도 끊어집니다. 즉, 외도한 배우자가 돌아오는 것이 온전한 문제 해결이 아니란 말입니다. 먼저 하나님 앞에 자기 죄를 고백해야 사람에게도 진정성 있게 사과할 수 있습니다. 하나님과의 관계가 회복되지 않으면 "잘못했다"는 말도 그저 립서비스(lip service)에 불과합니다. 우리들교회의 한 목자님도 "조강지처가 불쌍해서 가정으로 돌아가면 금세 다른 여자한테 갈 수밖에 없다. 하나님과의 관계가 회복되니까 비로소 외도를 끊을 수 있었다"라고 고백했습니다.

하루는 어떤 의사가 난치병에 걸린 한 환자를 잘 치료해서 퇴원까지 시켰답니다. 그런데 그 환자가 다음 날 시체로 병원에 돌아왔다고 합니다. 퇴원 기념으로 신나서 술 마시고 음주 운전을 했다가 사고로 죽었다는 겁니다. 그때 이 의사는 '내가 병만 고쳤지 사람을 고친 것이 아니구나. 사람을 고쳐야 병도 나을 수 있구나' 하고 깨달았다고 합니다. 무엇이든 병의 근본 원인을 알아야 하는데, 그것을 알기가 참으로 쉽지 않습니다.

예수님이 중풍병자를 고쳐 주면서 왜 "일어나 걸어가라" 하지 않고, "네 죄 사함을 받았느니라"(마 9:5)고 명하셨겠습니까? 중풍병자가 죄 사함을 받지 않고 걷게 되면, 육체가 성한 만큼 전보다 더 죄를 짓지 않겠습니까? 그래서 병이 낫는 것보다 죄 사함의 은혜를 아는 것이 더 중요합니다. 누가복음 17장을 봐도 그래요. 예수님이 나병환자 열 명을 고쳐 주시는데, 그중 사마리아 출신의 한 사람만 와서 예수께 감사했습니다. 그러자 주님이 그에게 "네 믿음이 너를 구원하였느니라"(눅 17:19)고 말씀하십니다. 구원받지 못하면 결국 이 세상과 함께 멸망할 텐데, 그러면 고침받은 게 다 무슨 소용이겠습니까.

죄 사함의 권세는 곧 자기 죄를 아는 권세입니다. 자기 죄를 아는 것이 만물을 붙드는 능력이고, 온 천하를 얻는 비결입니다(히 1:3). 따라서 내 죄를 알아야 다른 사람의 마음도 붙들 수 있습니다. 자기 죄를 아는 것이 집 나간 배우자를 붙들고, 자녀를 붙드는 길이라는 겁니다.

좋은 공기와 좋은 음식 때문에 우리의 몸이 건강해지는 것이 아닙니다. 먼저 내가 하나님 앞에 진정 죄인인 것을 알아야 건강도 회복되고, 관계도 회복됩니다. 이 원리만 잘 알아도 세상에서 번성할 수밖에 없습니다.

광고 역사상 최고의 작품으로 손꼽히는 일명 '신의 광고'가 있습니다. 1962년 미국 시장점유율 70퍼센트의 렌터카 업계 1위 허츠(Hertz)에 도전한 에이비스(Avis) 광고 이야기입니다. 에이비스 렌터카는 창업한 이래 13년간 만성 적자에 허덕였습니다. 그러다 로버트 타

운센드(Robert Townsend)가 새로운 CEO로 부임하면서 기가 막힌 광고 캠페인을 벌입니다.

Avis is only No.2 in rent a car. So why go with us?
(에이비스는 렌터카 업계에서 2위에 불과합니다. 그런데 왜 에이비스를 이용해야 할까요?)

이 광고의 시장 반응은 가히 폭발적이었습니다. 2등이라는 초라한 현실을 솔직히 고백하는 모습에 사람들이 진정성과 인간적인 호감을 느꼈기 때문입니다. 사람들은 에이비스가 2등이기 때문에 1등이 되기 위해 더욱 노력하리라 생각했습니다. 이후에도 에이비스는 "우리는 청결하게 청소하겠습니다", "손님들의 안전을 최우선으로 하겠습니다"와 같은 표현 대신 "더러운 재떨이를 내버려 두지 않겠습니다", "기름을 가득 채우고, 와이퍼가 작동하지 않은 채로 빌려드리지 않겠습니다"와 같은 광고 문구를 사용했습니다. 이 문구대로 서비스 혁신을 이루어 낸 에이비스는 흑자를 달성했을 뿐만 아니라 시장점유율도 크게 늘었습니다.

앞서 우리가 자기 죄를 보고 하나님과 관계가 회복되면 사람에게도 진정성 있고 구체적인 사과를 하게 된다고 했습니다. 저는 자신의 약점을 인정하고 혁신을 이루어 낸 에이비스의 광고가 바로 그런 점을 잘 보여 준다고 생각합니다. 사과할 때도 구체적으로 해야지 "내가 이것저것 다 잘못했어" 이러면 전혀 진정성이 느껴지지 않습니다.

우리가 진정성에 있어서 단호해야 하는 이유가 무엇입니까? 진정성 있는 고백이 아니면 결코 무너진 관계가 회복될 수 없기 때문입니다.

지금 여러분의 삶에 사방에서 조여 오는 어려움이 있습니까? 하나님이 빨리 내 죄를 고하라고 계속 사건으로 몰아가시는 겁니다. 결국 막다른 골목 앞에 다다라서야 "주님, 제가 잘못했으니 제발 용서해 주세요"라는 고백이 나오는 우리 아닙니까. 그러므로 사방에서 조여 오는 어려움이 있다면 속히 하나님께 회개하고, 내 부모, 내 배우자, 내 자녀들에게 진정성 있게 사과하는 우리가 되기를 바랍니다.

* 하나님이 환경으로 조여 오시는 사건은 무엇입니까? 그 가운데 봐야 할 내 죄는 무엇입니까? 하나님께 회개하고, 상대방에게 진정성 있게 사과해야 할 일은 무엇입니까?

좋은 공기와 좋은 음식 때문에
우리의 몸이 건강해지는 것이 아닙니다.
먼저 내가 하나님 앞에 진정 죄인인 것을 알아야
건강도 회복되고, 관계도 회복됩니다.
이 원리만 잘 알아도 세상에서 번성할 수밖에 없습니다.

우리들 묵상과 적용

남편과 족발집을 할 때입니다. 남편은 장사하다가 조기 축구 회원들이 부르면 나가서 연락이 되지 않았습니다. 족발 손질을 하지 못하는 저는 그사이에 손님이 올까 봐 무섭고 남편에게 분이 나서 그냥 가게 문을 닫고 집으로 와 버리곤 했습니다. 결국 가게는 쫄딱 망했습니다. 이후 목이 좋은 토스트 가게 자리가 나와서 자금을 마련할 여러 방법을 찾았지만, 길이 막혔습니다.

그러다 목장 모임을 가는 길에 '죽을힘을 다해 열심히 사는데도 왜 물질 기근이 왔을까?' 생각하던 중 그동안 남편이 벌어 오는 수입에 순종하지 못한 제 모습이 파노라마처럼 지나갔습니다. 하나님이 이런 제게 기근을 주실 수밖에 없음이 인정되니 저의 욕심을 회개하고 공동체 앞에서 제 죄를 고백할 수 있었습니다. 그런데 다음 날 남편은 자신이 직장 내 해고 대상자 명단에 올랐다면서 저와 함께 가게를 해 보자고 했습니다. 저희 부부는 남편의 퇴직금으로 자금을 마련하여 토스트 가게를 시작했습니다.

기근이 오니 요셉의 형들이 어쩔 수 없이 애굽으로 가게 된 것처럼(창 42:1~3) 저도 8평도 안 되는 가게에서 어쩔 수 없이 매일 남편과 딱 붙어 있게 되었습니다. 하루 13시간 이상을 서서 일하니 서로 위로해 줘도 모자란 판국에 남편은 손이 느리다며 모진 말로 저를 다그쳤습니다. 하지만 야곱도 변하지 않는 약점이 있다는 말씀을 들으며 (창 42:4) 남편의 약점을 있는 그대로 인정하고 하나님께 맡길 수 있었습니다. 무엇보다 "내가 당신보다 낫다"는 교만으로 한계 없는 악을 저지른 저야말로 100퍼센트 죄인임이 깨달아지니 남편의 잔소리에 입을 다물게 되었습니다. 그러자 갖은 핑계를 대며 부부목장에 가지 않으려던 남편이 목장에 잘 정착하고, 장사하는 틈틈이 목장예배 시간에 부를 찬양도 선곡하며 기타 연습까지 하게 되었습니다.

 그러던 어느 날, 교회에서 제자 훈련을 받던 딸이 중학교 2학년 때 친구들을 괴롭혔던 죄를 고백하고 그 친구들을 찾아가서 사과하는 적용을 했습니다. 그런데 그중에 가장 힘들어하던 아이가 복수하겠다며 딸의 뺨을 때렸습니다. 설상가상으로 아들은 학교에서 또래 관계를 힘들어하더니 학교를 휴학하겠다고 했습니다. 저는 남편이 진정으로 회개했을까 늘 궁금했습니다. 그런데 자녀의 사건이 연달아 터지자 남편은 목장 모임에서 "그동안 아이들 문제를 어떻게 해야 할지 몰라서 아내에게 다 떠넘겼다"며 저에게 "미안하다"고 사과했습니다. 하나님과의 관계가 회복되니 가정 안에서도 진정한 관계 회복을 이루게 하신 주님, 사랑합니다.

영혼의 기도

하나님 아버지, 관계 회복을 위해 우리가 꼭 만나야 할 사람이 있습니다. 그런데 마음이 얼어붙어서 자발적으로는 만날 엄두가 도무지 나지 않습니다. 여전히 내 속에 내가 너무도 많아서 누구도 옆에 와서 쉴 수가 없습니다. 이런 우리를 고치시려고 하나님이 끊임없이 사건으로 조여 오시는 것을 알았습니다. 기근이 와서 형들이 어쩔 수 없이 애굽으로 가게 된 것처럼, 생각만 해도 가기 싫은 곳에 우리를 보내신 것을 알았습니다.

아무리 야곱이 변하지 않는 약점이 있다고 할지라도 믿음의 사람 야곱의 말을 따라 애굽에 가는 것이 살길이라고 하십니다. 그런데도 우리는 그 약점을 인정하기가 죽기보다 싫습니다. 그래서 나에게 고통을 준 부모를 정죄하고, 배우자를 정죄하며 괴로워합니다. 살길을 알게 되었는데도 눈치만 보며 가만있는 우리를 불쌍히 여겨 주옵소서. 이제는 나와 내 부모 형제, 내 배우자, 내 자녀의 약점을 인정하고, 하나님의 손에 맡기기를 원합니다. 더는 옳고 그름을 따지지 않는 것이 기근에도 번성하게 되는 비결임을 기억하게 하여 주옵소서.

주님, 힘들게 힘들게 여기까지 왔는데, 정탐꾼이라는 오해를 받으면 우리는 너무 억울해서 말이 안 나옵니다. 그러나 하나님이 나와 관계를 회복하기 원하시기에 이렇게 단호하게 다그치신다는 것을 알았습니다. 조금만 도망갈 구멍이 생겨도 돈으로 술로 유흥으로 흘러 떠내려가 버릴 저희인데, 여력이 하나도 남지 않아서 주님 앞에 나왔습니다. 불쌍히 여겨 주옵소서. 사방에서 조여 오는 환경이 바로 내가 살아온 날의 결론임을 인정하고 회개하오니 주여, 용서하여 주옵소서. "하나님 잘못했습니다. 용서해 주세요", "아버지, 어머니 잘못했습니다", "여보, 내가 잘못했어요", "애들아, 아빠가, 엄마가 잘못했다"라고 진정성 있는 고백을 하도록 역사하여 주옵소서.

하나님과의 관계가 회복되지 않으면 어디를 가도 번성할 수 없다는 것을 알고, 우리 가정에 회복이 필요한 식구들이 있다면 믿는 내가 중심이 되어 그 가족을 이끌 수 있도록 도와주옵소서. 가정의 구원을 위해 중심 잡는 그 한 사람이 되도록 붙들어 주옵소서. 예수님 이름으로 기도드립니다. 아멘.

> 10

작전

창세기 42장 17~25절

하나님 아버지,
관계 회복을 위한 하나님의 작전이 무엇인지 깨닫고
우리도 구원의 작전을 잘 짜기 원합니다.
말씀해 주옵소서. 듣겠습니다.

기독교 신자라는 이유로 제사 참석을 거부한 부인이 이혼 소송에서 패소했다는 기사를 읽었습니다. 남편은 유교 전통이 강한 불교 집안 출신이고 부인은 목회자 자녀인데, 둘 사이에는 다섯 살 된 딸이 있다고 합니다. 일요일인 어느 설날, 부인이 차례를 지내러 가는 대신 교회에 가겠다고 하자, 시부모가 "교회는 오후에 가도 되지 않느냐, 절은 하지 말고 큰집에 인사만 하고 오자"고 했답니다. 그러나 부인은 "앞으로 제사에 절대 참석하지 않을 것"이라며 시부모의 제안을 거부했고, 시부모는 "그러려면 집을 나가라"며 화를 냈답니다. 그러자 부인은 어린 딸을 데리고 친정으로 가 버렸습니다.

두 달여 만에 부부가 다시 만났을 때, 남편은 시부모에 대한 부인의 행동을 문제 삼으며 먼저 이혼 이야기를 꺼냈습니다. 그 말에 부인은 아이를 남편에게 남긴 채 자리를 떴답니다. 얼마 후 남편은 다른 여성과 만나면서 부인을 상대로 이혼 및 양육권 소송을 냈습니다. 부인은 시댁에서 분가해서라도 남편과 함께 살고 싶다는 뜻을 보였지만, 결국 재판부는 남편의 손을 들어주었습니다. 그러면서 부인에게 "딸이 성년이 될 때까지 양육비를 지급하라"고 했습니다.

이 사건을 두고 기독교를 비난하는 목소리가 높았습니다. 물론 기사에 기독교를 폄하하는 내용이 있긴 하지만, 결론적으로 저는 이 부인이 지혜가 없었다는 생각이 듭니다. 예수를 믿어도 이렇게 무지막지하게 믿으면 안 됩니다. 하물며 연애를 해도 작전이 필요한데, 믿는 우리에게도 당연히 작전이 필요하지 않겠습니까?

본문을 통해 요셉이 형들과의 관계 회복을 위해 어떤 작전을 짰는지 살펴보겠습니다.

정곡을 찌르는 문제를 냅니다

17 그들을 다 함께 삼 일을 가두었더라 18 사흘 만에 요셉이 그들에게 이르되 나는 하나님을 경외하노니 너희는 이같이 하여 생명을 보전하라 _창 42:17~18

요셉은 형들이 반드시 해결해야 할 문제를 냈습니다. 앞 장에서 요셉과 형들은 "정탐꾼이다, 아니다"를 놓고 설전을 벌였습니다. 이후 요셉은 형들을 '다 함께' 삼 일간 감옥에 가두었습니다. 자신이 당한 감옥의 고통을 조금이라도 맛보게 하려는 의도였죠. 특별히 요셉이 형들을 공동체로 함께 묶어 준 이유는 그들에게 생각할 시간을 주기 위해서였습니다. 이처럼 상대방이 자신의 죄를 스스로 돌아보도록 기다리면서 환경을 열어 주는 것이 '하나님의 작전'입니다.

요셉은 형들을 사랑하기에 그들의 깊은 속마음이 나오도록 계속해서 형들에게 정곡을 찌르는 질문을 던지고 있습니다. 그리고 형들은 계속 그 답을 찾습니다.

> 19 너희가 확실한 자들이면 너희 형제 중 한 사람만 그 옥에 갇히게 하고 너희는 곡식을 가지고 가서 너희 집안의 굶주림을 구하고 20 너희 막내 아우를 내게로 데리고 오라 그러면 너희 말이 진실함이 되고 너희가 죽지 아니하리라 하니 그들이 그대로 하니라
> _창 42:19~20

요셉이 17살에 집을 떠나 30대 후반이 되었으니 형들과 거의 20여 년 만에 만난 것입니다. 비록 자신을 죽이려던 형들이지만, 요셉에겐 그리운 가족 아닙니까? 그러니 얼마나 만감이 교차했겠습니까. 하지만 요셉은 그런 속마음을 숨긴 채 형들에게 누명을 씌우며 계속 다그쳤습니다. 그리고 그 과정에서 드디어 기다리던 막내아우의 소식을 듣게 되었습니다(창 42:13). 요셉의 의도가 적중한 셈입니다. 요셉이 얼마나 지혜로운지 모릅니다. 그는 형들 중 한 명만 집으로 돌려보내고, 나머지 형제들을 잡아 가두면 그 한 명이 두려워서 다시 돌아오지 않을 것을 알았습니다. 그래서 한 명만 가두고, 다른 형들에게 막내아우를 데려오라고 한 것입니다. 형제 모두를 데려오기 위한 요셉의 포섭 작전입니다.

아마도 형들은 베냐민을 데려오라는 요셉의 제안을 듣고 놀라서 부르르 떨었을 겁니다. 요셉이 떠난 후, 베냐민은 아버지 야곱의 희망

이자, 살아갈 근거였습니다. 더욱이 요셉의 일이라면 생각조차 하고 싶지 않은 형들 아닙니까? 그런데 요셉의 친동생을 데려와서 자신들의 진실성을 증명하라니요. 형들은 야곱을 생각하면 베냐민을 도저히 데려올 엄두가 나지 않습니다. 게다가 베냐민을 데려온다고 해도 이 애굽 총리가 살려 준다는 보장도 없지 않습니까? 그러니 이 제안은 형들에게 기근과는 비교도 안 되는 결정적인 고난입니다. 피할 수도 없는 고난 앞에서 그야말로 형들은 생사의 기로에 섰습니다. 무엇보다 형들은 아버지 없이 스스로 이 문제를 풀어야만 합니다.

* 내 죄악을 직면하게 한 정곡을 찌르는 질문은 무엇입니까? 그 질문에 어떻게 답하겠습니까?

정곡을 찌르는 회개가 나옵니다

> 그들이 서로 말하되 우리가 아우의 일로 말미암아 범죄하였도다 그가 우리에게 애걸할 때에 그 마음의 괴로움을 보고도 듣지 아니하였으므로 이 괴로움이 우리에게 임하도다 _창 42:21

요셉이 정곡을 찌르는 문제를 내자 형들이 지난 20여 년 동안 한 번도 입에 담지 않은 요셉의 일을 꺼냅니다. 드디어 형들의 때늦은 회개가 시작됩니다. 그러나 이 세상에 때늦은 회개란 없습니다. 아무리

뒤늦더라도 회개는 좋은 것입니다.

　형들은 그동안 죄책감은 가졌어도 절대 이 일을 먼저 언급하지 않았습니다. 그러나 아무리 덮어놓고 그냥 지나가려고 해도 그들은 하나님의 택한 백성 아닙니까. 그러니 반드시 이 이야기를 꺼내야만 합니다. 사람은 속일 수 있을지 몰라도 하나님은 속일 수 없기 때문입니다. 우리도 그래요. 형들처럼 과거의 상처는 감춘 채 혼자 교회 다니고, 혼자 봉사하면서 겉보기에 믿음 좋은 사람으로 묻어가려는 모습이 왜 없겠습니까. 그러나 결정적인 문제를 덮어놓으면 아무리 교회에서 열심히 봉사하고 헌신해도 하나님과 진정한 관계 회복을 이룰 수 없습니다.

　여러분은 요셉을 보면서 '어차피 용서할 거면 그냥 빨리 해 주지 왜 이리 시간을 질질 끄는가' 이런 생각부터 드십니까? 하지만 이것은 빨리 용서할 문제가 아닙니다. 이렇게 검증의 시간을 거쳐야 하는 것은 형들이 과거에 자신들이 한 잘못을 직면해야 하기 때문입니다. 요셉은 형들이 과거를 직면하도록 작전을 잘 짰습니다. 이후에 형들이 이 부분을 잘 해결했기 때문에 열두 지파의 조상이 된 것입니다.

　심리치료 전문가인 수잔 포워드(Susan Forward)는 『독이 되는 부모』라는 책에서 "'7살 때 나를 성폭행한 아버지를 왜 용서해야 하는가? 그토록 술에 절어 산 엄마를 왜 용서해야 하는가? 내가 그렇게 애걸할 때 듣지 않던 부모를 왜 용서해야 하는가?' 이처럼 우리가 용서할 대상은 많지만, 자녀가 부모의 잘못을 무조건 용서하는 것은 옳은 방법이 아니다"라고 말합니다. 이른 용서를 딱 해 버리는 순간 꽉 막혀 있던 자신의 감정을 발산할 기회가 사라지기 때문입니다.

우리들교회 홈페이지의 목장 나눔에서 본 한 집사님의 사연입니다. 6살 때 친어머니가 자신을 버리고 집을 나갔지만, 집사님은 교회를 다니면서 부모와의 관계 회복을 위해 어머니를 먼저 찾아가는 적용을 했습니다. 찾아가기까지도 힘들었는데, 어머니의 손을 잡고 기도까지 했는데도 여전히 자신 안에 해결되지 않은 감정이 남아 있다고 했습니다.

앞의 책에서 수잔 포워드는 책임은 두 갈래 길로 뻗어 갈 수 있는데, 상처를 준 사람이나 자기 자신에게로 간다고 합니다. 분명 누군가는 이 일에 책임을 져야 하기에 자녀는 '부모'를 용서한 대가로 도리어 '자기 자신'을 미워하게 된다는 겁니다. 그래서 이 집사님처럼 엄마에게 책임이 있는데도 자녀가 무조건적인 용서를 하게 되면 엄마를 미워하던 마음이 올라와 급기야 자신을 미워하게 되고, 더 심한 우울과 불안에 빠져들게 된다는 것입니다.

수잔 포워드는 내담자들이 고통스러운 치료 작업을 멈추려고 상대를 빨리 용서하고 싶은 충동을 느끼지만, 막상 용서하고 나면 더 불안해지는 경우를 너무나 많이 보았다고 했습니다. 빨리 용서하면 한순간의 평온함은 경험하겠지만, 자신의 느낌이나 가족 간의 상호작용이 근본적으로 변하지 않으면 상처와 우울에서 빠져나올 수 없기 때문입니다. 그래서 이런 모든 문제가 해결되려면 반드시 시간과 노력이 필요하다는 겁니다.

요셉과 형들과의 관계도 그렇습니다. 우리가 앞으로 보겠지만,

창세기 50장에서 요셉과 형들이 진정한 화해를 이루기까지 얼마나 많은 시간이 필요한지 모릅니다. 이렇게 시간이 많이 걸리는 이유는 상대방이 진정으로 회개할 때까지 문제가 해결되지 않고 두고두고 가기 때문입니다. 그러므로 지금은 요셉이 냉철해 보여도 오히려 우리는 요셉의 이런 점을 본받아야 합니다.

우리는 "예수 믿으니까 내가 빨리 용서해야지" 하면서 자신이 받은 상처를 무시하거나 평가절하하기 쉽습니다. 그러나 때 이른 용서보다 더 중요한 것은 화가 나면 화가 난다고, 아프면 아프다고, 슬프면 슬프다고 하면서 자신에게 일어난 일을 구체적으로 이야기하는 것입니다.

그런데 문제는 자신의 상처를 무시하지 말고 직면하라고 말해도 대안이 없을 때가 많다는 겁니다. 섣부르게 대응하다 보면 '누구 때문에'라며 상대방을 탓하다가 오히려 관계가 악화일로(惡化一路)를 걷기 십상입니다. 그래서 상대방이 아직 회개할 준비가 되지 않았으면 기다리고 또 기다려야 합니다. 언제까지 기다립니까? 상대방이 백기를 들 때까지입니다. 심지어 내 부모라도 마찬가지입니다. SOS를 칠 때까지 기다려야 합니다. 이때 감정적으로 화내고, 악쓰면 안 되고, 내가 무엇 때문에 상처받았는지를 정확하게 알릴 필요가 있습니다.

반대로 내가 누군가에게 잘못했다면 그 부분을 제대로 사과해야 합니다. 그러지 않으면 아무리 다른 일을 잘해도 잘 풀리지 않는 부분이 생기기 마련입니다. 정확히 내가 어떤 부분을 잘못했는지 구체적으로 회개해야 합니다. 그만큼 신앙은 구체적인 것입니다. 저 높은 곳을 향하여 날마다 나아갈 때마다 우리 앞에는 끝없는 성숙으로의 여정이 기다리고 있습니다. 하지만 관계의 문제를 신앙 안에서 건강하게 해결하지 못하면 늘 아프고, 우울할 수밖에 없습니다. 그래도 원인을 알면 처방이 나오고 길이 보이기 시작합니다.

그러면 요셉이 무슨 죄가 있어서 구덩이에 던져지고, 노예로 팔려 갔습니까? 형들이 요셉보다 머릿수가 많고 힘이 세니까 군중심리에 의해 그리된 것 아닙니까? 게다가 요셉이 그렇게 애걸할 때 듣지도 않던 형들은 버젓이 잘 살고 있습니다. 세상에 이런 불공평한 일이 어디 있습니까? 형들은 전에 요셉을 시기하여 "그를 죽여 구덩이에 던지자"(창 37:20)라고 했습니다. 그런데 지금은 요셉에게 정곡을 찌르는 질문을 받고 "그가 애걸했는데도 우리가 듣지 않았다" 하며 정곡을 찌르는 회개를 하고 있습니다.

우리는 형들이 그랬던 것처럼 조금만 힘이 있으면 상대가 아무리 애걸해도 듣지 않습니다. 주변을 한번 보세요. 평생을 사랑할 것처럼 약속하고 결혼했어도 이혼하자고 폭력을 휘두르는 배우자가 얼마나 많습니까? 그래서 가정을 버리고 집을 나가려는 남편에게 아내가 "여보, 나가지 마세요", 자녀들이 "아빠, 제발 나가지 마세요"라고 애걸합니다. 또 집 나간 자녀에게 부모는 "제발, 집으로 돌아오라"고 애걸합니다. 그래도 듣지 않는 배우자와 자녀들이 여전히 많습니다.

그러나 여러분, 애걸한 자가 결국은 승리합니다. 집 나간 배우자든 자녀든 그가 택자라면 언젠가 괴로움이 임하는 사건이 올 것입니다. 나중에라도 자신에게 애걸했던 일이 생각나서 정곡을 찌르는 회개를 하게 될 것입니다. 그러니 아무리 치사해도 애걸하는 것을 자존심 상해하지 마세요. 그렇게 한 것이 훗날 구원의 작전으로 사용될 날이 올 것을 믿으시기 바랍니다. 그러므로 여러분은 절대 먼저 가정을 버리지도 말고, 집을 나오지도 마십시오. 어떤 경우에도 가정은 지킬 만한 가치가 있기 때문입니다. 그런데도 조금 힘이 있다고 내가 버리려는 것은 무엇입니까? 배우자입니까? 자녀입니까? 부모입니까?

저는 우리들교회의 목회 철학인 말씀 묵상과 가정 중수의 사명을 이루고자 지금까지 달려왔습니다. 그래서 결혼예배에서 주례를 할 때도 의례적으로 하는 것이 아니라, 그곳에 모인 모든 가정이 회복되기를 바라며 간절한 마음으로 늘 말씀을 전합니다. 우선 저를 잘 모르시는 분들을 위해 "어려운 가정 형편에도 불구하고 열심히 피아노를 해서 서울대학교를 졸업하고 서울예고 강사까지 했다"고 제 자랑을 조금 한 후에 이렇게 외칩니다.

"그러나 저는 가정을 지키기 위해 피아노에 들인 수고의 백만 배, 천만 배 이상의 노력을 했습니다. 제 인생에서 가장 자랑하고 싶은 것이 있다면, 이혼하지 않고, 자살하지 않은 것입니다. 이런 제게 정말 노벨상이라도 주고 싶습니다. 여러분, 별 인생이 없습니다. 부모가 자녀에게 물려줄 최고의 유산은 이혼하지 않은 깨끗한 호적입니다!"

그러면 떠들던 사람들도 금세 조용해집니다. 다들 제 이야기를 자기 이야기처럼 듣기 때문입니다.

앞서 기독교 신자라는 이유로 제사 참석을 거부했다가 이혼 소송에서 패소한 부인 이야기를 했습니다. 그래도 이 부인은 남편과 살아 보겠다고 하는데, 어떻게 대한민국 사법부에서 이혼 판결을 할 수 있습니까? 제가 이 기사를 보고 얼마나 가슴이 철렁했는지 모릅니다.

하지만 뭐든지 잘 당하는 것이 축복입니다. 잘 당하면 힘이 생기고, 누군가에게 해 줄 말이 생깁니다. 그러니 여러분은 먼저 이혼하려고 하지 말고 차라리 당하십시오. 아무리 상대방이 약을 올려도 끝까지 가정을 지키십시오. 그러다 쫓겨난다 하더라도 잘 당하면 후에 나 자신도 상대방도 다 살리게 될 줄 믿습니다.

✦ 관계가 회복되기 위해서는 시간과 노력이 필요하다는 것을 인정합니까? 때 이른 용서를 했다가 더 깊은 우울과 불안을 느낀 적은 없습니까? 회개할 준비가 될 때까지 내가 기다리고 또 기다려야 할 사람은 누구입니까?

눈치 보는 의인과 같은 회개는 안 됩니다

르우벤이 그들에게 대답하여 이르되 내가 너희에게 그 아이에 대하여 죄를 짓지 말라고 하지 아니하였더냐 그래도 너희가 듣지 아니하였느니라 그러므로 그의 핏값을 치르게 되었도다 하니 _창 42:22

르우벤이 동생들의 잘못을 지적하는 발언을 합니다. 동생들에게 책임을 전가한 겁니다. 정곡을 찌르는 요셉의 작전으로 형들의 회개가 시작되었지만 아직 갈 길이 멉니다. 전에 르우벤은 요셉을 살릴 임시방편으로 "그를 구덩이에 던지자"고 제안했습니다(창 37:21~22). 하지만 결국 폭주하는 형제들을 막아 내진 못했죠. 실상을 따져 보면 동조한 것이나 다를 바 없습니다. 그런데도 이제 와서 "그때 내가 그러지 말자고 했잖아!"하며 형제들을 탓합니다.

우리도 그래요. 옆에 있는 사람들의 부정을 차마 막아 낼 용기는 없고, 동조하지 않으면 미움받고 왕따당할까 봐, 또 손해 보기 싫어서 피 흘리기까지 대항하지 않는 것이 있지 않습니까(히 12:4).

예전에 한 유명 정치인 부인의 인터뷰 기사를 인상 깊게 본 적이 있습니다. 이 정치인은 70년대 대표적인 노동운동가 출신으로, 두 사람은 노동운동 동지로 처음 만났습니다. 이 부인의 경우 구로공단에 있는 한 전자 회사에 입사해 노조위원장을 맡게 되면서 노동자들의 아픔에 눈을 뜨게 되었답니다. 인터뷰에서 이분은 "노동운동을 하면서 나 하나로 이 사람들의 근무 여건이 달라지고, 인생이 달라진다고 생각하니 이타적인 인간으로 거듭나야 한다는 생각이 들었다"라고 했습니다. 예쁘게 보이는 것도 죄짓는 것 같아서 자제하며 살아 온 습성이 지금까지 남아 있다고도 했습니다. 그 말대로 옷도 신발도 너무 수수해서 이분을 인터뷰한 기자는 "순정 부품"이 생각난다고 했습니다. 시종일관 '바른생활 소녀'를 떠올리게 하는 인터뷰를 읽으면서 적어도 이분은 눈치 보는 의인은 아니라는 생각이 들었습니다. 이 세상에서도 눈치를 안 보면 이렇게 리더십을 가질 수 있는데, 우리는 믿는다고 하면서도 피 흘리기를 싫어해서 얼마나 무기력할 때가 많은지 모르겠습니다.

여러분은 어떻습니까? 피 흘리기까지 대항하기 싫어서 눈치 보느라 무기력하고, 우유부단한 태도로 타협하는 모습은 없습니까?

> 그들 사이에 통역을 세웠으므로 그들은 요셉이 듣는 줄을 알지 못하였더라 _창 42:23

요셉은 형들 사이에 통역을 세워서 르우벤이 하는 이야기를 다 듣고 있습니다. 기가 막힌 요셉의 작전입니다. 이러니 누구 이야기인들 안 드러나겠습니까?

'낮말은 새가 듣고 밤말을 쥐가 듣는다'고 우리는 항상 말조심을 해야 합니다. 요즘 아이들을 보면 입에서 나오는 말이 욕으로 시작해서 욕으로 끝나는 경우를 많이 봅니다. 만약 내 자녀가 말을 함부로 한다면, '내가 하는 말을 내 자녀가 나팔 불고 있구나' 하고 생각해야 합니다. 가정에서 말조심을 해야 하는 이유가 여기에 있습니다. 특별히 가정에서 부모는 자녀 앞에서 교회를 욕하고, 목회자를 욕하면 안 됩니다. 그로 인해 자녀가 교회를 떠날 수도 있기 때문입니다. 그것은 자녀를 죽이는 길입니다.

* 동조하지 않으면 미움받고 왕따당할까 봐, 또 손해 보기 싫어서 내가 피 흘리기까지 대항하지 않는 것은 무엇입니까? 눈치 보는 의인의 회개가 아닌 온전한 회개를 하고 있습니까? 가정에서 말조심을 하고 있습니까?

검증할 일이 아직도 있습니다

> 24a 요셉이 그들을 떠나가서 울고 ……25 명하여 곡물을 그 그릇에 채우게 하고 각 사람의 돈은 그의 자루에 도로 넣게 하고 또 길 양식을 그들에게 주게 하니 그대로 행하였더라 _창 42:24a, 25

요셉이 형들 앞에서 잠시 물러가서 통곡합니다. 요셉의 눈물이 드디어 회복된 겁니다. 그러나 요셉은 형들이 아직 온전한 회개를 하지 못한 것을 보고, 시간이 더 필요하다고 판단합니다. 그래서 형들을 위해 더 인내하기로 작정합니다. 하지만 요셉은 이렇게 작전을 짜고 있으면서도 형들을 배려해서 필요한 만큼 곡물도 주고, 그들의 돈을 자루에 도로 넣습니다. 만약 요셉이 형들에게 정말 복수할 생각이 있었다면 이렇게까지 통곡하지 않았을 겁니다. 그러므로 요셉의 눈물은 이미 그가 형들의 잘못을 용서했음을 보여 줍니다.

"우리가 아직 죄인 되었을 때에 그리스도께서 우리를 위하여 죽으심으로 하나님께서 우리에 대한 자기의 사랑을 확증하셨느니라"(롬 5:8). 그렇습니다. 하나님은 우리가 아직 하나님과 원수 되었을 때 자기 생명을 내어놓는 사랑으로 우리를 살리셨습니다.

그런데 지금 요셉의 통곡이 그 사랑을 보여 주고 있는 겁니다. 크고 놀라우신 하나님의 사랑을 입은 요셉은 이미 고난을 잊고 번성하게 되었습니다. 그래서 형들을 더는 원수로 여기지 않게 된 것입니다. 강자는 이처럼 믿음이 있고, 상처를 받지 않는 사람입니다. 이런 사람이 다른 사람을 용서할 수 있습니다.

> 요셉이 그들을 떠나가서 울고 다시 돌아와서 그들과 말하다가 그들 중에서 시므온을 끌어내어 그들의 눈 앞에서 결박하고_창 42:24

요셉은 계속해서 형제들이 온전히 회개하기까지 기다리고 또 기다리고, 울고 또 울면서 심각한 마이너스 상태였던 정서 계좌를 채워가고 있습니다. 그러나 사랑하는 형들을 하나님 앞으로 돌아오게 하려고 그 앞에서는 감정을 딱 절제합니다. 그리고 형들의 눈앞에서 시므온을 끌어내어 결박합니다. 좀 전까지는 정탐꾼이라고 누명을 씌우더니 계속 형들에게 잔인해 보이는 짓만 합니다.

요셉은 맏형인 르우벤이 그래도 처음에 자신을 살리려 했다는 이야기를 듣고는 큰형 대신 둘째 형 시므온을 결박합니다. 전에 시므온은 세겜이 누이 디나를 욕보였다는 이유로 히위 족속을 살육했습니다(창 34장). 잔인하고 난폭한 성품을 가졌기에 아마도 요셉을 팔아넘기는 데 가장 앞장섰을 것입니다.

무엇보다 요셉은 궁금했을 겁니다. '형들은 시므온 형 하나쯤은 없어도 괜찮다고 여길까? 아니면 그를 찾기 위해 형들이 다시 올까?' 그래서 형제 중에 가장 형편없어 보이는 시므온을 결박함으로써 형들의 진정성을 검증하고자 한 것입니다. 그러나 결국 이 문제는 모든 가족을 다 데려와야 하는 '구원의 문제'입니다. 그만큼 중요하기에 요셉이 당근과 채찍을 병행하며 지혜롭게 작전을 짜고 있는 겁니다.

예일대 경영학 교수인 이언 에어즈(Ian Ayres)의 책 『당근과 채찍』에 나오는 내용입니다.

미국 최대의 온라인 신발 업체이자 고객 감동 서비스로 잘 알려진 자포스(Zappos)는 4주간의 신입사원 교육을 마친 직원들에게 뜻밖의 제안을 합니다. "지금 자진 퇴사할 경우 4주간의 급여에 더해 2,000달러의 보상금을 주겠다"는 것이었죠. 결과는 어땠을까요? 무려 98퍼센트의 직원이 이 제안을 거절하고 회사에 남았습니다. 스스로 달콤한 제안을 거절한 직원들은 회사에 대한 더 큰 기대와 비전을 갖게 되었고, 이는 동기부여와 성과 창출로 이어지는 결과를 낳았습니다. 자포스의 사례는 2,000달러를 거절하고 남은 직장이기 때문에 더 열심히 일해야 한다는, '매몰기회 비용의 덫'에 빠지는 인간 심리를 이용한 당근책입니다. 결과적으로 거의 모든 직원이 이 제안을 거절했기에 회사는 아무 비용도 들이지 않고 엄청난 효과를 거두었습니다. 이른바 반대유인(anti-incentive)의 일종입니다.

이언 에어즈 교수는 자포스의 사례처럼 1원도 주지 않고 100억 원의 인센티브 효과를 내는 기막힌 당근도 있다고 조언하며, 단순히 잘했을 때 주는 것이 당근이고, 못했을 때 내리는 것이 채찍이라는 상식을 버리라고 말합니다. 그래서 채찍질을 설계할 때도 특별한 설계가 필요하다고 합니다. 무조건 처벌만 내린다고 원하는 결과를 얻을 수 있는 것이 아니기 때문입니다.

이 책에 소개된 그니지 교수의 어린이집 실험 사례는 채찍 유인의 역효과를 여실히 보여 줍니다. 어느 날, 어린이집 10곳을 대상으로 아이들을 늦게 데리러 오는 부모들에게 지각비를 받기로 했습니다. 그러면 상식적으로 지각비를 내지 않기 위해 부모들이 일찍 와야 하지 않습니까? 하지만 몇 주일이 지나고 보니 오히려 지각하는 부모의 수가 두 배 이상 증가했답니다. 지각비를 냄으로써 죄책감을 덜게 되었기 때문입니다. 벌금이 도입되기 전에는 늦게 가서 어린이집 선생님들을 기다리게 만드는 '나쁜 부모'였지만, 벌금이 부과된 후에는 '벌금을 내기만 하면 늦게 갈 권리가 있다'고 생각하게 된 겁니다.

히브리서에 보면 "하나님의 능력의 말씀으로 만물을 붙드신다"(히 1:3)고 했습니다. 능력의 말씀을 붙들어야 적절한 당근과 채찍으로 사람의 마음을 붙들 수 있습니다. 그런데 우리가 구원을 위한 지혜가 없으니 가정에서든 직장에서든 신뢰를 얻지 못하는 것입니다.

서두에 이혼 소송에서 패소한 부인의 이야기로 돌아가 보겠습니다. 다시 생각해도 대한민국 사법부가 성경적인 결혼의 원리를 모르고 이혼 판결을 한 것이 너무나 가슴 아픕니다. 이 부인의 입장에서 보면 '주일에 예배를 드리겠다', '가정을 지키고 싶다'는 원칙은 좋습니다. 하지만 이 부인은 먼저 불신결혼한 자신에게 잘못이 있다는 것을 알아야 합니다. 시댁 제사에 참석하여 모든 일을 돕되 절은 하지 말고, 예배는 시부모님이 말한 대로 오후에 가면 됩니다. 무엇보다 먼저 자기 발로 집을 나가서는 안 되는 겁니다. 이 부인은 자기 소견에 옳은 대로 불신결혼하고, 제사 문제도 하나님을 빙자해서 자기 마음대로 했으면서도 이를 믿음이라 착각했습니다. 결국 불신결혼의 허상을 알고 회개하지 않고, '무조건 제사만 안 지내면 된다'는 문자적인 신앙을 고수하다가 이혼을 당한 겁니다. 저는 이것이 바로 한국교회의 문제점이라고 생각합니다.

불신자인 이 부인의 남편도 그래요. 결혼할 때는 교회에 가겠다고 해 놓고, 부인이 싫어지니 "당신이 교회 나가서 이혼해야겠다"고 했습니다. 심지어 다른 여성과 만나면서 이혼소송을 냈습니다. 그래도 부인은 가정을 지키려고 하는데, 제사 한 번 안 드렸다고 이혼당하고 양육비까지 내야 한다니, 이게 말이 됩니까? 도덕적인 죄는 남편이 범하고 있는데도 말입니다.

여러분, 가정은 어떤 희생을 감수하고서라도 지켜야 할 가치가 있습니다. 가정을 지키겠다는데 왜 이혼 판결을 합니까? 기독교에 경종을 울리는 사건이 많은 때에 이혼을 당한 이 부인은 이제라도 십자가의 길을 걸으며 구원의 작전을 잘 짜기를 바랍니다.

십자가는 지혜이고, 지혜는 타이밍이라고 했습니다. 내 삶에서 죽어지고 썩어져서 밀알이 되는 것이 십자가 지는 적용입니다. 저 높은 곳을 향하여 날마다 나아가는 것이 참으로 힘들지만, 모든 작전은 주님으로부터 나온다는 것을 알고 하나님을 경외함으로 끝까지 성숙을 향해 나아가는 우리가 되기를 바랍니다.

✦ 구원을 위해 끝까지 검증해야 할 일은 무엇입니까? 십자가의 길을 걸으며 구원의 작전을 짜야 할 일은 무엇입니까?

우리들 묵상과 적용

저는 유교 전통이 강한 불신 가정에서 자랐습니다. 가난과 학벌에 대한 열등감으로 성공에 눈이 멀어 일중독자로 살았고, 집에선 그냥 잠만 자는 하숙생처럼 지냈습니다. 그러던 중 출산 후유증으로 류머티즘성관절염에 걸려 고생하던 아내가 주님을 먼저 영접하고, 제게도 8년간 줄기차게 같이 교회에 나가자고 애걸했습니다. 그때마다 저는 "내가 돈을 못 버냐? 바람을 피우냐? 생활비를 안 주냐? 나처럼 바쁜 사람에게 어떻게 교회에 가자고 할 수 있냐!"며 아내의 권유를 매몰차게 거절했습니다.

  그러던 어느 날, 아내가 "당신이 교회 나와서 기도해 주면 내 병이 나을 것 같아요"라고 말했습니다. 그 한마디에 어머니가 위암으로 돌아가시기 직전 주님을 영접하고 "예수님을 믿으라"고 유언하신 일이 생각나 교회에 첫발을 들이게 됐습니다. 하지만 아내의 병은 갈수록 악화되어 혼자 힘으로는 한 발짝도 뗄 수 없는 상황에 이르렀습니다. 하루는 아내를 위해 휠체어를 구입해 전철역 계단으로 끌고 내려오는데, 하염없이 눈물이 쏟아져 내렸습니다. 아내가 불쌍해서라기보다는 '이러다가 아내가 영원히 못 일어난다면 그야말로 내 신세를 망치겠구나!' 하는 이기적인 생각에서였습니다. 그래도 이후부터 아내 병의 심각성을 깨닫고 "제발 아내를 살려 달라"고 떼쓰는 기도를 하기 시작했습니다.

그런데 얼마 후 저는 직장에서 직위해제가 되었습니다. 야곱이 베냐민을 자기 생명처럼 생각해 쉽사리 내려놓지 못한 것처럼(창 43:6) 저에게는 직장에서의 성공이 제 목숨과도 같았습니다. 저는 '하나님, 어찌하여 나처럼 선량한 사람에게 이런 가혹한 시련을 주십니까! 정말 너무하신 거 아닙니까!' 하며 원망과 불평을 쏟아 냈습니다. 하지만 그럴수록 심한 우울증과 대인기피증이 와서 극심한 고통으로 죽을 것만 같았습니다.

요셉의 형들이 3일간 감옥에 갇혀 있으면서, 전에 요셉이 아무리 애걸하여도 듣지 않고 노예로 팔아넘긴 죄가 생각난 것처럼(창 42:21) 저도 고통 가운데 있다 보니 비로소 아내의 고통에 공감해 주지 못한 죄가 깨달아졌습니다. 그런데도 제 안에는 르우벤처럼 책임 전가하는 모습이 여전히 남아 있음을 고백합니다(창 42:22). 한번은 아내가 길을 가다가 넘어졌는데, 일으켜 줄 생각은 하지 않고 '몸이 아프면 알아서 조심할 것이지' 하며 속으로 부끄러워했습니다. 결국 다른 사람이 아내를 일으켜 주었습니다. 비록 때늦은 회개이지만, 아내에게 진심으로 용서를 구합니다. 공동체에서 저의 이런 형편없는 모습을 나누며 회개할 기회를 주신 하나님, 사랑하고 감사합니다.

영혼의 기도

주님, 하나님과의 관계가 회복되어야 인간관계도 회복될 터인데, 그것이 너무나 잘 안 됩니다. 그래서 하나님이 정곡을 찌르는 문제를 우리에게 주실 수밖에 없다는 것을 알았습니다. 정말 죽을 수도 살 수도 없는 고난 앞에서 20여 년이나 묻어 두었던 문제를 이제는 꺼내 놓으라고 하십니다. 생각만 해도 싫은 그 일을 고백하라고 하십니다.

그래도 주님, 이렇게 정곡을 찌르는 문제를 내 입으로 이야기한다는 것이 얼마나 어려운지 성경을 통해 알게 되니 한편으로는 위로를 받습니다.

그러나 정곡을 찌르는 문제 앞에서 정곡을 찌르는 회개를 한 것 같아도 여전히 눈치 보는 의인과 같은 모습이 얼마나 우리에게 많은지 모르겠습니다. 동조하지 않으면 미움받고 왕따당할까 봐 합리화하고 변명할 때도 있습니다. 여전히 무서운 게 많고, 두려운 게 많기 때문입니다. 날마다 말씀을 보고 기도해도 요셉의 형들처럼 저희도 이렇게 안 되는 것이 있습니다. 그럴수록 인내하며 기다려야 하는데, 직면하기는 싫고 그저 편해지고 싶어서 용서도 내 맘대로 빨리하고 싶은 것을 고백합니다. 상대방을 위해 객관적으로 기다리고, 냉정해 보여도 감정을 절제해야 하는데, 지혜가 너무도 부족합니다.

요셉이 열두 지파의 조상이 될 형들을 세우기 위해 작전을 짰듯이 이제는 우리도 가정을 세우고 교회를 세우기 위해 구원의 작전을 잘 짜기 원합니다. 특별히 기독교에 경종을 울리는 사건이 많은 이때 죽어지고 썩어지는 밀알이 되어 십자가의 길을 걸어가도록 인도하여 주옵소서. 십자가의 지혜로 적용함으로 우리 삶 가운데 막혀 있던 관계가 회복되어 번성하게 되는 은혜가 임하도록 역사하여 주옵소서. 예수님 이름으로 기도드립니다. 아멘.

어찌하여

창세기 42장 25~38절

하나님 아버지,
"어찌하여 하나님이 내게 이런 일을 행하셨는가?"가
우리 인생의 주제가인 것을 주께서 다 아십니다.
우리 인생에서 이 '어찌하여'가 없어지기를 원합니다.
말씀해 주옵소서. 듣겠습니다.

지난 장에서 요셉이 형들과의 관계 회복을 위해 작전을 쓰기 시작했다고 했습니다. 형들이 "우리가 아우의 일로 말미암아 범죄하였도다"(창 42:21)라고 고백했지만, 그것이 어디까지 진실인지 검증해야 하기 때문입니다. 그런데 이 작전에 빨간불이 켜졌습니다. 그 빨간불은 바로 '어찌하여'라고 한탄하는 형들의 근심입니다. 뼈를 마르게 하는 근심이야말로 관계 회복에 얼마나 치명적인 악영향을 끼치는지 모릅니다. 예수를 구주로 고백하는 자여도 그렇습니다. 때마다 시마다 '어찌하여'를 남발하며 안 해도 되는 근심을 일생 하는 사람이 한둘이 아닙니다. 왜 '어찌하여'를 남발하는지 본문을 통해 살펴보겠습니다.

돈에 대해서 정직하지 못하기 때문입니다

명하여 곡물을 그 그릇에 채우게 하고 각 사람의 돈은 그의 자루에 도로 넣게 하고 또 길 양식을 그들에게 주게 하니 그대로 행하였더라_창 42:25

요셉은 형들이 회개하는 것을 보고, 형제들에게 곡식을 주었습니다. 그뿐만 아니라 형들의 돈을 그의 자루에 도로 넣고 그것을 풀어 보지 못하도록 먹을거리까지 챙겨 주었죠. 그러면서 한편으로는 형들의 진정성을 검증하기 위해 시므온을 억류했습니다(창 42:24).

> 26 그들이 곡식을 나귀에 싣고 그 곳을 떠났더니 27 한 사람이 여관에서 나귀에게 먹이를 주려고 자루를 풀고 본즉 그 돈이 자루 아귀에 있는지라 _창 42:26~27

형들은 돌아가는 여정에 길양식을 먹었지만, 나귀는 먹을 것이 없으니 형제 중 한 사람이 나귀에게 먹이를 주려고 자루를 풀었습니다. 그런데 자루 아귀에 돈이 들어 있는 겁니다.

> 28 그가 그 형제에게 말하되 내 돈을 도로 넣었도다 보라 자루 속에 있도다 이에 그들이 혼이 나서 떨며 서로 돌아보며 말하되 하나님이 어찌하여 이런 일을 우리에게 행하셨는가 하고 29a 그들이 가나안 땅에 돌아와……_창 42:28~29a

요셉의 형들이 자루 속의 돈을 보고 두려워서 혼이 나갑니다. 이처럼 죄의 문제가 해결되지 않으면 누가 조금만 뭐라 해도 놀랍니다. "내 하나님의 말씀에 악인에게는 평강이 없다 하셨느니라"(사 57:21)는 말씀대로 도대체 형들은 어떤 문제가 해결되지 않아서 이다지도 평강이 없는 걸까요?

형들은 요셉이 듣고 있는 줄 모르고 "아우의 일로 말미암아 범죄하였도다"(창 42:21)라고 고백했지만, 정작 당사자인 요셉에게는 아직 진정성 있는 회개도, 구체적인 사과도 하지 않았습니다. 그래서 두려움 가운데 사로잡혀 있는 겁니다.

하나님은 형들이 과거에 요셉에게 저지른 잘못을 구체적으로 회개하기를 원하십니다. 만약 형들이 온전히 회개했다면 하나님과의 관계도 회복될 뿐만 아니라, 이미 요셉에게 사죄할 기회도 주어졌을 것입니다. 그런데 진정성이 보이지 않으니 하나님이 그 기회를 허락하지 않으신 겁니다. 다시 말해, 형들이 두려운 이유는 아직 구체적인 회개에까지 이르지 못했기 때문입니다.

만약에 형들이 떳떳했다면 그 자리에서 바로 회개하고, 애굽으로 딱 돌아가서 돈을 돌려주면 되는 것 아닙니까? 그런데 어떻게 했나요? 그냥 고향으로 돌아가고 말았죠. 그러면서 계속해서 자신들은 "확실한 자들"이라고 참으로 끔찍이도 외쳐 댑니다.

그런데 생각해 보세요. 이것은 너무나 큰 범죄 아닙니까? 지금 시므온이 애굽에 홀로 잡혀 있잖아요. 이렇게 고향으로 돌아가 버리면 시므온이 죽어도 좋다는 뜻 아닙니까? 요셉을 팔아 버릴 때와 똑같은 행태입니다.

예수 믿고 회개했다고 금세 사람이 변하는 것이 아닙니다. 우리는 이런 사건을 보면서 요셉이 왜 그리 계속해서 형들을 검증하는지 그 이유를 알게 됩니다. 왜 우리 주변에도 예수 믿는데 사기 치는 목사와 장로들이 더러 있지 않습니까. 사람은 믿음의 대상이 아니기에 아무리 신앙이 있다고 해도 계속해서 검증할 필요가 있습니다.

사실 형들은 자루 하나에 들어 있는 돈은 별거 아니라고 생각했을 수도 있습니다. 만약 열 자루에 돈이 다 들어 있다는 것을 알았다면 애굽으로 당장 돌아갔을지도 모르죠. 설마 열 자루에 다 있을 거라고는 상상조차 하지 못하고, '그깟 한 자루에 있는 돈쯤이야' 합리화하면서 모르는 척한 겁니다.

그러나 항상 큰 사건이 터지기 전에 작은 일부터 순종해야 합니다. 그것을 모르고 작은 돈, 작은 사건에 정직하지 못하면 관계 회복은 점점 멀어지는 겁니다. 성경을 봐도 하나님은 항상 작은 일에 순종하는 자를 큰일에 부르십니다.

예전에 한 집사님과 이런 대화를 나눈 적이 있습니다.

"집사님은 길에서 돈을 주워 본 적이 있으세요?"
"저는 예전부터 버스를 늘 타고 다니는데요, 정류장 주변에 얼마나 돈이 많이 떨어져 있는지 몰라요."
"그래서 어떻게 하셨는데요?"
"'아~ 내가 돈이 없는 줄 알고 하나님이 나한테 주셨구나. 돈에 이름이 쓰여 있는 것도 아니고, 주인 이름이 있는 것도 아닌데……' 하면서 얼른 주웠지요. 한번은 지갑을 주웠는데, 돈만 꺼내고 우체통에 넣었어요."
"그럼 요새도 그러세요?"

"아유, 옛날에 그랬죠."

여러분은 보통 길거리에서 돈을 주우면 어떻게 합니까? 파출소에 가져다줍니까? 그냥 가집니까? 길에서 돈을 주우면 내 것이 아니니까 파출소에 가져다주는 것이 맞습니다. 파출소에서 주인을 못 찾아서 그 돈을 기부하든 다른 곳에 쓰든 가져다주는 것이 원칙입니다.

한 집사님이 직원들과 스키장으로 워크숍을 갔습니다. 그런데 허리가 아파서 혼자 스키장 내에 있는 스파(spa)에 가겠다고 했습니다. 그랬더니 어떤 여직원이 자기도 스키 타기 싫다고 해서 결국 단둘이 스파를 가게 되었답니다. 집사님이 집에 돌아와 그 이야기를 하자, 아내가 "당신은 어떻게 목자가 되어서 그럴 수가 있냐!"고 막 화를 내더랍니다. 그래서 이 집사님도 "생트집 잡지 말라"고 같이 소리를 질렀습니다.

그래도 이분이 명색이 목자이다 보니 목장예배를 인도하면서 금세 자신의 잘못을 인정했습니다. 예전에 어떤 목원이 다른 유부남 직원과 여직원 두 명과 함께 스키장을 간다고 했을 때 "악은 어떤 모양이라도 버려야 한다. 어떻게 그런 조합으로 갈 생각을 하느냐"면서 자신이 야단친 것이 생각나더랍니다. 그래 놓고 정작 자신은 여직원과 단둘이 스파를 갔으니 절로 회개가 나오지 않겠습니까. 여기까지는 좋았는데, 목장예배를 마치고 집에 돌아온 아내가 "나는 당신의 고백이 진정성 있는 회개로 느껴지지 않는다"고 했답니다. 그런데 그 말에 화가 치밀어 올라 "바가지 좀 그만 긁으라"면서 또 싸웠다는 겁니다.

또 하루는 이 집사님이 부목사님을 댁으로 모셔다드리러 가는 길에 교통사고를 냈습니다. 길을 잘못 들었다고 생각하는 순간 날쌔게 불법 유턴을 하고, 사거리로 나와 좌우를 살피는데, 마침 차가 없더랍니다. 그래서 그냥 가려다가 오토바이와 접촉 사고가 난 것입니다. 그런데 이 집사님은 '내가 목사님을 모시고 가는데 왜 이런 일이 일어나는가?' 싶더랍니다. "나는 교회도 잘 가고, 십일조도 하는데 어찌하여 이런 일이 내게 왔는가!" 이러는 것과 어쩜 똑같지 않습니까?

요셉의 형들은 그 돈이 자기 것이 아닌데도 애굽 총리에게 도로 가져다주지 않았습니다. 형들이 이렇게 정직하지 못한데 교통질서는 잘 준수하겠습니까? 사소한 것에서부터 마음대로 불법을 행하면 진정한 회복은 있을 수 없습니다. 계속 불법을 행하면 죄 문제가 해결이 안 되고, 그러면 늘 두려울 수밖에 없습니다. 그래서 형들이 자꾸 아버지 눈치를 보고, 애굽 총리의 눈치를 보는 것이죠.

형들이 얼마나 세상 가치관으로 똘똘 뭉쳤는지 요셉이 어리고 연약할 때는 죄의식도 없이 그를 팔아 버렸습니다. 그런데 지금은 "어찌하여 애굽의 총리가……" 이런 말은 감히 입에 올리지도 않네요. 그만큼 이들에게 총리가 너무 위대한 겁니다. 무엇보다 형들은 기근 가운데 양식을 얻게 되었는데도 감사하지 않았습니다. 이처럼 죄의 문제가 해결되지 않은 사람은 늘 비교하느라 두렵고 감사가 없습니다. 그래도 형제들이 이전과 달라진 점이 하나 있습니다.

앞서 형들은 "우리가 아우의 일로 말미암아 범죄하였도다"라고 고백했지만, "하나님 앞에 범죄하였도다"라는 말은 하지 않았습니다.

그런데 이번에 처음으로 "하나님"이라는 말이 그들의 입에서 나온 것입니다. 28절에 보니 "하나님이 어찌하여 이런 일을 우리에게 행하셨는가"라고 합니다. 요셉의 작전이 제대로 먹혀들어서 형들이 비로소 관계 회복의 수순을 밟고 있습니다. "나는 절대 예수를 안 믿을 거야"라고 아무리 말해도 그래요. 이미 교회에 앉아 있으면 구원의 수순을 밟고 있는 것입니다. 하나님이 이미 그분의 작전 속에 끌어들이신 겁니다.

예수님을 모르는 사람은 아무리 큰 문제가 일어나도 "하나님"이라는 소리를 입 밖에 내지 않습니다. 비록 우리가 연약하여 원망할지라도 "하나님, 어찌하여" 하며 기도하면, 반드시 그 기도에 응답해 주실 줄 믿습니다.

* 사소하다는 이유로 합리화하며 내가 지키지 않는 원칙은 무엇입니까? 나는 돈 문제에 정직합니까? 아직 진정성 있는 회개로 나아가지 못하는 부분은 무엇입니까?

아직도 형들이 구구한 변명을 합니다

29 그들이 가나안 땅에 돌아와 그들의 아버지 야곱에게 이르러 그들이 당한 일을 자세히 알리어 아뢰되 30 그 땅의 주인인 그 사람이 엄하게 우리에게 말씀하고 우리를 그 땅에 대한 정탐꾼으로 여기기

로 31 우리가 그에게 이르되 우리는 확실한 자들이요 정탐꾼이 아니니이다 32 우리는 한 아버지의 아들 열두 형제로서 하나는 없어지고 막내는 오늘 우리 아버지와 함께 가나안 땅에 있나이다 하였더니 _창 42:29~32

요셉의 애굽식 이름은 '사브낫바네아'입니다(창 41:45). 형들은 아버지 야곱 앞에서 차마 그 이름조차 부르지 못하고, 그저 '그 땅의 주인'인 '그 사람'이 엄하게 말씀하셨다고만 합니다. 그야말로 요셉의 카리스마가 하늘을 찌르고 명성이 가나안 땅 전역에 퍼진 겁니다. 하나님의 자녀인 나는 온 천하를 주고도 바꿀 수 없는 귀한 존재입니다. 그런데도 다들 형들처럼 세상 직분에 나가넘어지는 모습이 우리에게도 있습니다.

형들이 아버지 야곱에게 그들이 그간 당한 일을 자세히 알리는데, 실상은 무엇입니까? 자신들이 정탐꾼이 아니라는 누명을 벗고자 베냐민을 애굽으로 데려가야 하는 상황 아닙니까? 형들은 처음부터 자신들이 정탐꾼이 아니라고 하면 아버지가 "그렇지, 너희는 정탐꾼이 절대 아니지" 하면서 자기들 편을 들어줄까 봐 이 말부터 먼저 한 것입니다.

그 땅의 주인인 그 사람이 우리에게 이르되 내가 이같이 하여 너희가 확실한 자들임을 알리니 너희 형제 중의 하나를 내게 두고 양식을 가지고 가서 너희 집안의 굶주림을 구하고 _창 42:33

그런데 형들이 말하는 것을 가만히 좀 보세요. 자기들에게 유리한 대로 설명합니다. 사흘 동안 옥에 갇혔다는 말은 쏙 빼고 요셉이 "너희 형제 중의 하나를 내게 두라"고 요청했다고 합니다. 시므온이 억류된 것이 아니라 마치 애굽 총리의 영광스러운 손님으로 그곳에 남은 것처럼 왜곡해서 설명합니다.

너희 막내 아우를 내게로 데려 오라 그러면 너희가 정탐꾼이 아니요 확실한 자들임을 내가 알고 너희 형제를 너희에게 돌리리니 너희가 이 나라에서 무역하리라 하더이다 하고_창 42:34

이것도 왜곡한 겁니다. 요셉은 형들에게 분명히 "너희가 베냐민을 데려와야 죽지 않는다"(창 42:20)라고 했습니다. 그런데 형들은 그 이야기는 쏙 빼먹고 대신에 "이 나라에서 장사를 하게 해 주겠다"는 요셉이 하지도 않은 말을 거짓으로 꾸며 댑니다. 게다가 자루에서 돈이 나왔다는 말도 쏙 뺐죠. 이런 것은 성경을 자세히 읽어 보지 않으면 잘 모릅니다.

우리가 성경을 자세히 읽다 보면 세계가 보이고, 나라가 보이고, 인생이 보이면서 분별이 딱 됩니다. 사람의 말도 자세히 듣다 보면 지난번에 이야기한 것과 이번에 이야기한 것이 다르다는 것을 금세 알 수 있습니다. 하지만 사람에 대한 관심이 없으면 그 소리가 그 소리로 들릴 뿐입니다.

> 각기 자루를 쏟고 본즉 각 사람의 돈뭉치가 그 자루 속에 있는지라
> 그들과 그들의 아버지가 돈뭉치를 보고 다 두려워하더니 _창 42:35

29절부터 35절까지를 보면 '정탐꾼', '확실한 자들'이라는 단어가 굉장히 많이 등장합니다. 형들이 자신들은 절대 정탐꾼이 아니라는 그 이야기만 하고 싶기 때문입니다. 그런데 이게 웬일입니까? 한 사람만이 아니라 모두의 자루에서 돈뭉치가 발견되었습니다. 그러니 형들이 지금 얼마나 애매하게 고난을 받는 겁니까?

어떤 사람이 살인 누명을 쓰고 억울하게 수십 년간 감옥에 있다가 풀려났다고 생각해 보세요. 얼마나 기가 막힙니까? 유명한 영화를 봐도 그런 스토리가 비일비재(非一非再)합니다. 영화 〈벤허〉에서도 그래요. 벤허의 여동생이 무심코 건드린 기와가 떨어진 것뿐인데, 벤허에게 앙심을 품은 메살라는 일부러 총독을 해치려고 기와를 던진 것으로 몰아가며 벤허 가족에게 반역죄를 씌웁니다. 결국 그 일로 벤허는 노예가 되었죠. 하지만 그렇게 애매모호한 일을 겪다가 주의 종이 된 사람이 한둘이 아닙니다.

하지만 이 형들은 죄도 없는 동생을 노예로 잡혀가게 해 놓고선 "우리는 확실한 자들이다. 절대 정탐꾼이 아니다" 이 이야기만 주야장천(晝夜長川) 하고 있습니다. 자신에 대한 평가는 남이 해 줘야지 이렇게 자기 입으로 하면 좀 수상한 겁니다. 이런 것이야말로 오히려 자신들이 확실한 자들이 아니라는 반증 아닙니까. 무엇보다 형들이 변명조로 길게 말한 것은 아버지 야곱의 반응이 두려웠기 때문입니다.

그러나 너무도 지루한 이 보고는 결국 야곱을 납득시키지 못했습니다. 그래서 이 보고에 대해 야곱이 한마디도 하지 않은 겁니다.

형들이 무슨 말을 해도 결론은 "시므온은 오지 못했고, 베냐민을 애굽으로 데리고 가야 한다"는 것입니다. 형들의 이야기는 진정성이 떨어지기 때문에 아무리 길게 설명해도 야곱을 납득시킬 수 없습니다. 왜 그럴까요? 야곱은 몰라도 독자들은 이미 다 압니다. 형들이 요셉을 죽이려고 했다가 노예로 팔아 버린 것을 지금까지 아버지에게 고백하지 않았잖아요.

우리도 그래요. 차마 고백하지 못하는 죄들이 여전히 있습니다. 그러니 누가 고백하지 못한다고 해도 손가락질할 일이 아닙니다. 인간의 힘으로 안 되는 것이 있습니다. 요셉의 형들을 보니 이해가 딱 되지 않습니까? 그래서 형들이 자꾸 구구한 변명만 늘어놓는 것입니다.

* 가족과 믿음의 공동체에 차마 고백하지 못하고 아직도 구구한 변명만 늘어놓는 일은 무엇입니까?

구구한 변명을 하다 보니 어리석은 충성이 나오게 됩니다

36 그들의 아버지 야곱이 그들에게 이르되 너희가 나에게 내 자식들을 잃게 하도다 요셉도 없어졌고 시므온도 없어졌거늘 베냐민을

또 빼앗아 가고자 하니 이는 다 나를 해롭게 함이로다 37 르우벤이 그의 아버지에게 말하여 이르되 내가 그를 아버지께로 데리고 오지 아니하거든 내 두 아들을 죽이소서 그를 내 손에 맡기소서 내가 그를 아버지께로 데리고 돌아오리이다 _창 42:36~37

야곱이 베냐민 보내는 것을 납득하지 못하자, 르우벤이 "내가 베냐민을 아버지께로 데리고 오지 않으면 내 두 아들을 죽이소서"라고 하면서 베드로처럼 장담합니다(마 26:33). 정말 웃기지 않습니까? 베냐민을 무사히 데려갔다가 데려온다는 자신의 정직함을 증명하기 위해 자기 두 아들을 담보로 삼다니요. 그는 아버지를 안심시키기 위해 약간의 책임지는 모습을 보이긴 하지만, 결론적으로 이것은 어리석은 제안입니다.

전에 르우벤은 아버지의 첩 빌하와 동침했습니다(창 35:22). 그 일로 아버지와 형제들에게 근본적인 신뢰를 잃어버렸습니다. 유다는 며느리 다말과 동침했어도 "그는 나보다 옳도다" 하며 회개했습니다(창 38장). 하지만 르우벤은 그 일로 회개했다는 말이 없습니다. 르우벤처럼 한번 신뢰를 잃으면 만회하기가 힘들고, 진정한 리더십을 가질 수도 없습니다.

요셉을 노예로 팔 때도 그랬습니다. 형제들은 큰형인 르우벤이 아니라 유다의 말을 들었습니다(창 37:26~27). 앞으로도 형제들은 르우벤이 이야기하면 안 듣고, 유다가 이야기하면 들을 것입니다. 후에 야곱은 마지막으로 아들들의 후일을 예언할 때 르우벤에 대해 "물의 끓음 같았은즉 너는 탁월하지 못하리니 네가 아버지의 침상에 올라 더럽혔음이로다 그가 내 침상에 올랐었도다"(창 49:4)라고 했습니다. 결국 르우벤은 끝까지 회개하지 않은 죄로 인해 장자의 명분과 탁월함을 잃게 되었습니다.

그러면 왜 유다의 말은 설득력이 있고, 르우벤은 그렇지 못한 것일까요? 이 역시 성경을 자세히 보면 답이 다 나와 있습니다. 믿음은 항상 초월적이지만, 상식을 넘어서지는 않습니다. 그런데 르우벤은 자기 두 아들을 죽이겠다는 상식을 넘어서는 말로 앞서 나갔습니다. 결정적일 때 이렇게 주제넘게 앞서가는 이유가 무엇입니까? 아버지의 첩과 동침한 일 때문에 계속 눈치를 보다가 어리석은 충성이 나오게 된 것이죠. 그래서 자꾸 장담하면서 먹혀들지 않을 제안만 남발하는 것입니다.

그래도 말입니다. 이번 일로 르우벤은 형제 의식을 갖게 되었습니다. 그래서 라헬의 아들인 베냐민을 위해 레아의 아들인 르우벤 자신이 자기 아들들의 목숨을 담보로 삼겠다고 제안한 것입니다. 이로써 레아와 라헬의 아들로 나뉘던 모계 혈통의 분쟁의 역사가 무너졌습니다. 우리 식으로 말하자면 "이제부터 남북한의 지역감정을 없애겠다"고 한 것과 같습니다.

그렇다면 이것이 시사하는 바가 무엇입니까? 아무리 르우벤이 지질해도 열두 지파의 탄생이 목전에 다가왔다는 것입니다. 결국은 형편없어 보이는 르우벤과 형제들이 모두 열두 지파의 조상이 되지 않았습니까.

우리도 마찬가지입니다. 내가 지질하고 연약해도 하나님이 이런 나를 쓰십니다. 반드시 나를 믿음의 조상으로 세우십니다. 이것이 성경의 주제입니다.

✱ 죄책감으로 눈치 보다가 어리석은 충성을 한 적은 없습니까? 내가 지질하고 연약해도 하나님이 나를 믿음의 조상으로 세우실 것을 믿습니까?

피해의식으로 똘똘 뭉쳐 있습니다

그들의 아버지 야곱이 그들에게 이르되 너희가 나에게 내 자식들을 잃게 하도다 요셉도 없어졌고 시므온도 없어졌거늘 베냐민을 또 빼앗아 가고자 하니 이는 다 나를 해롭게 함이로다 _창 42:36

하나님이 돈도 빼앗아 가고, 집도 빼앗아 가고, 건강도 빼앗아 가더니 "또 빼앗아 가냐?"가 우리의 주제가입니다. 그런데 야곱을 좀 보세요. '나에게', '내 자식들을', '나를 해롭게 함이로다' 이러면서 여전히 '내가' 중심입니다. 그리고 그 안에 딱 베냐민이 들어가 있습니다.

여전히 라헬과 요셉과 베냐민은 '야곱의 나'입니다. 그러니 모든 분쟁의 중심에 야곱이 있을 수밖에요. 물론 가장 괴로운 사람도 야곱입니다. 자식 일에 부모만큼 괴로운 사람이 또 어디 있겠습니까? 그래서 베냐민을 데리고 오라는 말에 야곱이 '내 모든 것을 빼앗아 갔다'고

한 것입니다. 야곱은 아들이 자꾸 없어진다고 생각하지만, 사실은 죽은 줄 알았던 요셉부터 애굽에 억류된 시므온까지 아들들이 다 돌아오기 직전 아닙니까? 그런데도 이렇게 잘못 해석할 수 있습니다. 이것이 믿음의 조상 야곱의 현주소입니다.

피해의식이 없는 사람은 넘어져도 "제가 넘어졌어요"라고 하지만, 피해의식이 있는 사람은 "당신이 밀었지?"라고 한답니다. 뭔가를 성공해도 그래요. 피해의식이 없으면 "당신 덕분에 성공했어요"라고 하는데, 피해의식이 있으면 "너 때문에 망했어!"라고 말합니다. 한마디로 피해의식이 있는 사람은 언제나 '누구 때문'이라고 남 탓을 잘합니다.

야곱은 라헬, 요셉, 베냐민으로 이어지는 정욕의 문제로 마음 정리가 좀체 안 됩니다. 인간의 정욕이 이다지도 무너지기 힘듭니다. 그래서 가장 큰 벌은 야곱처럼 정리되지 않은 마음인 것 같습니다. 지금 시므온은 애굽에 볼모로 잡혀 있는데, 야곱은 오직 베냐민밖에 모릅니다. 명색이 믿음의 조상 야곱인데, 진짜 정신을 못 차리고 있습니다.

하지만 돈과 권세, 자녀가 없어져서 죽을 것 같은 그때가 사실은 하나님이 나를 찾아오시는 때입니다. 그런데도 우리는 야곱처럼 정신을 못 차리고 피해의식으로 똘똘 뭉쳐서 "또 빼앗아 가냐?"고 반응할 때가 얼마나 많습니까?

예수님은 "누구든지 하나님의 뜻대로 행하는 자가 내 형제요 자매요 어머니이니라"(막 3:35)고 하셨습니다. 하지만 야곱은 주 안에서 사람을 보는 것이 아니라, 자기 눈에 좋은 대로 보고 외모로 자녀들을 차별합니다. 그래서 곱고 아리따운 라헬과 그녀의 소생 요셉과 베냐민을 이다지도 편애한 것이죠. 이런 인간이 아버지라고 생각하니 너무 기가 막히지 않습니까?

한 여론조사에 따르면 친부모가 가족으로 느껴진다는 응답이 몇 년 새 96퍼센트에서 78퍼센트로 감소했다고 합니다. 시부모나 장인을 가족으로 느낀다는 응답도 51퍼센트 정도로 전보다 줄었다고 합니다. 결국 부부와 자기 자녀만 가족이라고 생각하는 셈입니다. 갈수록 내 배우자와 자녀만 끼고도는 이기적이고 본능적인 사랑에만 충실한 사회가 되고 있습니다. 왜 그럴까요? 다 내 좋아하는 대로만 하기 때문입니다.

그런데 여기 그 원조가 있으니 바로 우리의 야곱입니다. 믿음의 사람이 어찌 이럴 수 있는지……. 편애야말로 가족을 붕괴시키는 원인이 맞습니다. 그런데 말입니다. 야곱이 열두 아들 중에서 내 사랑하는 이는 요셉과 베냐민밖에 없다고 하지만 예수님의 직계 조상은 그들에게서 나오지 않았습니다. 레아의 소생이자, 며느리와 동침한 수치스러운 아들 유다의 계보에서 예수님이 오셨습니다.

* 나는 어떤 피해의식에 사로잡혀 있습니까? "어찌하여 또 빼앗아 가시냐?"며 하나님께 따지는 일은 무엇입니까?

신앙고백이 후퇴했기 때문입니다

> 야곱이 이르되 내 아들은 너희와 함께 내려가지 못하리니 그의 형은 죽고 그만 남았음이라 만일 너희가 가는 길에서 재난이 그에게 미치면 너희가 내 흰 머리를 슬퍼하며 스올로 내려가게 함이 되리라 _창 42:38

야곱은 선뜻 "내 두 아들을 죽이소서"라고 말하는 르우벤을 보고 '이것들이 요셉을 죽였구나' 직감하고 아들들을 의심하기 시작합니다. 그러면서 르우벤의 진정성에 의문을 품습니다.

그런데 여러분, 야곱을 좀 보세요. 베냐민만 "내 아들"이라고 하고, 다른 아들들은 "너희"라고 표현합니다. 똑같은 아들들인데 좋아하는 아들, 싫어하는 아들 딱 편을 갈라놓고 지옥을 살고 있는 야곱입니다. 이런 것을 생각하면 인생이 참 슬픕니다.

이미 라헬이 죽었는데도 '라헬병'이 도무지 안 고쳐지는 야곱입니다. 그러나 야곱도 그러고 싶어서 그러겠습니까? 자기도 안 되는 것 때문에 인생이 슬퍼서 주님을 더 붙들지 않았을까요? 바람피우는 배우자를 봐도 그렇습니다. 다 자기 마음을 자기가 통제하지 못해서 그런 겁니다. 그러니 오히려 그를 불쌍히 여기시길 바랍니다. 우리 자신만 봐도 알면서도 안 되는 것이 얼마나 많습니까? 삿대질하고 손가락질한다고 안 되던 것이 갑자기 되는 게 아니잖아요. 거듭 말씀드리지만, 인간의 힘으로는 안 됩니다.

38절에서 야곱은 마치 믿음으로 큰 결단을 하는 것처럼 "내 아들은 너희와 함께 내려가지 못하리니"라고 말합니다. 그런데 이 말의 핵심이 무엇입니까? "내가 굶어 죽을지언정 내 아들 베냐민은 절대 보낼 수 없다"는 것 아닙니까? 세상적으로 보면 부성애가 철철 넘쳐흐릅니다. 갈수록 야곱의 신앙고백이 후퇴하고 있습니다. 믿음의 조상 야곱이 왜 이럽니까? 전에 야곱은 형 에서를 속이고 고향을 떠나 벧엘에 이르렀을 때 이렇게 신앙고백을 했습니다.

"내가 평안히 아버지 집으로 돌아가게 하시오면 여호와께서 나의 하나님이 되실 것이요."(창 28:21).

그 후 야곱은 20년 만에 형 에서를 대면해야 하는 일생일대의 시험을 만납니다. 그는 형을 만나기 전 얍복 나루에 홀로 남아 하나님과 씨름하죠. 그때 하나님은 야곱의 환도뼈(허벅지 관절)를 치심으로 거짓말쟁이요, 사기꾼인 그의 실체를 야곱 스스로 고백하게 하셨습니다. 그리고 그의 이름을 야곱에서 이스라엘로 바꿔 주셨습니다(창 32장).

그런데도 야곱이 정신을 못 차리고 벧엘로 돌아가지 않고 숙곳에 머물러 있으니까 무슨 일이 벌어집니까? 딸 디나가 히위 족속의 추장 세겜에게 강간을 당하고, 그 일로 레아의 아들들인 시므온과 레위가 살인 사건에 연루되었습니다(창 34장).

이후 야곱은 벧엘로 올라가 제단을 쌓았지만(창 35장), 아버지 이삭이 살던 헤브론 땅에 머물며 배부르고 등 따뜻하게 지냈습니다. 그러다 보니 어느새 마음이 부유해져서 신앙이 내리막길을 걷기 시작한 겁니다.

지금 야곱에게는 주님이 아니라 베냐민이 그리스도입니다. 베냐민을 주라고 고백하고 있기에 "내 아들 베냐민이 죽으면 나는 살아도 죽은 자다!"라고 하면서 계속 억지를 부리는 겁니다.

이때는 상식적으로 베냐민을 애굽으로 보내야 합니다. 자기 아들인 시므온이 결박당해 있고, 이 땅에 당장 먹을 것도 없잖아요. 그런데도 이렇게 억지를 부리면 되겠습니까. 우리가 자세히 말씀을 묵상하다 보면 언제나 상식적인 선에서 답이 늘 나와 있게 마련입니다. 그런데 욕심이 많아서 그 답을 보지 못하는 것입니다.

십자가 지러 가는 길을 막는 베드로에게 예수님은 "사탄아 내 뒤로 물러가라 너는 나를 넘어지게 하는 자로다"(마 16:23)라고 말씀하셨습니다. 여기서는 구원의 길을 가로막는 사람이 바로 야곱입니다. 모든 것을 믿고 맡기면 베냐민은 하나님이 다 알아서 보호해 주실 텐데, 불신앙으로 억지를 부리다가 온 가족이 다 죽게 생겼습니다.

바람을 피우다가 첩과의 사이에서 아들까지 낳아 살던 분이 있습니다. 그런데 이분이 하나님과의 관계가 바로 정립되니 아들에게 양육비만 주기로 하고, 조강지처에게로 딱 돌아갔습니다. 그런데 이 이야기를 듣고 "그러면 이미 낳은 아들은 어떻게 되는가? 조강지처만 사람이냐! 그 아이는 사람도 아니냐!"고 하는 분들이 있었습니다.

사무엘서에 보면 불임이던 한나가 간절히 원하던 아이를 낳고는 '하나님께 아이를 드리겠다'고 서원합니다. 그리고 그 서원대로 아들 사무엘을 성전에 맡겼습니다. 이것이 바로 하나님의 방법대로 양육하는 것입니다. 이분도 그렇습니다. 그 아들을 하나님께 맡긴 것입니다.

하나님이 짝지어 주신 것을 사람이 나누지 못한다고 하셨기에 (마 19:6) 일단 결혼하면 이혼은 안 되고, 바람을 피웠어도 조강지처에게로 돌아가는 것이 원칙입니다. 어떤 경우에도 가정을 지키는 것이 중요하기 때문입니다. 그러므로 이분처럼 내가 바람을 피워 아이를 낳았다 해도 하나님과의 관계가 회복되어 가정으로 돌아가면, 그 자녀는 하나님이 반드시 책임지고 돌보아 주실 것을 믿으시기 바랍니다.

야곱도 지금 그런 적용이 필요합니다. 전부를 살릴 수 있는 길이 바로 눈앞에 있는데, 베냐민 하나 살리겠다고 다 죽는 길로 가야겠습니까? 그런데도 야곱은 그저 "베냐민을 애굽에 보내지 말라"는 그 소리만 듣고 싶습니다. 답이 다 나와 있는데도, 자기 욕심 때문에 답이 없다고 하는 것과 같습니다. 하지만 이때는 베냐민을 보내는 것이 모두가 구원을 얻는 길입니다.

하나님은 죄인 된 우리에게 구원의 길을 열어 주시기 위해 독생자 예수 그리스도까지 보내 주셨습니다. 그러나 야곱은 아직 여기까지 적용이 안 됩니다. 하나님은 아브라함에게 "네 자손이 이방에서 객이 되어 400년 동안 종노릇한 후에야 가나안 땅을 차지하게 될 것이다"라고 약속하셨습니다(창 15장). 당연히 야곱도 이미 이 약속을 알고 있었을 것입니다. 그러면 이때 자녀들을 애굽으로 보내야 하지 않습니까. 그런데도 내 자녀가 고생하는 게 싫으니까 딱 보내기 싫은 겁니다.

여러분, 야곱이 어떤 사람입니까? 아버지 이삭과 형 에서를 속이고, 술수에 능한 외삼촌 라반까지 속인 인물 아닙니까. 이렇게 남을 속이며 사는 것이 삶의 지혜라고 착각하는 야곱에게 하나님은 계속해서 사건을 주실 수밖에 없었죠. 그리고 이제 야곱은 라헬과 요셉에 이어 베냐민까지 잃게 생겼습니다. 왜 이런 일이 왔습니까? 야곱이 라헬의 아들들을 편애했기 때문입니다. 자신이 행한 그대로 받는 겁니다. 그렇다면 하나님이 야곱을 이리도 뺑뺑이를 돌리시는 근본적인 이유는 무엇일까요? 그에게서 하나님만이 구원자라는 고백을 받아 내고, 인간의 지혜가 얼마나 보잘것없는지 가르쳐 주시기 위해서입니다. 그런데 아직도 야곱이 가야 할 길이 멀었습니다.

고(故) 박윤선 목사님은 신자들이 고난을 만나면 "고난이 하나님의 수중에 있음을 알고, 고난이 자신의 죄보다 가볍다는 사실을 깨닫고, 고난을 통해 못된 행실을 고치고, 고난 때문에 하나님의 율례를 배우라"고 했습니다. 또 전도서에 보면 "형통한 날에는 기뻐하고 곤고한 날에는 되돌아 보아라"(전 7:14)라고 했습니다. 그렇습니다. 곤고한 날에는 나의 허물과 죄를 생각해야 합니다. 물약 처방전을 보면 '흔들어서 복용하라'고 되어 있습니다. 마찬가지로 우리도 성경의 처방전대로 적용해야 건강해집니다. 험산준령(險山峻嶺)에서 길을 잃었을 때도 그렇죠. 대부분은 무작정 아래로 내려가려고만 하는데 그러면 죽기 십상이라고 합니다. 힘들어도 반드시 꼭대기로 올라가서 지금의 위치를 파악한 후에 내려가야 살 수 있습니다. 이미 말씀 안에 우리가 사는 길이 다 있습니다. 그런데도 자꾸 '어찌하여'를 부르짖는 것은 내 삶의 목적과 방향성이 어디 있는지 아직 모르기 때문입니다.

스위스의 의사이자 작가인 폴 투르니에(Paul Tournier)는 『강자와 약자』라는 책에서 다음과 같이 말했습니다.

"어머니에 대한 건강하지 못한 심리적 의존성으로 괴로워하는 남자에게 성적 경험은 그에게 유익을 주는 자유로움의 발현일 수 있다. 하지만 이것은 진정한 자유가 아니라 하나의 반응에 불과하다. 진정한 자유는 심리적인 반응에서 발견되지 않으며 하나님께 순종할 때 찾을 수 있다."

진정한 자유는 하나님의 뜻에 따라 자신의 행동을 다스리면서 기도할 때 찾게 된다는 겁니다. 그렇습니다. 심리 치료로는 진정한 자유를 얻을 수 없습니다. 진정한 자유는 하나님을 향한 온전한 헌신에서 비롯되기 때문입니다. 그러면서 그는 진정한 자유를 얻은 사람에게는 새로운 힘이 나온다고 말합니다.

이 책에 소개된 한 고아 소녀의 이야기입니다. 고아원의 횡포에 시달리던 이 소녀는 아무런 삶의 목적도 의욕도 없이 살았습니다. 그러다 하나님을 만나고 간호사가 되고 싶다는 꿈이 생겼습니다. 그 전까지 소녀는 '돈도 없고, 부모도 없는데 내가 공부는 해서 뭐하나' 하며 아무것도 하지 않았답니다. 하지만 새로운 힘이 생기고 나서는 모든 장애를 극복하겠다는 굳건한 각오를 하고 간호사 공부에 필요한 돈을 조금씩 모으기 시작했다는 겁니다. 이처럼 진정한 회심은 사람을 무기력하게 하는 것이 아니라, 오히려 역동적으로 만듭니다.

우리 인생도 그렇습니다. 어떤 고난 가운데서도 내 죄보다 내 고난이 가볍다는 사실을 깨닫고, 하나님께 순종하면 우리 안에 진정한 자유가 생기고, 불평불만이 사라집니다. 하나님을 향해 올라가는 길이 아무리 힘들어도 세상으로 흘러 떠내려가는 것보다 백배 천배 낫습니다. 예배드리고 말씀 듣고, 목장 모임에 가는 것이 당장은 힘들어도 그 안에 진정한 자유가 있기 때문입니다.

한 집사님이 교회 홈페이지에 이런 나눔을 올렸습니다.

> 너무 지쳐서 교회를 떠나고 싶다. 교회 오는 시간도 아깝다. 사실은 그 시간에 돈을 더 벌고 싶은데, 건강이 따라 주지 않아서 그렇게 할 수도 없다. 육체가 힘드니까 예배 시간에 집중하기도 힘들다. 그저 피곤하고 졸릴 뿐이다. 목장도 부담스럽다. 목장에 안 나간 지 벌써 3주째다. 나는 단순히 남편이 잘해 주면 행복하고, 못해 주면 서운한 사람이다. 공동체에 겨우 붙어 가고 있지만, 교회도 목장도 말씀도 다 부담스럽다. 나도 내 욕심을 잘 처리하지 못해 이렇다는 것을 알고는 있다.

이것은 돈의 문제가 아닙니다. 믿음의 문제입니다. 예배와 목장을 통해 하나님과 친해지려 하기보다 "육신의 정욕, 안목의 정욕, 이생의 자랑"(요일 2:16)에 빠져 있으니 여기 가도 저기 가도 답이 없는 겁니다. 그래서 야곱처럼 "베냐민 없으면 나는 죽을 거야!" 부르짖고, 르우벤처럼 "베냐민을 살리지 못하면 내 아들들을 죽이겠다"고 장담하며 막말을 하는 것입니다. 지금은 예배와 목장의 산에 올라가는 것이 힘들어도 그 길만이 우리가 진정 살길입니다.

✢ 어떤 욕심 때문에 자꾸 답이 안 보인다고 합니까? 내 고난보다 내 죄가 크다는 것을 인정합니까? 그래서 진정한 자유함을 누리고 있습니까?

우리들 묵상과 적용

아들의 결혼식을 일주일 앞둔 때입니다. 부산에 사는 큰동생이 "요즘 장사도 안되고, 금전적인 문제도 있고…… 미안한데 조카 결혼식에는 못 가겠어"라고 문자를 보내왔습니다. 불과 며칠 전에도 참석한다고 했는데, 금세 생각이 바뀐 것입니다. 큰동생과는 부모님이 한 달 간격으로 연이어 돌아가시고 유산을 처리하는 과정에서 사이가 소원해졌습니다. 그동안 동생과 관계를 회복하고자 적용하며 기도해 온 저와 아내는 이번 아들의 결혼을 계기로 동생과 온전히 화해하기를 기대했습니다. 그런데 이렇게 불참을 통보하니 순간 분통이 터지면서 아예 관계를 끊고 싶었습니다. 그러면서 "하나님이 어찌하여 이런 일을 행하셨는가"(창 42:28) 하는 생각마저 들었습니다.

부모님은 가난한 환경에서도 장남인 제게 물질적 지원을 아끼지 않고 저를 대학까지 보내 주셨습니다. 반면 두 동생에게는 "고등학교를 졸업하고 일찍 돈이나 벌라"고 하며 제 대학 등록금을 동생이 번 돈의 일부로 채우기도 하셨습니다. 또 제가 술을 먹고 사고를 쳐도 책망은 할지언정 늘 뒷수습까지 다 해 주셨습니다.

하지만 저는 두 동생이 저 때문에 느꼈을 소외감과 박탈감은 전혀 생각하지 못했습니다. 이후 큰동생은 결혼하고 부모님을 잘 찾아

뵙지 않았고, 막냇동생은 20여 년 전 주식 투자에 실패하여 부모님에게 책망을 듣고 집을 나간 뒤 지금까지 연락이 끊긴 상태입니다. 그러니 형제간에 소원해진 이유가 그동안 나밖에 모르고 살아온 저의 무정함 때문인 것 같아 참으로 회개가 됩니다.

저는 아버지의 첩 빌하와 동침한 르우벤과 같이(창 35:22) 내 욕망에만 취해 살면서 구구한 변명만 일삼다가(창 42:26~35) 부모님과 형제들의 신뢰를 잃어버렸습니다. 비록 지금은 믿음의 공동체에 속해 많이 변화되었지만, 두 동생에게는 여전히 자기 생각만 하고 부모님에게 온갖 혜택을 다 누린 형으로 각인되어 있을 것 같습니다. 동생들이 저 때문에 겪었을 아픔을 헤아리며 이제라도 용서를 구합니다. 요셉이 형들과 관계를 회복하고자 치밀한 작전을 세운 것처럼(창 42:17~25) 저도 더 이상 옳고 그름으로 동생들을 판단하지 않고 구원의 관점으로 지혜롭게 섬길 수 있기를 소원합니다. 특별히 행방을 모르는 막냇동생을 주님이 찾아가 주셔서 그 발걸음을 집으로 인도해 주시길 날마다 간구하겠습니다.

영혼의 기도

주님, '어찌하여 하나님이 이런 일을 행하셨는가' 하며 날마다 부르짖을 수밖에 없는 연약한 인생입니다. 말씀을 묵상하며 우리가 돈에 대해 정직하지 못하고, 날마다 구구한 변명을 일삼으며, 어리석은 충성으로 위기를 모면하고자 하는 것은 피해의식으로 똘똘 뭉쳐 있기 때문임을 알았습니다. 그러면 결국 신앙이 후퇴할 수밖에 없다는 것을 알았습니다.

'어찌하여 하나님은 내 집도, 내 자녀도, 내 건강도 빼앗아 가시는가? 무엇 하나 주시는 것도 없으면서 왜 또 빼앗아 가시는가'가 여전히 우리의 주제가입니다. 그래서 사건이 오면 살이 떨리고 혼이 나갈 정도로 두렵습니다. 머리로는 사건을 주신 이유를 안다고 하면서도 가슴으로까지 잘 내려오지 않습니다. 살았으나 죽은 목숨이라고 부르짖는 야곱처럼 우리가 바로 그러합니다. 하나님이 아니라 자식이, 돈이 다 내 주님이기 때문입니다. 참으로 우리가 이것밖에 되지 않습니다. 불쌍히 여겨 주옵소서.

야곱의 라헬 중독이 좀체 해결되지 않는 것처럼, 내 배우자도 내 자녀도 누구보다 우리 자신도 해결되지 않는 일이 너무나도 많습니다. 그래서 예배를 드려도 쉬이 피곤하고 지칩니다. 다 부담스럽기만 합니다. 진정한 자유를 누리지 못하는 우리의 모습을 있는 그대로 주께 올려드리오니 무엇보다 예배가 회복되도록 도와주옵소서. 오직 예배가, 오직 말씀이 살길이라고 하시오니 아무리 힘들어도 예배의 산, 공동체의 산에 올라가기를 결단합니다. 말씀에 힘입어 피해의식에서 벗어나 막말을 삼가도록 도와주옵소서. 내가 아직 온전한 회개를 하지 않기에 관계 회복이 되지 않는 것을 깨닫고 돌이키게 하옵소서.

이제는 '어찌하여'라고 원망하는 것이 아니라 어린양 예수 그리스도처럼 순종의 본을 보이기를 원합니다. 연약한 우리를 붙들어 주시고 혈기를 막아 주옵소서. 주여, 도와주옵소서. 예수님 이름으로 기도드립니다. 아멘.

PART 4

거의 합격은
없습니다

Chapter 12 · 하나님의 설득

Chapter 13 · 예물

Chapter 14 · 천국 잔치

Chapter 15 · 마지막 시험

Chapter 16 · 합격

하나님의 설득

창세기 43장 1~14절

하나님 아버지,
일평생 우리를 설득해 가시는 하나님의 사랑에 설복되어
무릎 꿇고 주께 나아가기 원합니다.
말씀해 주옵소서. 듣겠습니다.

레이크 워비곤(Lake Wobegon)은 미국의 유명 라디오 쇼에 나오는 가상의 마을입니다. 그곳에 사는 사람들은 모두 자신을 평균 이상이라고 여기죠. 여자들은 강인하고, 남자들은 잘생겼으며, 아이들은 평균 이상으로 똑똑하다고 생각합니다. 실제론 별로 그렇지 않은데도 말이죠. 문제는 현실의 우리도 다른 사람들보다 자신이 우월하다고 착각하며 산다는 것입니다. 그래서 대부분의 사람들은 자신의 능력과 재능을 과대평가하고, 약점에 대해서는 그럴듯한 이유를 붙여 나아 보이게 한답니다. 이렇게 자신을 평균 이상으로 평가하는 성향을 이 마을의 이름을 따서 '워비곤 호수 효과(Lake Wobegon effect)'라고 부릅니다.

    동기부여 전문가인 커트 W. 모텐슨(Kurt W. Mortensen)은 그의 저서 『위대한 잠재력』에서 성공한 사람일수록 설득력 지수(Persuasion IQ, PQ)가 높다고 하면서, 이 워비곤 효과야말로 설득을 방해하는 최고의 함정이라고 말합니다. 그는 "설득의 달인은 자기 자신을 냉정한 눈으로 들여다보고 좋은 것이든 나쁜 것이든 있는 그대로 파악한다"고 했습니다. 그렇게 해야만 진정한 발전을 이룰 수 있기 때문입니다.

한마디로 자신의 모습을 정확하게 보지 못하면 다른 사람을 설득할 수도, 성공할 수도 없다는 것입니다.

강제로 별거를 당한 한 자매가 명절에 시댁을 찾아갔습니다. 그런데 정작 남편은 보지도 못하고, 오히려 시어머니에게 "너는 자존심도 없냐? 내 아들이 싫다는데 왜 자꾸 매달리냐?"라는 소리를 들었답니다. 그래도 이 자매는 끝까지 가정을 지키고 싶다고 시어머니에게 말했습니다. 그러자 "온전한 가정에서 자라지도 못한 것이! 너 같은 며느리는 다 욕하더라. 이혼소송이나 잘 당해라!" 하면서 자매를 내쫓더랍니다.

자매는 제게 메일을 보내 이런 상황이 억울하고 비참해서 힘들지만, 만약 이혼을 당하게 된다면 잘 당하고 싶다고 했습니다. 시댁과 남편에게 버림받은 이 자매가 가정을 지키려고 애쓰는 모습이 어리석은 집착으로 치부되니 제 마음이 너무 아팠습니다. "어떤 경우에도 가정을 지켜야 한다"는 저의 권면이 누군가에게는 차마 못 할 일을 시키는 것처럼 보일 수도 있겠다는 생각마저 들었습니다.

그러나 저는 자매가 아직은 시댁을 찾아갈 때가 아니라고 생각합니다. 자매의 마음이 여전히 억울하고 아프잖아요. 그러면 오히려 구원에서 멀어질 수 있습니다. 자매가 가정을 지키기 원한다면 먼저 어디서부터 이 문제가 비롯되었는지 알아야 합니다. 자기 자신을 잘 모르는데, 문자적으로 무조건 가정을 지킨다고 해서 다 되는 것이 아니기 때문입니다. 자신을 있는 그대로 정확하게 봐야 상대방도 설득할 수 있습니다.

본문을 통해 하나님의 설득 노하우(knowhow)를 배워 보겠습니다.

상대방의 한계를 정확히 꿰뚫어야 합니다

1 그 땅에 기근이 심하고 2 그들이 애굽에서 가져온 곡식을 다 먹으매 그 아버지가 그들에게 이르되 다시 가서 우리를 위하여 양식을 조금 사오라_창 43:1~2

야곱 가족이 양식을 얻기 위해서는 베냐민을 애굽으로 보내야 합니다. 그런데 지난 장에서 야곱이 신앙고백이 후퇴하니 어떻게 반응했습니까? 당장 굶어 죽어도 내 아들 베냐민만은 절대 못 보내겠다고 했지요(창 42:38). 하지만 "사흘 굶으면 도적질 안 할 사람이 없다"는 말이 있듯이, 애굽에서 가져온 양식이 다 떨어지니 야곱에게도 드디어 한계가 옵니다. 그래서 풀 죽은 목소리로 아들들에게 "다시 가서 양식을 조금 사 오라"고 한 겁니다.

야곱은 어머니의 태에서부터 양보를 모르고 형 에서와 싸울 정도로 탐심이 많은 사람입니다. 그랬던 그가 70명이나 되는 대가족을 먹이려면 당연히 많은 양식이 필요한데도, 생존을 유지할 만큼만 양식을 '조금' 사 오라고 합니다. 무엇보다 야곱의 아들들은 아버지의 입에서 이 말이 나올 때까지 기다려야 했습니다. 그래야 설득을 시작이라도 할 수 있기 때문입니다. 여기서 문제는 돈이 아닙니다. '애굽에 가야만' 곡식을 살 수 있다는 점입니다. 야곱이 돈을 가지고도 해결할 수 없는 일이 생겼는데, 실상은 이것이 얼마나 큰 축복인지 모릅니다.

하나님은 땅끝 기근이라는 한계상황을 통해 계속해서 야곱을 설득해 가십니다. 우리도 그래요. 기근 가운데 부를 이름이 없을 때에야 비로소 하나님을 부르게 됩니다. 내가 이 땅에서 여전히 사랑하는 것이 많고, 하나님보다 세상을 더 사랑하면, 하나님은 기근으로 나를 치셔서라도 하나님 나라를 바라보게 하십니다. 이것이 하나님의 설득 방법입니다.

그런데 이때 아들들이 아직 야곱이 한계상황이 아닌데도 자꾸 조르고 재촉했다면 어떻게 됐을까요? 당연히 야곱에게 밀어냄을 당했을 겁니다. 미국의 물리학자 데이비드 봄(David Joseph Bohm)은 『대화란 무엇인가』라는 책에서 "대화의 목적은 사물을 분석하는 것도, 논의에서 이기는 것도, 의견을 교환하는 것도 아니다. 오히려 의견을 유보하고 관찰하는 것이다"라고 말했습니다. 대화의 목적은 자기 의견을 앞에 두고 그저 그것을 바라보는 것입니다. 그러려면 얼마나 상대방을 참고 기다려야 할 일이 많은지 모릅니다.

결론적으로 우리가 하나님의 지혜를 알아야 설득도 할 수 있는 것인데, 하나님의 지혜란 무엇입니까? 바로 십자가 아닙니까? 십자가는 지혜이고, 지혜는 곧 타이밍입니다. 그래서 자기 십자가를 잘 지는 사람이 때가 될 때까지 인내하고 기다리며, 설득도 잘 할 수 있는 것입니다.

✦ 어떤 기근으로 하나님이 나를 설득하셨습니까? 나는 상대방의 한계를 정확히 꿰뚫고 있습니까? 한계상황이 될 때까지 기다려 주며 내가 설득해야 할 사람은 누구입니까?

상대방의 마지막 자존심을 지켜 줘야 합니다

야곱이 아무리 한계상황이라도 그의 마지막 자존심은 지켜 주어야 합니다. 항상 길을 남겨 주고, 상대방의 자존심을 건드리면 안 됩니다. 강자의 입장에서 한계상황에 처한 약자의 자존심을 지켜 주려면 어떻게 해야 할까요?

내가 죄인임을 인정하는 사람이 그 일을 할 수 있습니다

유다가 아버지에게 말하여 이르되 그 사람이 우리에게 엄히 경고하여 이르되 너희 아우가 너희와 함께 오지 아니하면 너희가 내 얼굴을 보지 못하리라 하였으니 _창 43:3

이 기가 막힌 설득을 유다가 하기 시작합니다. 유다가 누구입니까? 창세기 38장에서 "그는 나보다 옳도다"의 죄 고백으로 예수 그리스도의 계보에 그 이름을 찬란히 올린 인물 아닙니까(마 1:3). 그렇습니다. 유다는 누구보다 구속사를 잘 알았습니다. 구속사를 안다는 것은 곧 하나님의 사랑을 아는 것입니다. 그래서 구속사를 아는 사람은 그 사랑 때문에 자신을 버립니다. 자신을 희생합니다. 유다처럼 나 자신을 희생할 때, 하나님이 나를 통해 그분의 지혜를 나타내십니다.

상대방의 유익을 강조합니다

아버지께서 우리 아우를 우리와 함께 보내시면 우리가 내려가서 아버지를 위하여 양식을 사려니와 _창 43:4

유다가 '아버지를 위하여' 양식을 사겠다고 합니다. 아무리 진실이라고 해도 사람들은 자신에게 유익이 없으면 결코 설득당하지 않습니다.

그러나 '결정은 당신이 하는 것이다'라고 말해 줍니다

아버지께서 만일 그를 보내지 아니하시면 우리는 내려가지 아니하리니 그 사람이 우리에게 말하기를 너희의 아우가 너희와 함께 오지 아니하면 너희가 내 얼굴을 보지 못하리라 하였음이니이다 _창 43:5

유다는 베냐민을 애굽으로 보내는 것도 보내지 않는 것도 전적으로 아버지 야곱에게 달렸다고 말합니다. 야곱이 스스로 결정할 수 있도록 배려한 것이죠. 인간은 자존적인 교만이 있기에 남이 시키면 잘 안 하려고 합니다.

예전에 남편이 제게 물어볼 때도 그랬어요. "여보, 저는 이렇게 생각하지만, 제가 뭘 알겠어요. 당신이 알아서 결정하세요"라고 말하면 꼭 제가 말한 대로 남편이 하더군요. 이런 것이 바로 성경에서 나오는 지혜입니다. 가정에서든 직장에서든 누가 의견을 물어보면 스스로 결정할 수 있도록 배려하는 지혜가 필요합니다. 그러고 나서 유다가 어떤 말을 덧붙입니까?

"베냐민을 보내는 것은 아버지가 결정할 문제이지만, 만약 베냐민 없이 우리가 애굽에 가면 양식을 사기는커녕 시므온도 무사하지 못할 겁니다. 그뿐만 아니라 저희도 간첩으로 몰려 죽을지도 몰라요."

이처럼 유다는 야곱에게 결정권을 넘겨주면서도 현재 상황을 있는 그대로 알려 주었습니다.

돕는 지체를 만들어야 합니다

이스라엘이 이르되 너희가 어찌하여 너희에게 또 다른 아우가 있다고 그 사람에게 말하여 나를 괴롭게 하였느냐_창 43:6

야곱이 아들들에게 "너희는 왜 아우가 있다고 방정맞은 소리를 해서 나를 괴롭게 하느냐"라고 합니다. 아직도 야곱이 정신을 못 차렸습니다. 하나님 나라의 족장으로 자리매김한 야곱이 왜 이럽니까? 한계상황에 봉착해서도 여전히 베냐민에게 집착하고 있기 때문입니다. 그래서 "아우가 없다고 거짓말을 해야지 왜 그러지 않았냐"며 오히려 아들들을 책망한 겁니다. 결과론적인 책임 추궁만큼 어리석은 것도 없는데, 야곱이 자녀들을 추궁해서 그들을 노엽게 합니다.

그런데 여러분, 애굽의 총리가 누구입니까? 바로 요셉이잖아요. 당연히 형들에게 동생이 있다는 것을 누구보다 잘 알지요. 그런데도 야곱이 아들들에게 쓸데없는 원망만 늘어놓고 책임을 추궁했으니 이런 야곱을 어찌해야 합니까? 이럴 때는 유다가 지혜롭게 입을 딱 닫습니다.

> 그들이 이르되 그 사람이 우리와 우리의 친족에 대하여 자세히 질문하여 이르기를 너희 아버지가 아직 살아 계시느냐 너희에게 아우가 있느냐 하기로 그 묻는 말에 따라 그에게 대답한 것이니 그가 너희의 아우를 데리고 내려오라 할 줄을 우리가 어찌 알았으리이까
> _창 43:7

전에 르우벤이 나섰을 때는 아무도 안 거들더니(창 42장) 유다가 일어나니 형제들이 거들기 시작합니다. 자신이 죄인임을 고백한 유다에게 형제들을 아우르는 카리스마가 생겼기 때문입니다. 이처럼 다른 사람을 설득하려면 나를 돕는 지체가 있어야 합니다.

희망의 메시지를 전해야 합니다

유다가 그의 아버지 이스라엘에게 이르되 저 아이를 나와 함께 보내시면 우리가 곧 가리니 그러면 우리와 아버지와 우리 어린 아이들이 다 살고 죽지 아니하리이다 _창 43:8

르우벤은 실패를 전제로 자신의 두 아들을 죽이라고 했습니다(창 42:37). 반면에 유다는 '다 살아난다'는 것을 전제로 호소력 있는 설득을 했습니다.

✦ 내 주변에 한계상황 가운데 있는 사람은 누구입니까? 그의 마지막 자존심을 지켜 주면서 설득하고 있습니까? 그러기 위해 내가 적용해야 할 것은 무엇입니까?

상대방의 가치관을 꿰뚫어 볼 수 있어야 합니다

내가 그를 위하여 담보가 되오리니 아버지께서 내 손에서 그를 찾으소서 내가 만일 그를 아버지께 데려다가 아버지 앞에 두지 아니하면 내가 영원히 죄를 지리이다 _창 43:9

유다가 베냐민을 위해 자기 생명을 담보하겠다는 것은 구체적으로 무슨 의미일까요? 아버지 야곱은 축복권을 가진 믿음의 조상입니다. 그러니까 유다의 이 말은 "나와 내 후손이 축복을 못 받아도 우리 집안, 우리 형제가 살아날 수만 있다면 나는 그것으로 족하다"는 뜻입니다.

사도 바울도 "나의 형제 곧 골육의 친척을 위하여 내 자신이 저주를 받아 그리스도에게서 끊어질지라도 원하는 바로라"(롬 9:3)라고 고백했습니다. 구원을 확실히 경험한 바울은 살아도 죽어도 자신이 그리스도 안에 있음을 확신했습니다. 마찬가지로 유다도 구원을 확실히 경험했기에 우리 집안이 구원받을 수만 있다면 이 땅에서 자신은 어떤 대접을 받아도 좋다는 경지에 들어간 것이죠. 다시 말해, 나그네 인생길에서 자신의 모든 것을 나누어 주고 가고 싶다는 의지를 아버지에게 피력한 겁니다. 이처럼 성경은 왜 유다가 예수님의 직계 조상이 되었는지 줄기차게 보여 줍니다. 그러나 구속사를 제대로 이해하지 못하면 지질해 보이는 유다보다 애굽의 총리가 되어 이스라엘을 구한 요셉만 위대하다고 생각합니다.

> 8 유다가 그의 아버지 이스라엘에게 이르되 저 아이를 나와 함께 보내시면 우리가 곧 가리니 그러면 우리와 아버지와 우리 어린 아이들이 다 살고 죽지 아니하리이다 9 내가 그를 위하여 담보가 되오리니 아버지께서 내 손에서 그를 찾으소서 내가 만일 그를 아버지께 데려다가 아버지 앞에 두지 아니하면 내가 영원히 죄를 지리이다 10 우리가 지체하지 아니하였더라면 벌써 두 번 갔다 왔으리이다
> _창 43:8~10

르우벤의 설득은 인간적인 설득이고, 유다의 설득은 구속사적인 설득입니다. 유다는 현실적으로 책임지는 방법을 제시했고, 이 제안이 야곱에게 딱 먹혀들어서 야곱은 베냐민을 애굽으로 보내게 됩니다(창 43:13).

야곱은 마지막에 "규가 유다를 떠나지 아니하며 통치자의 지팡이가 그 발 사이에서 떠나지 아니하기를 실로가 오시기까지 이르리니 그에게 모든 백성이 복종하리로다"(창 49:10)라고 유다에 대해 예언했습니다. 결론부터 말하면 규는 다윗의 왕권을, 실로는 예수님을 의미합니다. 즉, 유다에게서 예수님이 오신다는 축복의 예언을 한 것입니다.

그런데 야곱은 왜 예수님의 직계 조상이 되는 축복을 그리도 사랑하는 요셉이 아닌 유다에게 해 준 것일까요? 참된 회개를 경험한 유다가 가족의 구원을 위해 모든 축복을 내려놓고 자신을 희생하는 모습을 보았기 때문입니다. 결국 이런 책임감 있는 모습이 야곱을 감동시킨 것이죠.

야곱의 인생을 살펴보면, 평생 축복을 향해 달려왔다고 해도 과언이 아닙니다. 그가 얼마나 축복을 좋아했는지 아버지 이삭, 형 에서, 외삼촌 라반을 속이면서까지 축복에 집착하지 않았습니까? 그로 인해 또 얼마나 험악한 세월을 보냈습니까? 그래도 라헬병을 쉽게 내려놓지 못했습니다. 그러나 우리 야곱이 누구입니까? 비록 부족해도 믿음의 사람, 구원을 아는 사람 아닙니까. 영적 가치관을 가진 야곱입니다. 그러니 당연히 유다의 자기희생적인 제안을 듣고 뜨끔할 수밖에

요. 자신은 너무나도 어려운 일을 유다가 쉽게 해내는 것을 보고 야곱은 결국 설복당해 입을 다물고 말았습니다.

예수를 잘 믿는 사람은 사람의 마음을 잘 읽으니 설득을 잘할 수밖에 없습니다. 전도와 상담을 잘하려면 상대방이 무엇을 가장 귀히 여기는지 잘 알아야 합니다. 보통 육적인 사람은 '내가 교회에 오면 무엇이 이득인가?'부터 생각합니다. 이런 사람에게는 그 수준으로 내려가서 도움이 될 만한 사람을 소개해 주면 좋습니다. 세상 명예가 최고인 사람이 "내가 교회 같은 데 갈 사람으로 보이냐?"고 하면 "그래서 제가 이렇게 교회 가자고 사정하는 거 아니에요"라며 애걸하기도 해야 합니다. 그러면서 교회 다녀서 유명해진 사람들의 예를 들어 주면 더 좋습니다. 한마디로 예수 믿는 사람은 상대방의 가치관을 꿰뚫어 보고 그것에 맞추어 전도도 하고, 설득도 해야 합니다.

우리가 날마다 큐티를 하다 보면 죄인인 자기 주제가 깨달아집니다. 그러다 보면 자연스레 내가 어디서 말하고, 안 해야 할지 타이밍을 알게 됩니다.

유다도 그렇습니다. 며느리 다말과의 사건 이후 그는 자기 죄를 뼈저리게 보느라 그동안 아무 말도 하지 않았습니다. 그런데 지금은 어떻습니까? 시므온은 애굽에 갇혀 있고, 르우벤은 아버지를 설득하는 데 실패했습니다. 이런 와중에 곡식이 다 떨어지자 드디어 야곱의 입에서 "애굽에 다시 가서 양식을 사 오라"는 말이 나왔죠. 그래서 유다가 이때야말로 마지막이라고 생각하고 나선 것입니다.

제 남편이 천국에 가고 집에서 여러 개의 큐티 모임을 인도할 때도 그랬습니다. 당시 저는 사역자도 아니고 과부 집사에 불과했잖아요. 말씀을 볼수록 '나 같은 죄인이 무슨 말을 하겠는가' 하는 생각이 절로 드니, 큐티를 권하고 싶어도 함부로 나서지 않고 상대방이 도움을 요청할 때까지 기다리고 또 기다렸습니다.

저는 결혼하고 반포에 있는 남서울교회를 25년 동안 다녔습니다. 홍정길 원로 목사님이 저를 신뢰하셔서 평신도에 불과한 저를 코스타(KOSTA, 한국유학생 수련회) 강사로 불러 주셨지만, 한 번도 목사님께 개인적으로 "교회에서 큐티 모임을 해야 하지 않을까요?"라고 말해 본 적이 없었습니다. 오히려 홍 목사님이 먼저 큐티 모임을 제안하셨습니다. 그때도 감히 황송해서 아무도 오지 않을 것 같은 수요일 오후 2시에 교회에서 모임을 하겠다고 했습니다. 지나고 보니 홍 목사님이 얼마나 열린 마음으로 평신도에게 기회의 장을 열어 주셨는지 제가 목사가 되어 보니 더욱 알게 되었습니다.

다음은 공병호 경영연구소 소장이 한 인터뷰에서 말한 성공의 비결입니다. 그런데 그 비결이 뜻밖에도 단순했습니다.

> 모든 것을 자신의 탓으로 돌리고 자기 안에서 해결책을 찾으면 그때부터 부자의 길에 들어선다. 반면 자신의 문제를 타인에게 돌리기 시작하면 가난한 자의 길로 들어서게 된다. '내 탓이요'라는 도덕률이 성공의 비결이다. 스스로 결단하고 책임지는 것, 그것이 바로 자유 사회의 주춧돌이다.

어떻습니까? 부자가 되는 길을 유다가 이미 보여 주지 않았습니까. 유다처럼 자신을 희생하고 책임지는 사람은 상대방의 가치관을 꿰뚫어 보고 그것에 맞추어 설득합니다. 여기서 상대방의 가치관을 꿰뚫어 본다는 것은 상대의 가치관이 육적인지, 정신적인지, 영적인지 살피고, 거기에 따른 모든 책임은 자신이 지겠다는 뜻입니다. 그러나 하나님의 사랑이 없으면 결코 우리는 그렇게 할 수 없습니다.

✦ 상대방의 가치관을 꿰뚫어 보고 거기에 맞춰 전도하고 설득하고 있습니까? 책임지는 사랑으로 내가 설득해야 할 사람은 누구입니까?

용기 있게 상대방의 가치관에 도전해야 합니다

10 우리가 지체하지 아니하였더라면 벌써 두 번 갔다 왔으리이다 11 그들의 아버지 이스라엘이 그들에게 이르되 그러할진대 이렇게 하라 너희는 이 땅의 아름다운 소산을 그릇에 담아가지고 내려가서 그 사람에게 예물로 드릴지니 곧 유향 조금과 꿀 조금과 향품과 몰약과 유향나무 열매와 감복숭아이니라 12 너희 손에 갑절의 돈을 가지고 너희 자루 아귀에 도로 넣어져 있던 그 돈을 다시 가지고 가라 혹 잘못이 있었을까 두렵도다 13 네 아우도 데리고 떠나 다시 그 사람에게로 가라 14 전능하신 하나님께서 그 사람 앞에서 너희에게 은혜를 베푸사 그 사람으로 너희 다른 형제와 베냐민을 돌려보내게

하시기를 원하노라 내가 자식을 잃게 되면 잃으리로다

_창 43:10~14

유다가 야곱에게 지체하지 않았다면 벌써 애굽에 두 번은 갔다 왔을 것이라고 단호히 말합니다. 요즘 말로 치자면, "지금 당장 시행하면 집도 안 날리고, 자녀도 엇나가지 않고, 병도 빨리 나을 텐데, 왜 자꾸 지체하느냐"는 겁니다. 단호할 때 단호하고, 가만히 있어야 할 때는 가만히 있는 유다입니다.

거란의 소손녕은 80만 대군을 이끌고 고려를 침공했을 때 서희를 만나 이렇게 말했습니다.

"그대 나라는 신라에서 일어났으니, 고구려의 땅은 우리의 것이다. 그런데도 그대들이 먼저 들어와서 차지했다. 또 우리와 국경을 마주하는데도 바다 건너 송나라를 섬기고 있다. 그래서 우리가 출병한 것이다."

그러자 서희가 어떻게 받아칩니까?

"그렇지 않다. 고구려의 옛 땅은 우리나라의 땅이다. 우리가 국호를 고려라고 쓴 것은 고구려를 계승했기 때문이다. 땅의 경계를 논한다면 그대들의 수도인 동경이 우리 땅이다. 그리고 여진이 거란과 고려 사이에 굳게 버티고 있어서 거란에 가는 것이 바다를 건너는 것보다 훨씬 어렵다."

이렇게 담판을 벌인 결과 거란군은 물러가고, 고려는 오히려 강동 6주를 획득했습니다. 서희와 소손녕의 담판은 고려 초기의 최대

위기를 기회로 삼은 유명한 이야기입니다.

그렇다면 서희는 어떻게 이 담판에서 이길 수 있었을까요? 당시 국제 무대의 역학 관계와 거란족의 한계를 명확히 꿰뚫고 있었기 때문입니다. 한마디로 설득의 기본에 충실했기 때문입니다.

설득의 달인은 기술을 배운다고 저절로 되는 것이 아닙니다. 다른 사람을 설득해서 내가 원하는 바를 얻어 내려면 반드시 상대방의 삶도 개선할 수 있어야 합니다. 그러나 자기 자신에게만 이로운 일에 다른 사람을 끌어들이는 것은 설득 과정도 고될뿐더러 그 과정에서 오히려 상대가 등을 돌리는 반대의 결과를 가져올 수 있습니다. 무엇보다 사람마다 코드가 다르기 때문에 거기에 맞춰 설득하는 지혜가 필요합니다.

서두에 소개한 자매도 그렇습니다. 가정을 지키겠다고 무조건 시댁에 찾아가서 비굴하게 굴며 무시를 당하는 게 능사가 아닙니다. 무시를 당해도 억울한 마음이 하나도 들지 않아야 비로소 시댁을 찾아갈 만한 자격을 갖춘 것입니다. 우리가 인간적으로 누군가를 설득하는 것은 분명히 한계가 있습니다. 오직 하나님의 설득 방법만이 상대를 진정으로 설득시킬 수 있습니다.

그런데 우리가 하나님의 설득에 설복되기 위해서는 전제 조건이 하나 있습니다. 먼저 하나님의 명령대로 행하는 것입니다. 즉, 애굽에 가라는 명령에 순종하는 겁니다. 애굽에 가야만 살 수 있는데, 아직도 머뭇거리며 가지 못하는 애굽은 어디입니까? 그러나 그 길은 내 자존심을 버리고 내 소중한 자식을 내려놓아야 갈 수 있는 길입니다. 유다는 하나님의 설득 방법으로 용기 있게 야곱의 가치관의 한계에 도전했습니다. 그리고 야곱은 하나님의 말씀에 순종하여 "자식을 잃게 되면 잃으리로다" 하며 베냐민을 내려놓았습니다. 비로소 야곱이 라헬 중독을 내려놓은 겁니다.

그런데 여러분, 실상 야곱 가정에 일어난 소동은 양식이 없는 육적 기근이 아니었습니다. 가정의 문제, 즉 영적 기근입니다. 가정이 하나 되었다면 진작에 해결되었을 문제가 음란과 편애와 차별로 해결되지 못하고 있었던 것입니다.

우리 가정이 힘들어지는 것도 그래요. 그 중심에 가정의 불화가 있기 때문입니다. 불화한 가정은 재산이 쉬이 모일 수가 없습니다. 있어도 하루아침에 없어지기 십상이죠. 특별히 중요한 결정을 앞두고 가정이 불화하면 어찌 될까요? 그것이 결정적인 영향을 미쳐서 결국 망하게 됩니다. 그러므로 이런 영적 기근에서 우리가 사는 길은 첫째도, 둘째도 오직 하나님밖에 없습니다. 하나님을 의지하는 것만이 우리의 살길입니다. 하나님의 설득에 설복되어 그리도 가기 싫은 애굽으로 갈 때 나도 살고 내 가족도 살아나는 놀라운 은혜를 경험하게 될 것입니다.

✦ 육적 기근을 통해 깨닫게 된 나의 영적 기근은 무엇입니까? 하나님의 설득에 설복되어 내려놓은 내 죄와 중독이 있습니까? 내 가족, 내 이웃이 하나님께 나아가도록 돕고자 배워야 할 하나님의 설득 방법은 무엇입니까?

우리들 묵상과 적용

아버지는 어머니가 아들을 낳지 못한다는 이유로 첩을 두셨습니다. 그러곤 어머니에게서 저를 포함한 딸 여섯을, 첩인 작은어머니에게서 딸 넷과 막내인 아들 한 명을 얻으셨습니다. 저는 넷째 딸이고, 작은집 소생은 다 동생들입니다. 제가 결혼하기 2년 전에 어머니가 돌아가시고, 20여 년의 세월이 흘러 아버지가 큰 병이 들자 아버지의 적지 않은 재산에 온 가족의 관심이 쏠렸습니다. 하지만 친정은 지방에 있고, 저희 여섯 자매는 다 서울에 살고 있기에 재산 문제에 크게 관여할 수 없었습니다.

그런데 아버지가 입원해 계신 동안 작은어머니가 아버지의 재산과 사업체를 남동생과 본인 명의로 돌려놓고 증여세까지 낸 사실을 알게 되었습니다. 결국 아버지가 돌아가시자 저희 자매들 수중에 남은 것이라곤 아버지의 집과 친정어머니의 집 두 채뿐이었습니다. 그런데 작은어머니는 아들이 제사를 지내려면 집이 있어야 한다며 아버지 집마저 자신이 갖고, 어머니의 집만 열 명의 딸들이 나누어 가지라고 하셨습니다. 세상적으로는 충분히 법정에 가서 따져 볼 만한 상황이었습니다. 하지만 딸 중에 가장 형편이 어려운 제가 작은어머니의 제의를 수락하겠다고 하자 항의하던 언니들도 일제히 입을 다물고 아버지의 재산을 포기했습니다. 정말 하나님의 은혜라고밖에는 달리 설명할 수 없는 일이 벌어진 것입니다.

그렇게 상속 문제는 해결되었지만, 이후 남편의 도박으로 저희 가정에 심한 기근이 계속되어 저는 때마다 시마다 하나님의 이름을 부를 수밖에 없었습니다(창 43:1). 이제 와서 생각하면 당시 "내가 자식을 잃게 되면 잃으리로다"(창 43:14)라고 고백한 야곱처럼 믿음의 결단으로 상속을 포기한 것은 아닌 것 같습니다. 물론 주시든 안 주시든 하나님 마음이라는 믿음도 없지 않았지만, 그 이면에는 '내가 이렇게 하면 하나님이 더 큰 복을 주시겠지' 하는 기복과 탐심이 있었음을 고백합니다. 하지만 이후에 저희 형제들은 그 문제로 한 번도 다투지 않았고, 하나님은 저희 자매들에게 영적인 복을 부어 주셔서 이타적으로 적용한 유다처럼 이복동생들의 구원을 위해 기도하고 섬기게 하셨습니다(창 43:8~9). 한계상황의 기근으로 하나님만 의지하게 하시고, 날마다 영육 간에 풍성한 양식을 주시는 주님을 찬양합니다.

영혼의 기도

주님, 제 안에 상대방의 한계를 정확히 꿰뚫지 못하고 내 주장을 관철시켜서 "아멘"과 "예"를 받아 내려는 조급함이 있습니다. 상대방의 마지막 자존심을 지켜 주려면 내 자존심부터 내려놓아야 하는데, 여전히 내 자존심이 우선인 것을 봅니다. 그래서 유다가 자신을 희생하며 아름다운 사랑을 한 것이 저와는 참 거리가 멀다는 생각이 듭니다. 하나님이 알려 주신 설득 방법 중에 참으로 제가 할 수 있는 것이 아무것도 없음을 고백합니다.

그러므로 주님, 참으로 유다처럼 내가 죄인이라는 인식이 없으면 하나님의 설득은 할 수 없다는 것을 다시 한번 깨닫습니다. 한계상황에 있는 상대방을 설득할 수 있도록 하나님의 지혜와 사랑을 우리에게 허락해 주옵소서.

가정에서 직장에서 설득해야 할 일이 많이 있습니다. 하나님이 알려 주신 설득 방법대로 순종하여 적용할 때 내 배우자, 내 자녀, 내 직장 동료가 하나님께 나아가는 역사가 일어날 줄 믿습니다.

항상 내가 죄인임을 인정하며 '내 탓이오' 하는 것이 세상에서도 성공하는 비결이라고 하시오니, 날마다 말씀을 통해 자기 주제가 깨달아져서 나서야 할 때와 나서지 말아야 할 때를 분별하게 하옵소서.

그리할 때 우리 모두 영육 간에 부유하게 될 줄 믿습니다.

　나 자신을 정확히 인식하는 데서부터 남을 설득할 수 있는 지혜가 나오는 것을 늘 기억하며, 하나님의 사랑에 설복당하는 우리가 되도록 은혜 위에 은혜를 부어 주옵소서. 예수님 이름으로 기도드립니다. 아멘.

예물

창세기 43장 11~16절

하나님 아버지,
하나님이 기뻐하시는
진정한 예물을 드리기 원합니다.
말씀해 주옵소서. 듣겠습니다.

부정부패를 근절하기 위해 시행된 김영란법(부정청탁 및 금품등 수수의 금지에 관한 법률)에 따르면 공직자들은 5만 원 이내의 선물을 받는 것은 가능하고, 5만 원을 초과한 선물을 받으면 처벌을 받습니다. 선물과 뇌물을 구분 짓는 기준이 5만 원인 셈입니다.

동서고금을 막론하고 뇌물이 없던 시대는 없습니다. 이것이 과연 '뇌물인가? 선물인가?'는 인류의 영원한 숙제라고 해도 과언이 아닙니다. 오고 가는 선물 속에 싹트는 우리 우정인데, 미풍양속(美風良俗)으로 여겨지던 선물이 그 의미가 갈수록 퇴색되는 것 같아 안타깝기도 합니다.

본문에서 야곱은 애굽의 총리에게 드릴 각종 예물과 갑절의 돈을 마련합니다. 여러분이 보기에 야곱이 총리에게 뇌물을 바친 것 같습니까? 선물을 드린 것 같습니까? 과연 진정한 예물은 무엇인지 본문을 통해 살펴보겠습니다.

뇌물은 무엇입니까?

그들의 아버지 이스라엘이 그들에게 이르되 그러할진대 이렇게 하라 너희는 이 땅의 아름다운 소산을 그릇에 담아가지고 내려가서 그 사람에게 예물로 드릴지니 곧 유향 조금과 꿀 조금과 향품과 몰약과 유향나무 열매와 감복숭아이니라 _창 43:11

갖은 고생을 하고 애굽의 총리가 된 요셉은 형제들이 기근으로 애굽에 곡식을 사러 온 것을 알아보고는 그들을 정탐꾼으로 몰아세우며 시험했습니다. 그러곤 막내아우인 베냐민을 애굽으로 데려오지 않으면 억류된 시므온은 풀려나지 못할 것이라고 했죠. 하지만 야곱은 아들들에게 그런 사정을 듣고도 베냐민은 절대 보낼 수 없다고 했습니다. 이 와중에 유다가 진정성 있게 야곱을 설득하여 이제 베냐민을 애굽에 보내기 직전입니다.

그러자 야곱이 뭐부터 합니까? 조건반사적으로 권력자인 애굽 총리에게 바칠 선물을 준비합니다. 야곱의 인간적인 면모가 여지없이 드러나는 장면입니다. 야곱은 '내가 베냐민을 애굽에 보내되 아낌없이 주런다' 하면서 나름 이해타산적인(?) 선물을 준비합니다.

그런데 생각해 보세요. 얼굴 한번 보지 못한 타국의 총리가 뭐 그리 고마워서 선물까지 준비합니까? 이것은 완전히 뇌물성 선물입니다. 우리도 그렇습니다. 주님을 만나도 인간적인 면모가 쉬이 바뀌지 않습니다.

야곱은 예물을 잘 사용하는 사람입니다. 형 에서와의 재회를 앞두었을 때도 그랬죠. "내 앞에 보내는 예물로 형의 감정을 푼 후에 대면하면 형이 혹시 나를 받아 주리라"(창 32:20) 하며 예물을 준비했습니다. 특별히 각각 떼로 나누어서 에서가 예물을 순차적으로 받을 수 있게 했습니다(창 32:16). 값이 적게 나가는 것부터 비싼 순서대로 예물을 나눈 뒤, 행렬이 차례대로 도착하게 해서 에서를 거듭 감동시키려는 속셈이었죠.

하지만 그는 치사하게도 에서가 무서워서 가족과 재산을 앞서 보내고, 자신은 얍복 나루에 홀로 남았습니다. 그때 야곱이 에서보다 큰 하나님과 먼저 조우해 밤새 씨름했습니다. 그러자 하나님이 그의 환도뼈를 치셨고, 그제야 야곱은 주님을 깊이 만났습니다.

주님을 깊이 만나도 성품과 기질이 하루아침에 바뀌지는 않아서 야곱은 이후에도 계속하여 자기 생각대로 행했습니다. 에서와의 만남을 직전에 두고 만일의 사태에 대비해 가족을 나누어 배치할 때도 그랬죠. 여종들과 그들의 자식, 레아와 그의 자식들 그리고 마지막으로 라헬과 요셉을 배치합니다(창 33:2). 자신이 사랑하는 순서대로 배치한 겁니다. 그런데도 하나님이 에서의 화를 누그러뜨려 주셔서 야곱은 오직 은혜로 형과 화해했습니다. 그러면 야곱이 좀 변해야 할 것 같은데, 금세 신앙이 후퇴해서 또다시 인간적인 방법이 나온 겁니다.

이제 야곱은 가나안에서는 흔하지만 애굽에서는 귀한 것들로 최선을 다해 예물을 마련합니다. 11절의 '아름다운 소산'은 '택한 열매'라는 뜻으로, 야곱이 가뭄 가운데 맛과 향이 뛰어난 최고의 산물, 최고의 토산품들을 준비했음을 보여 줍니다. 유향은 동방박사들이 아기 예수께 예물로 드린 진귀한 향료입니다(마 2:11). 헤브론 지방의 주산물인 꿀은 가뭄일 때 더 단맛을 냅니다. 향품과 몰약도 귀한 산물이죠. 식용, 살충제용 등 다양한 용도로 사용되는 유향나무 열매는 가나안에서 가장 인기 있는 토산품 중 하나입니다. 게다가 감복숭아는 애굽에서는 나지 않기에 특별히 애굽에서 더 귀한 가치를 지녔습니다. 야곱은 돈으로만 예물을 준비한 것이 아닙니다. 애굽에서는 나지 않는 귀한 것으로 하되, 쓸데없이 많이 하지도 않았습니다. 선물을 하려면 우리도 이렇게 해야 합니다. 그야말로 야곱이 선물의 정석을 보여 주었습니다.

> 너희 손에 갑절의 돈을 가지고 너희 자루 아귀에 도로 넣어져 있던 그 돈을 다시 가지고 가라 혹 잘못이 있었을까 두렵도다 _창 43:12

야곱은 아들들에게 "자루 아귀에 있던 돈은 다시 애굽에 가져다 주고, 이번에 곡식 살 돈까지 해서 갑절의 돈을 가져가라"고 합니다. 정당하지 못하게 거저 받은 돈이니 정직하게 돌려주라는 겁니다. 그런데 이때 괜히 쓸데없이 돈을 많이 가져가면 오히려 상대방이 부담을 느낄 수 있습니다. 그래서 야곱이 뇌물 같아 보이지 않게 적당한 예물을 함께 보낸 것이죠. 과연 야곱은 야곱입니다. 그는 자신을 의로운 사람으로 보이게 하는 데 상당히 탁월합니다. 예물로 사람 마음 사로잡는 것을 등급으로 따지면 아마 9단, 10단 정도는 되지 않을까요? 한마디로 야곱의 속셈은 예물도 최상으로 준비하고, 돈도 함께 보내서 애굽 총리의 마음을 사로잡으려는 것입니다.

야곱은 비단 사람 마음뿐만 아니라, 양들의 마음을 사로잡는 데도 선수였습니다. 전에 야곱은 라반의 염소와 양 중에서 아롱진 것, 점 있는 것만 자신의 품삯으로 받겠다고 했습니다(창 30장). 그때 라반이 야곱의 양과 염소를 다 뺏으려고 나름 머리를 굴렸죠. 그는 염소 중 열성인 아롱진 것과 점 있는 것, 양 중의 검은 것은 아들들에게 맡겨 사흘 길쯤 떨어진 곳으로 몰고 가게 합니다. 열성과 우성 무리가 절대 섞이지 않게 멀리 떨어뜨린 것이죠. 그러고는 야곱에게 우성인 흰 양과 검은 염소만 맡겨서 아롱지고 점 있는 것이 나올 수 없도록 조치합니다.

그런데 야곱이 수십 년 양을 친 나름 전문가 아닙니까? 조금은 유전의 법칙을 깨달았겠죠. 얼룩덜룩한 가지까지 보여 주며 양들이 얼룩진 새끼를 낳도록 유도합니다. 그런데 정말로 온 들판이 아롱진 가축들로 가득 차게 되었습니다. 그러니 야곱이 양들의 마음을 사로잡은 거 맞지요? 이런 야곱이 그 누구의 마음인들 사로잡지 못하겠습니까?

중국인의 협상 전략 중에 비사후례(卑詞厚禮)라는 말이 있습니다. 공손한 태도로 상대방을 칭송하고 선물을 듬뿍 안겨 주는 전략입니다. 이런 식으로 상대방의 자만심을 부추기면 금세 넘어온다고 합니다. 일례로 상대의 장점을 한껏 세워 주거나 예쁜 여자 접대원을 옆에 앉혀 정신 못 차리게 하면 반드시 이 과정에서 약점 잡히는 일이 생기기 마련이랍니다. 그때 재빨리 상대방을 장악해서 목표를 이루면 되는데, 이 전략은 특별히 중국인들이 한국 사람을 다룰 때 많이 쓴답니다. 한국 사람의 특징이 남이 조금만 칭찬해도 배알까지 다 내놓는 것 아닙니까. 반면에 중국 사람은 몇십 년을 알고 지내도 그 속을 잘 모르는 경우가 허다하답니다. 그러니 그들의 인간적인 성품과 내공은 감히 따라갈 수가 없습니다.

야곱도 그렇습니다. 베냐민을 보내는 문제에서 전적으로 자신이 책임지겠다는 유다의 설득에 비록 넘어가긴 했지만, 한편으론 인간적인 방법을 총동원하여 뇌물을 준비했습니다. 이런 야곱을 보면서 '머리 좋은 사람은 예수 믿기 참 힘들겠구나' 하는 생각이 절로 들었습니다.

그래도 그렇지요. 야곱이 명색이 믿음의 조상인데, '우리 먼저 하나님께 기도하자' 이래야 하지 않습니까. 또다시 이 세상 처세술로 문제를 해결하려고 들다니요. 그러나 우리도 별반 다르지 않습니다. 급한 일이 생기면 하나님께 뇌물성 예물을 드리며 '다오, 다오' 빌지 않습니까? 야곱의 정성이 하늘을 찌르지만, 이는 오로지 '자신을 위한' 정성이었습니다. 이런 것이 바로 뇌물입니다. 그러면 왜 뇌물을 쓸까요?

* 예수를 믿어도 문제가 생기면 조건반사적으로 튀어나오는 처세술은 무엇입니까? 하나님께 뇌물성 예물을 드리며 '다오, 다오' 비는 것이 있습니까?

왜 뇌물을 씁니까?

뇌물을 쓰는 이유는 두려움의 문제가 해결되지 않았기 때문입니다. 누군가에게 선물을 받았을 때 잠이 잘 오면 선물이고, 잠이 잘 오지 않으면 뇌물이라고 합니다. 현재 직위를 옮겨서도 받을 수 있으면 선물이고, 그 직위에 있기 때문에 받으면 뇌물이라고 합니다. 인생은 악하고 음란하기에 계속해서 악과 음란을 즐기려면 돈과 권세가 있어야 합니다. 그래서 그것을 지키려고 자꾸 뇌물을 쓰게 되는 겁니다.

왜 입시에 떨어지고, 입사 시험에 떨어지면 두렵습니까? 좋은 학교, 좋은 직장에 들어가지 못하면 이 세상 정욕을 즐기지 못할까 봐 그런 것 아닙니까? 권세가 얼마나 좋으면 정치가들이 그 자리에서 안 내려오려고 그리도 애쓰겠습니까. 그 누가 뭐래도 권세는 나의 것, 돈은 나의 것이어야 하기에 가고 오는 세대에 사과 상자에 돈을 담아 건네는 뇌물 문제가 없어지지 않는 것입니다. 뇌물 주는 사람은 똑똑하고, 안 주는 사람은 세상 물정을 모른다고 하는데, 이것은 맞는 말이기도 하고 틀린 말이기도 합니다.

우리들교회에 일류 회사에서 영업직으로 일한 분이 있습니다. 한번은 이분이 "제가 영업을 해 보니 뭔가를 주면 싫다고 하는 사람을 거의 본 적이 없어요. 믿거나 안 믿거나 뇌물의 약발은 정말 확실합니다"라고 했습니다. 그러면서 "난산이라 아이가 너무 안 나올 때, 돈 보여 주면 순풍 나오는 거 아시죠?"라고 하더군요. 고부간의 갈등, 부부간의 갈등도 뇌물만 주면 다 잠잠해진다는 겁니다.

저는 결혼하자마자 혹독한 시집살이를 했습니다. 결혼 전에 집안일을 했던 것도 아니고, 피아노로 화려한 학창 시절을 보내다가 졸지에 시댁에서 살림을 하려니 시어머니 눈에 차지 않을 수밖에 없었지요. 날마다 '갈비가 물렀냐, 안 물렀냐', '신문을 갖다 버렸냐, 안 버렸냐' 이런 걸로 야단을 계속 맞으니 제 속이 어떻겠습니까. 그래도 남들에게 어떻게든 착한 며느리, 좋은 아내 소리를 듣는 것이 우상이었기에 맹종에 가까운 순종을 했지요.

그때 시댁에는 살림을 도와주는 아주머니와 어린 처녀가 있었습니다. 그런데 이 사람들이 제가 전화만 해도 시어머니한테 쪼르르 가서 이르는 게 아니겠어요? 시어머니가 여행이라도 가시면 좀 편해지려나 했는데, 오히려 더 눈치를 주며 시어머니보다 더한 시어머니 노릇을 하더군요. 어머니가 그러시는 것은 그러려니 하겠는데, 일하는 아주머니와 저보다 어린 처녀까지 사사건건 저를 골려 먹으니 치사해서 견딜 수가 없었죠. 하지만 당시 지혜가 없던 저는 그저 남편이 두렵고, 시어머니가 두려워 어찌할 바를 몰랐습니다. 그러다 제가 비굴하게도 일하는 아주머니에게 뇌물을 줬다는 거 아닙니까. 당시 레지던트였던 남편은 쥐꼬리만 한 월급을 받았는데, 당장 내가 죽게 생겼으니 그 돈을 다 줘서라도 두려움에서 해방되고 싶었던 것입니다.

그런데 말입니다. 막상 돈을 주고 나니 제 인생이 얼마나 서글프게 느껴지던지……. 그때 최고의 대학을 졸업한 저나, 무학자인 그들이나 정말 별 인생이 없다는 것을 알았습니다. 그렇게 뇌물을 주고도 "저 밤 잘 깎았나요? 마늘도 잘 다듬었지요?" 아주머니에게 물으면서 인정과 칭찬을 받으려고 했습니다.

그러나 결국 저는 이 뇌물 때문에 올무에 걸리고 말았습니다. 어느 날, 아주머니가 시어머니에게 제가 뇌물 준 것을 이르겠다고 엄포를 놓은 겁니다. 이럴 때 남편이나 시어머니가 제 편을 들어주면 이런 게 하나도 무서운 일이 아니잖아요. 하지만 철 타작기로 타작하듯 저를 압박하는(암 1:3) 남편과 시어머니에겐 "얼마나 힘들면 그랬겠어?" 이런 이야기는 기대할 수조차 없었죠. 그때 두려움 때문에 점점 수렁으로 빠지는 짓을 했다는 것을 깨달았습니다.

그렇습니다. 뇌물은 두려워서 하는 것이고, 선물은 감사해서 하는 것입니다. 금액의 크고 작고를 떠나서 지금 생각해도 그때 제가 한 것은 선물이 아니고, 뇌물이었습니다. 우리가 뇌물을 쓰면 당장은 좋고 망하지 않을 것 같아도 뇌물은 망하는 지름길입니다.

✢ 나는 언제 뇌물을 쓰고 싶습니까? 두려움 때문에 뇌물을 썼다가 올무에 걸린 적은 없습니까?

진정한 예물을 드리려면 아끼던 것을 내려놓아야 합니다

네 아우도 데리고 떠나 다시 그 사람에게로 가라_창 43:13

야곱은 예물을 준비하면서도 마지막까지 베냐민을 애굽으로 보내지 않을 방법을 찾았을 겁니다. 그러나 방법을 찾지 못하자 베냐민을 보내기로 합니다. 더욱이 유다에게 이미 설득을 당했잖아요. 베냐민을 너무도 사랑하지만, 이제는 때가 되었습니다.

베냐민을 내려놓는 것은 야곱에게 자기를 부인하는 일입니다. 한마디로 십자가 지는 적용입니다. 자녀의 입시와 결혼 문제에서 세상 가치관을 따르지 않는 것은 나이아가라폭포가 거꾸로 솟는 것보다 더 힘든 일입니다. 그런데 그 힘든 자녀 문제를 야곱이 지금 적용한 겁니다. 그러니 우리 하나님 마음이 어떠셨을까요?

아브라함과 이삭을 봐도 그렇습니다. 계속 자식 문제 앞에서 치졸한 짓을 해도 그들이 회개하고 자녀를 내려놓을 때마다 손뼉을 쳐 주시는 하나님이세요. 마찬가지로 하나님은 야곱이 열두 아들 가운데 하나인 베냐민을 내려놓는 것도 너무나 기뻐하십니다.

학창 시절부터 피아노로 인정받던 제가 피아노를 내려놓을 수 있었던 것은 사실 믿음이 좋아서가 아니라 환경 때문이었습니다. 하나님은 제가 아끼던 피아노를 내려놓고 가정을 선택하도록 환경으로 인도해 주셨습니다. 물론 이후에 가정을 지키기 위한 수고는 십자가 짐 같은 고생이었습니다. 그래서 저는 결혼예배에서 주례할 때마다 이렇게 외칩니다.

"제가 가정을 지키기 위해 들인 노력은 피아노를 할 때의 백만 배, 아니 천만 배 이상이었습니다. 가정을 지킨 것 하나 때문이라도 저 자신에게 노벨상을 주고 싶습니다!"

그런데 그렇게 억지로라도 아까운 피아노를 내려놓는 적용을 하고 나니 제 인생이 어떻게 되었을까요? 참으로 하나님밖에 부를 이름이 없게 되었습니다.

✢ 내가 가장 아끼는 것은 무엇입니까? 그것을 내려놨을 때 기뻐하시는 하나님을 경험한 적이 있습니까?

아끼던 것을 내려놓을 때 하나님을 부르게 됩니다

전능하신 하나님께서 그 사람 앞에서 너희에게 은혜를 베푸사 그 사람으로 너희 다른 형제와 베냐민을 돌려보내게 하시기를 원하노라 내가 자식을 잃게 되면 잃으리로다 _창 43:14

야곱은 반드시 이겨야만 직성이 풀리는, 그야말로 집착의 끝판왕 아닙니까? 그랬던 야곱이 그 집착의 종착점인 베냐민을 내려놓고, "내가 자식을 잃게 되면 잃으리로다"라고 고백합니다. 야곱의 중독은 그 유명한 라헬입니다. 그런데 지금 라헬도, 요셉도 다 떠나고 없습니다. 라헬의 소생 중에 이제 마지막으로 남은 베냐민을 보내고 나면 정말 야곱이 부를 이름이 다 없어지는 겁니다. 그런데 보세요. 부를 이름이 없어지니 비로소 야곱의 입에서 "전능하신 하나님께서 은혜 베풀기를 바란다"는 축복이 나옵니다.

주식 투자에 실패하고 스스로 목숨을 끊는 사람들의 심리가 무엇입니까? 다 본전 생각 때문 아닙니까. 원래 그 돈은 내 것이 아니라 여기고 빨리 포기해야 하는데, 그게 어디 쉽습니까? 나그네 인생길에서 지금부터 죽을 때까지 밥만 먹어도 감사하다는 생각이 들기가 참 어렵지요. 결론적으로 여전히 하나님 외에 내게 부를 이름이 남아 있으면 주식도, 술도 그 어떤 중독도 끊지 못하는 것입니다.

그렇다면 "내가 자식을 잃게 되면 잃으리로다"라는 야곱의 고백이 의미하는 바는 무엇일까요? 드디어 야곱 가정의 문제가 해결되는 시점이 왔다는 겁니다. 내가 끼고돌던 자녀를 딱 내려놓으면 비로소 그 자녀가 객관적으로 보이기 시작합니다. 다시 말해, 베냐민이 그렇게 끼고돌 자식이 아니라는 걸 야곱이 알게 된 것이죠. 전에 요셉과 시므온은 둘 다 야곱이 모르는 사이에 없어져 버렸습니다. 그러나 베냐민은 좀 다릅니다. 야곱이 '자기 의지'로, 즉 자발적으로 처음 내려놓은 자식입니다.

여러분은 내가 자식을 끼고돌면 자식이 나 이상이 될 것 같습니까? 내가 아무리 잘나도 한낱 인간일 뿐입니다. 그래서 하나님께 내 자녀를 맡겨야 합니다. 하나님이 키워 주시는 것이 최고의 교육이기 때문입니다. 무엇보다 내 자녀는 하나님의 자녀, 하나님의 소유입니다. 절대 부모의 소유가 아닙니다. 하나님이 부모인 내게 자녀를 잠시 맡기신 것뿐입니다.

내 자녀가 자폐아일 수 있습니다. 내 자녀가 감옥에 갈 수도 있고, 직장에 다니지 못할 수도 있습니다. 내 자녀에게 신체적, 정신적 장애가 있을 수 있습니다. 자녀를 내려놓는다는 것은 바로 내 자녀가 이렇게 아플 수 있다는 것을 인정하는 것입니다.

내 자녀를 내려놓으면 하나님이 어떤 상을 주십니까? 내가 보이고, 자식이 또렷이 보이는 상을 주십니다. 이 세상에서 내가 가장 아끼는 것을 내려놓았는데 어찌 상을 안 주시겠습니까? 그렇게 내가 보이기 시작하면 비로소 예배가 회복되고 다른 사람에게 관심을 기울이게 됩니다. 이것이 바로 전능하신 하나님이 베푸시는 은혜입니다. 100퍼센트 죄인인 인간은 전능하신 하나님을 부르지 않으면 뇌물을 쓸 수밖에 없는 존재입니다. 그러나 내가 아끼던 것을 포기하면 얼마나 하나님의 이름을 부르기 쉬워지는지 모릅니다.

저는 워낙 시간이 금인 사람인지라 제 시간을 함부로 쓰는 사람을 쉽사리 용서하지 못했습니다. 학창 시절에 제가 얼마나 열심히 살았으면 유학도 안 다녀왔는데 예고 강사가 됐겠습니까? 그랬던 제가 가장 아끼던 피아노를 딱 내려놓으니 하나님밖에 부를 이름이 없게 되었습니다. 그러면서 비로소 저 자신이 객관적으로 보이기 시작했습니다.

✦ 내가 여전히 하나님 외에 부르고 있는 이름은 무엇입니까? 내가 가장 아끼는 것을 자발적으로 내려놓았더니 하나님이 주신 상은 무엇입니까?

뇌물이 선물로 변합니다

그 형제들이 예물을 마련하고 갑절의 돈을 자기들의 손에 가지고 베냐민을 데리고 애굽에 내려가서 요셉 앞에 서니라 _창 43:15

이재(理財)에 밝은 야곱이 "자식을 잃게 되면 잃으리로다" 하며 대가성 없이 예물을 보내니 뇌물이 선물로 변합니다.

야곱이 가장 아끼는 자녀 베냐민을 내려놓고, 이제 하나님만 바라봅니다. 베냐민의 생명은 애굽의 권력자가 아닌 하나님의 손에 달렸다는 것을 알았기 때문입니다. 이렇게 야곱이 베냐민을 내려놓자 그 가정에 어떤 변화가 일어납니까? 애굽으로 향하는 아들들의 발걸음이 가벼워집니다. 야곱 한 사람이 변하니 온 집안에 활력이 돌고, 온 가족이 자유로워졌습니다. 한 사람의 결정이 이다지도 중요합니다.

그런데 여러분, 애굽의 권력자 요셉이 가장 바라는 것이 무엇입니까? 베냐민을 만나는 것 아닙니까? 우리가 연애를 해도 그래요. 정작 사람은 안 오고 다이아몬드 반지에 장미꽃다발만 보내면 뭐 합니까? 당사자가 와야지요. 그 사람 자체가 선물이잖아요. 하지만 야곱은 요셉이 얼마나 베냐민을 그리워하고 있는지 아직 모릅니다. 그러니 애굽의 권력자가 사람 목숨을 쥐고 흔든다고만 생각해서 잔뜩 뇌물을 준비했던 것입니다.

여러분은 어떻습니까? 예배 한 번 안 드리면 하나님이 나를 당장 저주하실 거라고 오해한 적은 없습니까? 아니면 "하나님, 제가 내일

시험인데, 온종일 교회에서 예배드리면 저 붙여 주실 건가요? 그러면 저 하루 종일 예배드릴게요" 하며 뇌물성 기도를 한 적은 없으세요? 그러나 하나님은 그런 분이 아닙니다. 우리의 원함과 필요를 앞서 다 알고 계실 뿐만 아니라, 우리에게 복 주기를 기뻐하십니다.

> 요셉은 베냐민이 그들과 함께 있음을 보고 자기의 청지기에게 이르되 이 사람들을 집으로 인도해 들이고 짐승을 잡고 준비하라 이 사람들이 정오에 나와 함께 먹을 것이니라 _창 43:16

요셉에게 최고의 예물은 야곱이 내려놓은 자식, 바로 베냐민입니다. 그래서 요셉이 베냐민을 보고 형제들에게 잔치를 베풀어 준 것이죠. 우리 하나님도 그래요. 내가 가장 아끼는 것, 내 자녀를 내려놓는 것을 보시고, 하늘나라에서 우리를 위해 친히 잔치를 베풀어 주십니다.

모든 형제가 가도 정작 가장 중요한 베냐민이 가지 않으면 야곱이 준비한 그 귀한 예물은 모두 쓸데없는 뇌물이 되어 버릴 뿐입니다. 그래서 '정곡을 찌르는 예물'을 드리는 것이 중요합니다.

앞서 우리는 정곡을 찌르는 회개와 설득에 대해 살펴보았습니다. 정곡을 찌르는 회개가 무엇입니까? "우리가 요셉을 죽이려고 했다"는 형들의 고백입니다.

정곡을 찌르는 설득은 무엇인가요? "나의 형제 곧 골육의 친척을 위하여 내 자신이 저주를 받아 그리스도에게서 끊어질지라도 원하는 바로라"(롬 9:3). 바울의 이 고백처럼 유다의 자기희생적인 설득, 구속사적인 설득입니다.

그러면 정곡을 찌르는 예물은 무엇입니까? 바로 나 자신, 즉 본질을 드리는 예물입니다. 그러나 하나님이 어떤 분인지 모르면 우리는 결코 진정한 예물을 하나님께 드릴 수 없습니다.

우리 부모들의 고질병이 무엇입니까? 바로 내가 가장 아끼는 자녀를 쉬이 내려놓지 못하는 것 아닙니까? 왜 그런가요? 자녀는 곧 나 자신이기 때문입니다. 그러나 자녀를 내려놓지 못하면 뇌물로 자녀를 키울 수밖에 없습니다.

뇌물로 자식을 키우는 것이 얼마나 자식을 죽이는 일인지를 보여 주는 한 중등부 학생의 간증입니다.

저는 초등학교 5학년 때 외국으로 유학을 갔습니다. 친구와 헤어지는 것이 싫어서 가기 싫었지만, 교육열이 높은 아빠의 성화에 못 이겨 명문 어학원에 들어갔습니다. 당시 어학원 기숙사에는 다섯 명의 한국 아이들이 있었는데, 그들은 제 물건을 함부로 가져갔습니다. 하지만 저는 너무 무서워서 한마디도 하지 못했습니다. 어학원 원장님에게 말씀드리니 오히려 "걔들이 얼마나 착한데, 무슨 헛소리냐"고 하셨습니다. 결국 엄마하고도 얘기가 잘 되지 않아 저는 환경이 더 안 좋은 학원으로 보내졌습니다.

하지만 저는 그곳에서도 한국 아이들에게 괴롭힘을 당했습니다. 하루는 누군가가 분필 테러를 하고 저를 범인으로 지목했습니다. 또 제가 시험을 잘 보면 남의 답안지를 베꼈다고 애먼 소리를 하기도 했습니다. 그러던 어느 날, 한 아이가 수업 시간에 저를 심하게 욕하는 바람에 너무 화가 나서 저도 그 아이의 가족을 모욕하는 말을 했습니다. 급기야 둘 다 이성을 잃고 주먹싸움을 벌였습니다. 세 번 경고를 받으면 어학원에서 퇴소인데, 저는 한 달도 못 되어 두 번이나 경고를 받았습니다. 아무도 제 편이 되어 주지 않고, 다들 저를 죽일 듯이 달려드니 너무 답답해서 손발이 덜덜 떨리기까지 했습니다. 결국 저는 계속되는 학대에 살인 충동 등의 정신적인 문제가 생겨 얼마 후 귀국했습니다.

그렇게 저는 유학 생활에서 영어 공부는 하나도 못 하고 병만 얻어 왔습니다. 전에는 교회라면 그저 귀찮기만 했는데, 귀국한 후 우리들교회를 다니기 시작하면서 교회가 좋다는 생각이 처음으로 들었습니다. 무엇보다 다들 솔직하게 자기 이야기를 하니까 너무 좋았습니다. 저는 그동안 하나님을 많이 원망했습니다. 하지만 제 고난을 계속해서 나누다 보니 이제는 남을 이해하고 사랑하는 마음이 생기기 시작했습니다.

진정한 예물을 드리는 비결은 부모가 먼저 하나님을 예배하고, 자녀에게 말씀을 가르치며, 이타적인 삶을 보여 주는 것입니다.

언젠가 『정글에 천국을 짓는 사람』이라는 장요나 선교사님에 관한 책을 읽었습니다. 장 선교사님은 잘나가던 사업가에서 갑작스레 쓰러져 식물인간이 되었습니다. 그러다가 10개월 만에 기적적으로 깨어나 하나님의 강권하심에 따라 베트남 선교사로 헌신했습니다.

어느 날 이분이 베트남 목사들을 데리고 오랜만에 한국에 들어왔답니다. 그들과 함께 집을 방문했는데 글쎄, 전에 살던 집은 사라지고, 거기에 새 아파트가 들어서고 있더랍니다. 다행히 아내와 연락이 닿아 이사한 집을 찾아가는데, 몇 호라고 말했는지 영 기억이 나질 않더랍니다. 때마침 한 청년이 계단으로 올라오길래 "여기 두 아들과 어머니가 사는 집이 어디냐"고 물었습니다. 그랬더니 그 청년이 "혹시 제 아버지 아니세요? 저 아버지 장남이에요"라고 하는 게 아니겠습니까. 이를 지켜보던 베트남 목사들은 "선교사님이 베트남 사람들을 사랑해서 가정도 버리고, 아들 얼굴도 알아보지 못할 만큼 헌신하며 지내 왔구나" 하며 감격해서 울었다고 합니다.

하루는 선교사님이 또 오랜만에 집에 갔는데, 그날따라 아내가 몹시 반겼습니다. 그러면서 "당신 잘 왔어요. 내일 막내가 서울대 미대 시험을 보니 기도 좀 해 주세요" 하더랍니다. 그런데 기도하는 중에 느닷없이 "하나님, 서울대 미대에 들어가면 뭐 합니까? 아들이 시험에 떨어지게 해 주세요. 시험에 낙방하고 베트남에 와서 선교사 되게 해 주세요"라는 기도가 나왔답니다. 그 기도대로 그해 막내아들은 시험에 똑 떨어졌습니다. 1년 뒤 선교사님이 한국에 다시 갔는데, 공교롭게도 또 막내가 홍대 미대 시험을 앞두고 있었습니다. 그런데 이번에도 "하나님, 서울대, 연대, 고대, 홍대에 가면 뭐 합니까? 그게 하나님과 무슨 상관이 있습니까. 또 떨어지게 해 주시고 베트남 선교사 되게 해 주세요" 기도가 막 나오더랍니다.

그러나 막내아들이 또 시험에 떨어지자 선교사님은 "하나님, 우리 막내가 두 번째도 대학에 떨어졌습니다. 세 번째는 아무 대학이나 들어가게 해 주세요. 그리고 베트남도 꼭 오게 해 주세요"라고 기도했습니다. 결국 막내아들은 삼수 끝에 고대 환경공학과에 붙어 여름방학에 베트남에도 다녀갔답니다. 이후에는 사업으로 돈도 많이 벌고, 명성도 얻었다고 합니다. 그래서 그 아들이 결국 어떻게 되었을까요? 선교지에서 아버지가 섬기는 모습을 보고 큰 감동을 받아 아들도 선교사가 되겠다고 헌신했습니다.

그렇습니다. 부모가 삶으로 보여 준 것이 있으면 하나님이 이렇게나 잘 키워 주십니다. 그래서 역설적으로 부모가 자녀를 내려놓는 것이 자녀를 진정 얻는 길입니다.

예물은 두려움으로 바치는 뇌물이 아닙니다. 내가 가장 아끼는 것을 내려놓고 감사함으로 드리는 선물입니다. 무엇보다 진정한 예물은 나 자신입니다. 즉, 내가 변하는 것입니다. 그리할 때 하나님 자체가 우리의 가장 큰 선물, 우리의 상급임을 고백하게 될 줄 믿습니다.

✦ 내가 가장 아끼는 것은 무엇입니까? 그것을 내려놓았더니 가정이 살아난 적이 있습니까? 진정한 예물은 나 자신을 드리는 것, 즉 나 한 사람이 변하는 것임을 압니까?

우리들 묵상과 적용

제가 8살 때 돌아가신 친아버지는 술을 드실 때마다 제게 폭력을 행사하셨고, 교사이신 어머니는 저를 엄격히 통제하셨습니다. 저는 그런 부모님 아래에서 일절 반항하지 않는 소심한 아이로 자랐고, 이로 인해 고등학생 때부터 우울증과 대인기피증 증상을 보이기 시작했습니다. 치유를 위해 나름대로 열심히 기도했지만 금세 포기하고, 베냐민을 애굽으로 보낼 때 뇌물을 준비한 야곱처럼(창 43:11~12) 세상적인 방법으로 저의 소심함을 감추려고 늘 애썼습니다. 그래서 남자다움을 길러보고자 ROTC(학생군사교육단) 생활을 했습니다.

　이후 건설회사에서 일하게 되면서 하도급 업체 사람들 앞에서 험한 욕을 하고 언성을 높이며 기선을 제압하려고 했습니다. 또 상사들의 비위를 맞춘다는 이유로 술, 담배를 일삼는 것은 물론이고 안마시술소와 룸살롱을 드나들며 음란을 즐겼습니다. 직장에서 우수 사원으로 뽑히고 승승장구했지만, 얼마 후 회사의 경영 악화로 정리해고를 통보받았습니다. 그런데 항상 저보다 못하다고 여겨 속으로 무시한 동료가 오히려 회사에서 살아남았습니다. 더욱이 이직할 회사에 그 동료도 함께 면접을 보러 갔는데, 남자답게 말한 저는 똑 떨어지고, 오히려 말주변이 없는 그가 뽑혔습니다.

처음에는 목장 모임에서 이 일을 절대 나누고 싶지 않았습니다. 그런데 저보다 더한 고난을 진솔하게 나누는 목장 식구들을 보며 오픈할 수 있었고, 자기 일처럼 아파하며 위로해 주는 지체들을 통해 마음의 치유를 얻었습니다. 무엇보다 "요셉이 애굽의 총리로서 이인자의 역할을 잘 감당했기에 기근 중에도 먹을 것이 있게 되었다"는 말씀을 들으며(창 41:53~57), 항상 일인자가 되려고 한 저의 교만을 회개할 수 있었습니다. 그리고 야곱이 베냐민을 내려놓은 것같이(창 43:13~14) 진정한 예물을 드리려면 내가 아끼던 것을 내려놓아야 한다는 말씀을 듣고, "내가 항상 일인자가 되어야 한다"는 마음을 내려놓았습니다. 그랬더니 하나님이 제 인생을 책임지시는 것을 경험하게 되었습니다.

얼마 후 다른 회사 면접을 보게 되었는데, 한 임원분이 "앞으로 우리 회사에 들어오면 어떤 자세로 일하겠냐?"고 물었습니다. 저는 목장에서 나눈 것처럼 항상 일인자가 되고 싶었기에 불협화음을 냈던 교만한 모습을 솔직히 이야기하고 "앞으로는 이인자의 역할로 동료들과 조화를 이루는 직장생활을 하겠습니다"라고 답했습니다. 이후 저는 건설 직종에서는 꿈도 못 꾸는 주 5일제에 모든 예배를 사수할 수 있는 좋은 조건으로 그곳에 입사했습니다. 늘 두려움 가운데 뇌물밖에 쓸 줄 몰랐던 저에게, 진정한 예물의 의미를 깨닫게 하신 하나님, 사랑합니다.

영혼의 기도

주님, 진정한 예물을 하나님께 드리고 싶었습니다. 그런데 참으로 두려움의 문제가 해결되지 않아서 뇌물을 바치며 살아왔다는 것을 알았습니다. 여전히 두려운 마음에 자꾸만 세상 방법을 의지하여 뇌물을 드리려는 우리를 불쌍히 여겨 주옵소서.

내가 자녀를 끼고도는 것이야말로 뇌물로 자녀를 키우는 일이고, 그것이 결국 자녀를 죽이는 길임을 깨닫게 해 주셔서 감사합니다. 이제는 '내가 자식을 잃게 되면 잃으리로다' 고백한 야곱처럼, 내가 아끼던 모든 것을 내려놓기를 원합니다.

그리할 때 하나님을 부르는 인생이 되고, 전능하신 하나님이 베푸신 놀라운 은혜를 누리게 될 줄 믿습니다.

나 한 사람이 변하는 진정한 예물을 주께 드릴 때 우리 가족이 다 살아나게 역사하여 주옵소서.

참으로 하나님 자체가 우리의 가장 큰 선물이요, 가장 큰 상급임을 고백하오니 우리의 예물을 받아 주옵소서. 나를 받아 주시고, 우리 자녀를 받아 주옵소서. 예수님 이름으로 기도드립니다. 아멘.

내 자녀를 내려놓으면 하나님이 어떤 상을 주십니까?
내가 보이고, 자식이 또렷이 보이는 상을 주십니다.
이 세상에서 내가 가장 아끼는 것을 내려놓았는데
어찌 상을 안 주시겠습니까?
그렇게 내가 보이기 시작하면
비로소 예배가 회복되고
다른 사람에게 관심을 기울이게 됩니다.

14

천국 잔치

창세기 43장 16~34절

하나님 아버지,
천국 잔치에 초청받아도
문 입구에서 들어가지도 못하고
쩔쩔매는 모습이 우리에게 있습니다.
왜 천국 잔치를 못 누리는지 깨닫고,
이 땅에서도 천국을 누리기를 원합니다.
말씀해 주옵소서. 듣겠습니다.

남편이 천국에 가고 얼마 안 되었을 때입니다. 당시에도 뜨거운 마음으로 남편의 구원 간증을 전하고 있었음에도 교회에서 결혼식이 있으면, 저는 쭈뼛거리며 한쪽 구석에 죄인처럼 앉아 있다가 오곤 했어요. 남들이 저를 불편해할까 봐 그런 것이었죠. 여전히 유교적 관습이 남아 있다 보니 남편을 빨리 보낸 죄인이라는 인식이 제게 있었기 때문입니다. 실제로 그런 이유로 저를 불편해하는 사람들도 더러 있었지만, 그때는 저도 자유롭지 못한 부분이 있었습니다.

우리가 이런 문제에서 100퍼센트 자유로워지려면 어떻게 해야 할까요? 내 사건을 바라보는 나의 시선과 남의 시선이 모두 주님이 보시는 시선으로 바뀌어야 합니다. 그러나 현실적으로 그러기가 참 어렵지요. 주님이 우리를 천국 잔치에 초청하셔도 그렇습니다. 잔치에 초청받았다면 누리기만 하면 되는데, 잘 누리지 못합니다. 그 이유가 무엇인지 본문을 통해 살펴보겠습니다.

죄의 문제가 해결되지 않았기 때문입니다

16 요셉은 베냐민이 그들과 함께 있음을 보고 자기의 청지기에게 이르되 이 사람들을 집으로 인도해 들이고 짐승을 잡고 준비하라 이 사람들이 정오에 나와 함께 먹을 것이니라 **17** 청지기가 요셉의 명대로 하여 그 사람들을 요셉의 집으로 인도하니 **18** 그 사람들이 요셉의 집으로 인도되매 두려워하여 이르되 전번에 우리 자루에 들어 있던 돈의 일로 우리가 끌려드는도다 이는 우리를 억류하고 달려들어 우리를 잡아 노예로 삼고 우리의 나귀를 빼앗으려 함이로다 하고 _창 43:16~18

요셉의 형들이 야곱이 마련한 예물과 요셉이 그리도 원하던 베냐민을 데리고 요셉 앞에 드디어 섰습니다. 그러자 요셉이 즉시 베냐민을 알아보고, 형제들에게 식사 초대를 합니다. 요셉은 기뻐서 짐승을 잡고 형제들을 대접하려는데, 정작 형들은 뭐라고 하고 있습니까? 18절에 보니 "전번에 우리 자루에 들어 있던 돈의 일로 우리가 끌려드는도다 이는 우리를 억류하고 달려들어 우리를 잡아 노예로 삼고 우리의 나귀를 빼앗으려 함이로다" 하며 요셉을 오해합니다. 원어를 보면 '우리'라는 말이 무려 6번이나 반복해서 사용됩니다. 이는 형들의 심리가 그만큼 불안하다는 것을 보여 줍니다.

요셉은 형들에게 베냐민을 데려오면 억류되어 있던 시므온도 풀어 주고, 곡식도 준다고 분명히 약속했습니다. 그러면 그 약속을 믿어야 하잖아요. 그런데 형들은 죄의 문제가 아직 해결되지 않으니 예상치 못한 상황에 두려워하며 그 약속을 믿지 못한 것입니다. 그 죄가 무엇인가요? 요셉을 죽이려고 한 죄, 그러다 결국 노예로 팔아 버린 죄 아닙니까? 그러니 형들이 지금 두려움에 사로잡혀 피해망상적인 드라마를 쓰고 있는 것이죠.

그래도 형들이 베냐민을 데리고 애굽에 왔을 때는 믿음이 좀 생긴 것 같았습니다. 하지만 이해할 수 없는 상황이 오자 금세 두려워 떨고 있습니다. 우리도 그렇지요. 내 자녀가 대학에 붙으면 잠시 기뻤다가도 회사가 힘들어지고, 조금이라도 안 좋은 일이 생기면 불안해하는 것이 우리의 실상입니다. 심지어 잘돼도 불안해합니다. 다 앞날에 대한 두려움 때문입니다. 그러나 믿는 우리는 하나님을 의지하는 만큼 두려움으로부터 자유로워질 수 있습니다.

"바람의 길이 어떠함과 아이 밴 자의 태에서 뼈가 어떻게 자라는지를 네가 알지 못함 같이 만사를 성취하시는 하나님의 일을 네가 알지 못하느니라"(전 11:5). 이 말씀처럼 유한한 인간은 하나님의 일을 결코 알 수 없습니다. 때로는 하나님이 우리를 이해할 수 없는 고난으로 다루실 때가 있습니다. 그때 비빌 언덕이 없으면 우리 마음이 약간 겸손해지는 것이 있지 않습니까. 요셉의 형들도 아마 그렇지 않았을까요? 주님이 교만한 우리를 고난으로 다루실 수밖에 없는 이유가 여기에 있습니다.

어떤 남편이 이혼해 달라고 하도 난리를 쳐서 부인이 이혼해 주었습니다. 그런데 그 길로 그 부인이 복권을 샀는데, 250억이 당첨됐답니다. 이 남편이 이혼만 해 주면 유쾌할 줄 알았는데, 사정이 이러니 전혀 유쾌하지 않은 겁니다. 여러분은 언제 유쾌합니까?

사도 베드로는 "그러므로 너희가 회개하고 돌이켜 너희 죄 없이 함을 받으라 이같이 하면 새롭게 되는 날이 주 앞으로부터 이를 것이요"(행 3:19)라고 했습니다. 여기서 '새롭게 되는 날'을 개역한글판 성경은 '유쾌하게 되는 날'이라고 번역했습니다. 다시 말해 내 속에 뿌리 깊은, 나만 아는 죄를 하나님 앞에 고백하게 되면 내 마음이 새롭게 되고 유쾌하게 된다는 것이죠.

우리의 목장 모임이 유쾌하게 되는 비결도 그래요. 목장에서 자기 죄를 솔직히 오픈할 때 자연스레 유쾌한 모임이 됩니다. 교양으로 모이면 별로 재미도 없고, 다들 시계만 쳐다보며 속으로 '언제 끝나나?' 딴생각만 하고 있을 겁니다.

물론 뿌리 깊은 내 죄를 고백하는 것은 결코 쉬운 일이 아닙니다. 그러나 죄의 문제가 해결되지 않으면 쫓아오는 자가 없어도 도망치는 악인처럼(잠 28:1) 때마다 눌릴 수밖에 없습니다. 그런 사람들의 특징이 '이건 오해야! 나는 함정에 빠졌어' 하면서 필사적인 변명을 해대는 것입니다. 요셉의 형들이 바로 그렇습니다.

> 19 그들이 요셉의 집 청지기에게 가까이 나아가 그 집 문 앞에서 그에게 말하여 20 이르되 내 주여 우리가 전번에 내려와서 양식을 사가지고 21 여관에 이르러 자루를 풀어본즉 각 사람의 돈이 전액 그대로 자루 아귀에 있기로 우리가 도로 가져왔고 _창 43:19~21

자, 형들을 보세요. 문 앞에만 서 있고, 정작 집 안으로 들어가지도 못합니다. 집에 들어가면 자신들은 이제 끝이라고 생각하는 겁니다. 청지기에게 "내 주여"라고 한 것도 그래요. 그저 애굽의 총리가 두렵기 때문입니다. 그런데 사실은 한 사람만 여관에서 돈이 자루 아귀에 있다는 것을 발견하고, 나머지 각 사람의 돈은 다 자루 속에 있었잖아요.(창 42:35) 그것도 나중에 야곱에게 보고하면서 알았죠. 여전히 형들은 진정성 있게 말하지 못하고 있습니다. 그 이유가 무엇입니까? 역시나 두렵기 때문입니다. 진짜 사죄를 해야 하는데, '나는 죄 없다' 하고 있으니 자꾸 쓸데없는 말만 나오는 겁니다.

학력 위조 사건으로 우리 사회가 한창 떠들썩할 때, 사회심리학자인 이철우 씨가 이런 칼럼을 썼습니다.

사죄란 용서를 구함으로써 자신이 처한 곤경에서 탈출하려고 하거나, 자신에 대한 부정적인 평가를 극복하려고 이루어지는 언어적 표명이다. 물론 진심으로 자기 자신을 반성하며 상대방의 용서를 구하는 사죄도 있겠지만, 철저한 자기반성 없이 상대방의 용서를 구하려는 사죄도 있다.

우리는 일상생활에서 사죄를 할 때도 있고 용서를 받을 때도 있다. 사죄란 지위의 고하에도 전혀 상관이 없어, 지위가 높은 사람, 가령 대통령이라도 문제가 있으면 대국민 담화라는 형식으로 사죄한다. 고(故) 김대중 전 대통령이 자식 문제로 국민에게 용서를 구한 것, 그리고 한나라당 이회창 전 총재가 자식의 병역 문제로 국민에게 머리를 조아린 것은 아직도 기억에 생생하다. 사람들이 진심으로 반성을 했는지 어떤지는 확실하지 않지만, 사죄했다는 것으로 국민의 불만을 어느 정도 누그러뜨렸던 것만은 분명하다.

…… 사죄는 변명 가운데 가장 효과가 높다. 하지만 그만큼 하기 힘든 변명이 사죄이기도 하다. 사죄란 우선 자신의 책임을 인정하고 들어가야 한다. 하지만 사람이라는 존재는 자신의 잘못을 인정하기가 어렵다. 잘못을 인정하는 것은 자신의 체면과 자존심에 상처를 입히기 때문이다.

사죄해야 할 상황이라면 쓸데없는 변명을 되도록 삼가고 솔직히 잘못을 인정해야 한다. 사죄한다면서 구구한 변명을 늘어놓다가 되레 반감만 사는 경우가 흔히 있다. 좋은 사죄란 변명을 일절 하지 않고, 잘못을 솔직히 인정하며, 자기의 잘못으로 말미암은 일의 대책을 밝히는 것이다.

사람들은 자기의 낯이 깎일까 봐 좀처럼 사죄하지 않는다. 다른 사람의 눈을 의식하여 자기가 사죄하면 다른 사람들이 자신에 대한 평가를 낮출 것이라고 생각하기 때문이다. 흔히들 사죄를 하면 다른 사람들이 자기를 우습게 볼 것이라고 생각한다. 하지만 사죄해야 할 때 사죄하지 않는 것이 자신에 대한 평가를 낮추는 것이다. 그뿐 아니라 쓸데없는 반감까지 사게 되어 자신에 대한 호감마저 낮아진다. 사죄해야 할 때 사죄할 수 있는 것이야말로 제대로 된 인간관계를 유지해 가는 가장 훌륭한 기술 가운데 하나이다.

그렇습니다. 상대방의 말에 '옳소이다!' 하며 먼저 내 잘못을 솔직히 인정하는 것이 인간관계를 유지해 가는 최고의 기술입니다.

열왕기서를 보면 북이스라엘의 왕들은 한결같이 악하다고 기록되어 있고, 남유다의 왕들은 비록 온전히 행하지 못해도 여호와 보시기에 정직히 행하였다고 기록되었습니다. 악한 것의 반대는 정직입니다. 적어도 우리는 내가 온전하지 못하다고 정직하게 이야기할 수는 있습니다. 한마디로 "나는 온전하지 못해요"라고 솔직하게 고백하는 것이 정직이라는 것입니다. 사죄란 바로 이런 것입니다. 천국 잔치를 누리는 자격은 솔직한 사람들에게 주어집니다. 그러나 절대로 사과를 하지 못하는 사람은 대인 관계 점수가 빵점일 수밖에 없습니다. 그러면 될 일도 안 됩니다.

> 양식 살 다른 돈도 우리가 가지고 내려왔나이다 우리의 돈을 우리 자루에 넣은 자는 누구인지 우리가 알지 못하나이다 _창 43:22

형들이 아직은 진정성 있는 사죄를 하지 못하고 있지만, 그래도 조금은 희망이 보입니다. 과거 그들은 요셉을 무자비하게 팔아 버릴 정도로 이기적이었습니다. 그런데 지금은 "'우리' 중에는 아무도 곡식 값으로 지불된 돈을 자루 속에 감추는 일을 하지 않았다"고 말합니다. 형들이 함께 고난을 겪으면서 '우리'라는 공동체 개념이 서로를 위하는 방향으로 약간 바뀌었다고나 할까요? 형들의 믿음의 수준이 점점 높아지고 있으니 청신호가 분명합니다. 그러나 여전히 오해하고, 피해망상적으로 필사적인 변명을 하는 형들을 천국 잔치에 불러들이기 위해서는 꼭 필요한 사람이 있습니다. 바로 청지기입니다.

✦ 아직 해결되지 않은 죄의 문제는 무엇입니까? 그래서 쓸데없이 혼자서 오해하고 피해망상적인 드라마를 쓰고 있지는 않습니까? 상대방의 말에 '옳소이다' 하며 내 잘못을 먼저 인정합니까? 그것이 인간관계를 유지해 가는 최고의 기술임을 압니까?

그래서 청지기가 꼭 필요합니다

주변을 보면 천국 잔치에 왜 가는지도 모른 채 끌려온 사람들이 있습니다. 목장에 가는 것도 그렇죠. 처음에는 왜 가는지도 모르고 끌려왔다가 "가 보니까 너무 좋더라, 천국이 따로 없더라" 하는 사람이 적지 않습니다.

그러면 청지기의 역할이 무엇입니까? 하나님의 명대로 사람들을 천국 잔치로 불러들이는 것입니다. 요셉의 청지기도 그 주인의 명대로 형제들을 집으로 불러들였습니다. 하지만 형들은 초대를 받고도 두려워서 문 앞에서 머뭇거립니다. 그러자 이 신실한 청지기가 뭐라고 합니까?

23 그가 이르되 너희는 안심하라 두려워하지 말라 너희 하나님, 너

희 아버지의 하나님이 재물을 너희 자루에 넣어 너희에게 주신 것이니라 너희 돈은 내가 이미 받았느니라 하고 시므온을 그들에게로 이끌어내고 24 그들을 요셉의 집으로 인도하고 물을 주어 발을 씻게 하며 그들의 나귀에게 먹이를 주더라 _창 43:23~24

청지기가 "안심하라, 두려워하지 말라"며 형들을 위로하며 안심시킵니다. 그런데 여러분, 너무 지질해 보이는 이 형제들이 누구입니까? 장차 이스라엘 열두 지파의 조상이 될 사람들 아닙니까? 믿기는 믿는데 그 믿음이 지금은 너무 하잘것없어 보입니다.

우리도 그래요. 그리스도로 말미암아 원죄의 문제가 해결되어도 여전히 자범죄(自犯罪, actual sin)를 짓습니다. 그래서 계속 회개해야 합니다. "Already, but not Yet!" 성도는 '이미' 믿음으로 구원받았지만, '아직' 이루어 가야 할 구원, 즉 성화의 과정이 남아 있기 때문입니다. 이것이 바로 성도의 성화와 견인입니다. 우리의 발은 항상 죄의 땅을 밟고 있기에 날마다 발을 씻는 회개를 경험하지 않으면 금세 더러워질 수밖에 없습니다. 이때 청지기의 역할은, 요셉의 청지기가 형제들에게 물을 주어 발을 씻게 한 것처럼 매일 우리가 죄를 회개하게끔 돕는 것입니다.

사람들은 억울하고 두려운 사건이 오면 먼저 자신을 돌아보기보다 사건 자체에 목숨을 걸고 매달릴 때가 많습니다. 그래서 "나는 잘못이 없다"면서 필사적으로 변명하고, "이건 모두 함정"이라며 뇌물을 써서라도 문제를 빨리 해결하려고 합니다. 자기 힘으로 살아 보려고 아등바등하는 것이 우리 인생의 모습입니다. 이런 인생을 청지기는 어떻게 섬겨야 할까요?

본문에서 요셉의 청지기는 특별히 '너희 하나님, 너희 아버지의 하나님의 이름', 즉 이스라엘의 하나님의 이름으로 형제들을 위로합니다. 애굽 사람들이 꺼리는 이스라엘 신의 이름으로 위로한 것입니다. 그야말로 정곡을 찌르는 위로입니다. 그러니 그 말 자체만으로도 형제들에게 큰 위로가 되지 않았을까요? 두려움 가운데 있던 형제들에게 이보다 더 큰 위로가 어디 있겠습니까.

그러면 구체적인 위로의 내용이 무엇입니까? 청지기는 "이것은 하나님이 너희에게 재물을 주신 사건이다. 그러므로 안심하라, 두려워하지 말라"고 합니다. 그는 하나님의 이름으로 정확히 위로했을 뿐만 아니라, 형제들을 요셉의 집으로 인도하여 물을 주어 발을 씻게 하고 나귀에게 먹이까지 주었습니다. 당시에는 물이 굉장히 귀했기에 손님에게 가장 귀한 예물은 다름 아닌 물이었습니다.

청지기는 "당장 회개하라! 왜 이렇게 두려워하냐"며 형들을 다그치지 않았습니다. 먼저 위로와 평안을 전한 다음, 귀한 물까지 내주며 구체적으로 그들을 섬겼습니다. 그러니 형들이 머리에 숯불을 끼얹은 것같이, 얼굴이 화끈거릴 만큼 부끄러움을 느끼며 자기 발을 씻는 회개를 하게 된 것이죠.

여러분에게도 청지기와 같은 사람이 있습니까? 그 위로와 섬김을 떠올릴 때, 그저 그를 보기만 해도 절로 눈물이 흐르고 회개가 터져 나오는, 그런 사람 말입니다. 다른 사람을 회개하도록 돕고 천국 잔치로 인도하는 것이 바로 청지기의 역할입니다. 우리도 가정과 학교와 일터와 교회에서 이런 역할을 감당해야 합니다. 나와 세상은 간곳없고 구속한 주님만 보일 때 어디서든 천국 잔치로 사람들을 이끄는 청지기의 역할을 감당하게 될 줄 믿습니다.

✦ 보기만 해도 절로 눈물이 나고 회개가 터져 나오는 사람이 있습니까? 나를 천국 잔치로 이끌어 준 청지기는 누구입니까? 가정과 학교와 일터와 교회에서 다른 사람을 천국 잔치로 이끄는 청지기의 역할을 감당하고자 내가 적용해야 할 것은 무엇입니까?

여전히 노예처럼 행동합니다

25 그들이 거기서 음식을 먹겠다 함을 들었으므로 예물을 정돈하고 요셉이 정오에 오기를 기다리더니 26 요셉이 집으로 오매 그들이 집으로 들어가서 예물을 그에게 드리고 땅에 엎드려 절하니 27 요셉이 그들의 안부를 물으며 이르되 너희 아버지 너희가 말하던 그 노인이 안녕하시냐 아직도 생존해 계시느냐 28 그들이 대답하되 주의 종 우리 아버지가 평안하고 지금까지 생존하였나이다 하고 머리 숙여 절하더라 _창 43:25~28

내가 청지기의 역할을 잘하고 있으면 상대방이 고마워서라도 달라져야 할 것 같은데, 그렇지 않은 경우가 더 많습니다. 사람은 좀처럼 변하지 않기 때문입니다. 예수를 믿어도 그래요. 더욱이 성경을 모르면 사람은 더더욱 변하기가 어렵습니다.

그래서 요셉의 청지기가 아무리 위로와 평안의 말을 전하고, 그들의 발을 씻게 해 줘도 형들이 여전히 노예처럼 행동하는 겁니다. 예물을 정돈하고 기다리다가 요셉이 오자마자 예물을 드리고 땅에 엎드려 절하는 형들을 보세요. 그들이 진짜 고마워서 그랬겠습니까. 속으로는 '애굽의 총리가 우리의 예물을 보고 우리에게 기회를 주려나 보다' 이렇게 생각했을 겁니다. 두려움으로 뇌물 예배를 드리고 있으니 아직도 천국 잔치를 누리지 못하는 형들입니다.

우리 주변을 보면 뭔가 잘못해서 교회에 나오게 된 분들이 있습니다. 그러나 신앙이 자라려면 교회에 나오는 것에만 만족하지 말고 성경을 봐야 합니다. 나의 가치관이 성경적 가치관, 구속사적 가치관으로 바뀌려면 날마다 말씀을 묵상해야 합니다. 교회 한 번 나왔다고 단번에 변화되는 게 아니기 때문입니다.

우리 자신을 봐도 그렇지 않습니까? 믿는다고 하면서도 노예근성에서 벗어나지 못해 뇌물 예배를 드리고, 자기를 위해 정성을 다하는 모습이 얼마나 많습니까? 물론 잔치에 갈 때 빈손으로 가는 사람은 드물지요. 그렇다고 형제들처럼 돈으로 휘두르고 가면 다입니까? 손님이 그러고 잔치에 오면 주인도 별로 반갑지 않을 것입니다.

그러면 천국 잔치에는 어떤 예물을 들고 가야 할까요? 정답은 진실하고 겸손한 예물입니다. 그런데 형들은 왜 진실하고 겸손한 예물을 드리지 못하는 걸까요? 아직 자기 죄를 토설(吐說)하지 않았기 때문입니다. 물론 형들 입장에서는 자신들이 정말 돈을 훔친 것이 아니니까 지금 상황이 억울할 수 있겠지요. 그러나 형들은 이제 단순한 사죄에서 한발 더 나아가 요셉을 죽이려고 한 죄를 자기 입으로 토설해야 합니다.

기독교 지도자들이 말씀으로 날마다 현 상황을 진단해도 왜 교회가 갈수록 욕을 먹는 것입니까? 정작 '정곡을 찌르는 진단', '정곡을 찌르는 토설'이 없기 때문 아닙니까? 믿는 사람일수록 토설을 잘해야 하는데, 도리어 요즘은 연예인들이 토설을 더 잘하는 것처럼 보입니다.

만약 함께 교회에 다니는 내 배우자가 바람을 피운다면 어떻게 하시겠습니까? 그 사실을 교회 공동체에 토설할 수 있습니까? 남이 알까 봐 쉬쉬하면서, 그저 드러나지 않으면 안도의 한숨을 쉬는 것이 우리의 실상은 아닙니까? 배우자가 회개하는 것보다 빨리 그 여자, 그 남자가 떨어져 나가서 아무도 모르게 내 배우자가 교회에 복귀하는 것이 여러분의 소원 아닌가요? 우리의 마음이 이런데 어찌 토설하기가 쉽겠습니까? 저는 요셉의 형들도 이렇게 안 되는 것을 보면서 토설의 길이 얼마나 힘든지 뼈저리게 느꼈습니다.

그러나 자기 죄를 토설하는 자들을 하나님이 얼마나 축복하시는지 모릅니다. 우리들교회 성도들만 봐도 그래요. 자기 죄를 토설하면서 영육 간에 달라지는 것을 많이 봅니다. 하지만 세상은 토설하는 자를 향해 얼마나 돌을 던지는지 모릅니다. 왜죠? 정작 자신들은 토설하지 못하기 때문에 싫은 겁니다.

우리 중에 죄인 아닌 사람이 어디 있습니까? 다윗이 간음하고 살인하는 끔찍한 죄를 지었어도 자기 죄를 토설하고 회개했기에 예수님의 조상이 되지 않았습니까. 하루라도 빨리 사죄하고 토설하면 하나님이 그다음 진도로 넘어가 주십니다. 그런데도 임기응변으로 상황을 모면하려니까 두려워 떨면서 자꾸 뇌물을 쓰게 되는 겁니다.

시편 32편 1절에서 5절을 보면 "허물의 사함을 받고 자신의 죄가 가려진 자는 복이 있도다. 마음에 간사함이 없고 여호와께 정죄를 당하지 아니하는 자는 복이 있도다. 내가 입을 열지 아니할 때에 종일 신음하므로 내 뼈가 쇠하였도다. 주의 손이 주야로 나를 누르시오니 내 진액이 빠져서 여름 가뭄에 마름 같이 되었나이다 (셀라). 내가 이르기를 내 허물을 여호와께 자복하리라 하고 주께 내 죄를 아뢰고 내 죄악을 숨기지 아니하였더니 곧 주께서 내 죄악을 사하셨나이다 (셀라)" 라고 했습니다.

개역한글판 성경은 3절 말씀인 "내가 입을 열지 아니할 때에 종일 신음하므로 내 뼈가 쇠하였도다"는 말씀을 "내가 토설치 아니할 때에 종일 신음하므로 내 뼈가 쇠하였도다"라고 번역했습니다.

그렇습니다. 내가 입을 열지 않으면, 내가 토설치 아니하면 평생을 노예처럼 살아갈 수밖에 없습니다. 그래서 천국 잔치에 초대받아도 누리지 못하는 것입니다.

여러분, 그동안 형들에게 무슨 일이 있었습니까? 그들은 기근이 와서 곡식을 사려고 애굽으로 갔다가 정탐꾼으로 오해를 받고 옥에 갇혔습니다. 이후 시므온만 홀로 억류되었죠. 그때도 형들은 "우리가 요셉을 죽이려고 했다"고 토설하지 못했습니다. 그렇게 토설하지 못한 세월이 벌써 몇십 년째입니까? 창세기 43장까지 왔는데도 야곱의 아들들이 이따위 모습밖에 안 보이고, 정곡을 찌르는 토설을 하지 못합니다. 죄를 오픈하는 것이 이렇게나 힘이 듭니다. 그러니 저도 여러분에게 "왜 오픈하지 못하냐"고 "왜 아직까지 토설하지 않느냐"고 말하지 않겠습니다. 그저 청지기처럼 "안심하라, 두려워하지 말라"고 위로하면서 발 씻을 물을 준비하겠습니다.

✢ 천국 잔치에 초대받아도 누리지 못하고 여전히 노예처럼 행동하는 모습은 무엇입니까? 아직 정곡을 찌르는 토설을 하지 못했기 때문에 그런 것은 아닙니까?

그럼에도 주님의 불붙는 사랑으로 우리를 천국 잔치에 인도하십니다

27 요셉이 그들의 안부를 물으며 이르되 너희 아버지 너희가 말하던 그 노인이 안녕하시냐 아직도 생존해 계시느냐 28 그들이 대답하되 주의 종 우리 아버지가 평안하고 지금까지 생존하였나이다 하고 머리 숙여 절하더라 29 요셉이 눈을 들어 자기 어머니의 아들 자기 동생 베냐민을 보고 이르되 너희가 내게 말하던 너희 작은 동생이 이 아이냐 그가 또 이르되 소자여 하나님이 네게 은혜 베푸시기

를 원하노라_창 43:27~29

드디어 요셉이 눈을 들어 '자기 어머니의 아들', '자기 동생' 베냐민을 바라봅니다. 지금까지는 형제들을 '그 사람', '그들'로 표현하더니 역시 피는 물보다 진합니다. 한 아버지와 한 어머니보다 귀한 것은 없고, 그 아래 한 태에서 나온 형제도 귀합니다. 하지만 혈육보다 더 귀한 관계는 하나님 아버지 안에서 형제 된 보혈 공동체입니다.

요셉이 아우를 사랑하는 마음이 복받쳐 급히 울 곳을 찾아 안방으로 들어가서 울고_창 43:30

"요셉이 아우를 사랑하는 마음이 복받쳐"라는 이 구절을 개역한 글판 성경은 "요셉이 아우를 인하여 마음이 타는듯 하므로"라고 번역했습니다. 요셉은 베냐민이 잘난 것이 하나 없어도 단지 친동생이라는 이유 하나만으로 불붙는 마음으로 그를 사랑합니다. 여기서 '마음'은 이사야가 젖먹이에 대한 어머니의 사랑을 언급하고(사 49:15), 시편 기자가 자식을 긍휼히 여기는 아버지의 사랑을 나타낼 때 쓰인 단어입니다(시 103:13).

베냐민을 통곡할 만큼 불붙는 마음으로 사랑한 요셉은 형들이 베냐민을 데려온 것을 예수 그리스도의 씨를 바라보고 돌이킨 것으로 보았습니다. 그리고 그들을 무조건적인 사랑으로 받아 주고 잔치에 참여하게 했습니다. 우리를 향한 하나님의 시선도 그렇습니다. 내 비록 아무 공로 없고 형편없지만 하나님은 내가 '택자'라는 이유 하나만으로 불붙는 사랑으로 나를 이끄시며 천국 잔치에 참여하게 하십니다.

> 얼굴을 씻고 나와서 그 정을 억제하고 음식을 차리라 하매_창 43:31

요셉이 불붙는 마음으로 베냐민을 사랑하지만, 오히려 사랑하기 때문에 그 정을 억제합니다. 여기서 그가 자신의 정체를 밝히지 않은 것은 형제들의 구원을 위해서입니다. 지금 요셉이 자신이 아우라는 것을 밝히면 이 집안은 망합니다. 진정한 관계 회복을 위해서는 형들을 검증하는 시간이 더 필요하기 때문입니다.

잠언 기자는 "자기의 마음을 제어하지 아니하는 자는 성읍이 무너지고 성벽이 없는 것과 같으니라"(잠 25:28)고 했습니다. 요셉의 인생을 보면 자기 마음을 제어하고 참을 일이 평생 있었습니다. 그만큼 요셉이 참고 인내할 일이 많았기에 총리의 자리까지 오를 수 있었던 것입니다. 인생은 기다림이라고 해도 과언이 아닌데, 누군가를 사랑하면 인내하며 때를 잘 분별할 수 있습니다. 요셉도 형제들을 사랑하기에 이때가 참고 기다려야 할 때임을 잘 알았던 것입니다.

그런데 한번 생각해 보세요. 시므온이 홀로 애굽에 억류된 지 벌써 2년이 지났잖아요. 애굽의 총리라면 얼마든지 그 전에 베냐민을 데려올 수 있지 않았을까요? 그러나 요셉은 형들이 베냐민을 애굽에 데려올 때까지 기다렸습니다.

그러면 우리가 요셉처럼 참고 인내하는 훈련을 잘 받아야 하는 이유가 무엇일까요? 큰일 중의 큰일인 구원을 이루기 위해서입니다. 제 인생을 돌아보니 '나는 왜 참아야 하나'가 늘 주제가였습니다. 어릴 때는 아무도 나를 돌봐 주지 않아서 참아야 할 일이 많았습니다. 학창 시절에는 놀고 싶어도 공부도 하고, 생활비도 벌어야 하니 또 참아야 했습니다. 목회를 하는 지금도 그렇습니다. 여러분도 '왜 나는 남편 때문에, 아내 때문에, 부모 때문에, 자녀 때문에 계속 참아야 하는가?' 이런 생각이 듭니까? 그런 우리에게 하나님이 정을 억제하시고 "음식을 차리라"고 하십니다. 하나님이 불붙는 마음으로 나를 사랑하시기 때문입니다. 나를 구원으로 인도하시기 위해서입니다. 여러분 눈에는 나와 내 가족의 구원 때문에 정을 억제하느라 죽을 지경인 하나님이 안 보이십니까? 하나님은 돈과 좋은 회사를 주면 금세 우리가 주님을 배반하고 떠날까 봐 지금도 정을 억제하고 참고 계십니다.

> 그들이 요셉에게 따로 차리고 그 형제들에게 따로 차리고 그와 함께 먹는 애굽 사람에게도 따로 차리니 애굽 사람은 히브리 사람과 같이 먹으면 부정을 입음이었더라 _창 43:32

요셉은 자신을 구덩이에 가두고 무정하게 음식을 먹던 형들에게 지금 풍성한 음식을 베풀고 있습니다. 그야말로 원수를 은혜로 갚았습니다. 인간적으로 보면 요셉은 원수를 이미 다 갚았습니다. 아니, 우리 하나님이 다 갚아 주셨습니다.

애굽 사람들은 외국인과 식사하는 것을 혐오스럽게 여겼습니다. 그래서 요셉과 형제들의 자리를 엄격하게 구별한 것입니다. 그런데 정말 이것이 맞는 게 요셉이 지금 형제들과 같이 음식을 먹을 군번이 아니잖아요? 우리도 그래요. 하나님과 같이 먹을 군번이 아닙니다. 피조물과 조물주는 감히 겸상할 수 있는 관계가 아닙니다. 너무 비약 같습니까? 그러나 요셉이 그리스도의 표상이기 때문에 이처럼 우리는 본문을 구속사적으로, 즉 그리스도와 우리의 관계를 생각하며 읽어 나가야 합니다.

그런데 말입니다. 요셉이 형들에게 인간적으로 원수를 갚았다고 마냥 기뻤을까요? 결코 그렇지 않았을 겁니다. 진짜 믿는 사람이라면 상대방의 영혼 구원이 자신의 소원이요, 기쁨이기 때문입니다. 주님은 "누구든지 하늘에 계신 내 아버지의 뜻대로 하는 자가 내 형제요 자매요 어머니이니라"(마 12:50)고 말씀하셨습니다. 요셉이 정을 억제하고 끝까지 인내한 이유도 마찬가지입니다. 그는 누구보다 형제들이 하나님 아버지의 뜻대로 행하는 진정한 주의 혈족이 되기를 바랐습니다.

> 그들이 요셉 앞에 앉되 그들의 나이에 따라 앉히게 되니 그들이 서로 이상히 여겼더라 _창 43:33

아무런 사전 정보 없이 모르는 사람들을 나이에 따라 앉히는 것은 사천만 분의 일 확률이라고 합니다. 그런데 요셉이 형제들을 그렇게 딱 앉혔습니다. 아마도 형들은 워낙 지은 죄가 많으니까 '저 총리가 어떻게 알고 우리를 나이 순서대로 앉혔지?' 하면서 놀라고 두려웠을 겁니다.

> 요셉이 자기 음식을 그들에게 주되 베냐민에게는 다른 사람보다 다섯 배나 주매 그들이 마시며 요셉과 함께 즐거워하였더라 _창 43:34

요셉은 자기 음식을 형제들에게 주되 특별히 베냐민에게만 다섯 배나 주었습니다. 전에 형들은 요셉만 채색옷을 입었다고 미워했죠. 그래서 베냐민에게만 다섯 배나 음식을 많이 주면서 지금은 형들이 어떻게 반응하나 한번 시험해 본 것입니다. 일종의 관계 회복을 위한 검증인 셈입니다.

하나님도 우리에게 뭔가를 주시면서 "이제부터 네가 잘 믿는지 시험해 볼 거다" 하실 때가 있습니다. 이를테면 자녀를 시험에 붙여 주시고, "앞으로 하나님 뜻대로 자녀를 잘 키우는지 시험해 보겠다" 하실 때가 있습니다. 불붙는 마음으로 우리를 사랑하시기 때문입니다.

참으로 요셉도 그리스도의 심장으로 형제들을 사랑했습니다. 이것을 어떻게 알 수 있습니까? 먼저 그는 짐승을 잡아 잔치를 베풀고, 청지기를 통해 형제들을 위로했습니다. 무엇보다 형제들의 구원을 위해 자신의 정을 억제하고 인내했습니다. 그러나 이는 절대 형제들이 잘나서가 아닙니다. 그들에게는 어떤 자격도 공로도 없지만 오직 주님의 불붙는 사랑으로 형제들을 천국 잔치에 초청한 것입니다. 비록 아브라함부터 시작된 편애의 역사가 이삭과 야곱을 거쳐 요셉으로까지 이어졌지만, 야곱의 아들들 모두 오직 하나님의 자녀라는 이유만으로 천국 백성의 특권을 누리게 되었습니다.

큰오빠의 수고로 온 가족이 천국 잔치를 누리게 되었다는 한 권사님의 간증입니다.

큰오빠는 아버지의 인감을 도용해서 몇만 평의 선산을 보증으로 날려 버리고, 공동명의로 된 문중의 땅을 임의로 처분하는 등 언제나 제멋대로 살며 온 가족을 힘들게 했습니다. 남의 말을 듣는 법이 없어 올케와 늘 불화했고, 툭하면 이혼하겠다고 해서 오빠의 세 자녀는 할머니 집과 우리 집을 전전하곤 했습니다. 급기야 큰오빠는 술을 먹고 난동을 부리며 재산을 내놓으라고 아버지를 위협하고, 부모님께 악담까지 퍼부었습니다. 그러나 그런 와중에도 하나님의 큰 은혜와 친정어머니의 무조건적인 사랑은 우리 형제들의 메마른 마음을 만져 주어 오히려 온 형제가 큰오빠 가정을 극진히 섬기게 되었습니다.

생각이 불량하고 질서가 없는 오빠! 변덕이 심하며 늘 일관성이 없는 오빠! 형제들과 겉돌고 친구 하나 없는 오빠가 수치스러워 저는 늘 오빠를 버리고 싶었습니다. 그러던 어느 날, 오빠는 순진한 시골 사람들이 보증을 선 농협 빚, 농약값, 기곗값을 하나도 갚지 않아 신용불량자 신세가 되었습니다. 그런데도 하나도 안 갚아도 된다고 만날 큰소리를 치다가 결국 유치장에 갇히게 되었습니다. 하지만 이런 오빠의 수고로 우리 가정에 믿음의 1대가 시작되었습니다. 친정아버지는 조상신을 극진히 섬기고 7대손이라며 제사만은 절대 포기하지 못하셨습니다. 그런데 오빠가 감옥에 가는 사건으로 아버지의 마음이 녹으셔서 제사가 폐해진 것입니다.

하나님은 그동안 제가 오빠를 적극적으로 사랑하지 못한 것, 오빠의 곤고한 마음을 이해할 마음을 조금도 갖지 않고 상처 난 내 감정만을 바라본 것을 회개하게 하셨습니다. 그리고 오빠에게 눈물의 편지를 쓰게 하셨습니다. 유치장에 있는 동안 오빠는 순해져서 같은 방에 있던 전도사에게 전도를 받기도 했습니다.

그러나 유치장을 나와서는 여전히 옛 방식대로 살아 늙은 부모님을 고생시켰습니다. 그러던 중 오빠는 췌장암으로 예후가 나쁘다는 진단을 받았습니다. 오빠의 나이, 55세에 내려진 사형선고였습니다. 그때부터 온 가족이 청지기가 되어 간절히 기도하며 오빠를 섬겼습니다. 평생 오빠 손 한번 잡기도 싫었던 제 마음을 성령께서 녹여 주셔서 저는 오빠를 끌어안고 볼을 비비며 눈물을 흘리며 기도했습니다. 하지만 오빠는 괴팍해서 병원에서도 올케와 만날 싸웠습니다. 보기 괴로웠지만 하나님이 도우셔서 그런 오빠와 올케를 원망하지 않고 불쌍히 여길 수 있었습니다.

오빠가 소천하던 날, 아침 8시 30분에 임종 예배를 드리기로 했는데, 저는 오빠와 먼저 예배를 드리고 싶은 마음이 들었습니다. 그날 큐티 본문은 전도서 3장 1절에서 11절 말씀이었습니다. "범사에 기한이 있고 천하 만사가 다 때가 있나니 날 때가 있고 죽을 때가 있으며 심을 때가 있고 심은 것을 뽑을 때가 있으며…… 하나님이 모든 것을 지으시되 때를 따라 아름답게 하셨고 또 사람들에게는 영원을 사모하는 마음을 주셨느니라 그러나 하나님이 하시는 일의 시종을 사람으로 측량할 수 없게 하셨도다"(전 3:1~2, 11). 저는 이 말씀을 오빠에게 읽어 주고 계속 말을 이어 갔습니다.

"이제 오빠에게 죽을 때가 왔어요. 그러나 예수님 믿고 천국 가니 주 안에서 죽는 것도 아름답다고 하시네요. 오빠가 교회를 안 다녔어도 하나님께서 오빠에게 영원을 사모하는 마음을 주셔서 하나님을 인정하고 예수님을 구주로 영접하면 오빠는 이제 천국으로 갈 것이에요. 그러니 오빠, 안심하세요. 더는 두려워하지 마세요. 주님이 천국에서 오빠를 두 팔 벌려 기다리고 계세요. 그동안 오빠의 힘든 인생, 상처난 마음을 이해해 주지 못하고 공감해 주지 못한 것을 용서해 주세요. 오빠가 가족을 너무 사랑하는 것을 아는데 서로 표현 방식이 달라서 힘들었던 거예요. 아버지도 오빠 가족도 온 형제도 오빠를 너무 사랑해요" 하고 나누고 기도하니 조카들과 올케가 함께 울었습니다.

이후 올케가 오빠에게 "암이 다 퍼졌으니 식구들에게 마지막으로 하고 싶은 말을 하라"고 했습니다. 오빠는 처음으로 올케에게 "미안하다. 사랑한다. 당신 나 없으면 어떻게 살지?"라고 했다고 합니다. 감옥에도 전도사가 있더니 마지막 병상에도 친구 목사가 있어서, 임종 예배에서 열심히 오빠에게 말씀을 전해 주었답니다. 정말 구원 때문에 기도하면 주님이 돕는 손길을 보내 주신다는 것을 경험했습니다.

예배를 마친 후 오빠는 소천했고, 곧 영안실로 옮겨졌습니다. 그러나 오빠가 천국에 갔기에 식구들은 모두 평안했습니다. 식구들의 마음에 천국이 임하니 장례를 치르는 동안에도 육신의 이별이 슬퍼 잠시 울었으나, 오빠가 구원받은 것이 더 기뻐 웃을 수 있었습니다. 그렇게 온 가족이 울다 웃다 했습니다.

친정어머니는 큰오빠가 워낙 사람들과 교제가 없었던지라 '문상객도 없이 친척이나 30명쯤 올까?'라고 생각하셨답니다. 그런데 그 생각이 무색하게도 대학생인 두 딸의 문상객이 300명도 더 왔습니다. 문상 온 친척들에게 우리 형제들이 "험난한 인생을 살아온 오빠가 마지막에 예수님 믿고 천국 갔다. 그래서 너무 기쁘다" 하며 복음을 전하니 외삼촌 네 분이 놀라셨습니다. 그러면서 "너희 아버지도 예수 믿냐? 너희가 어떻게 이렇게 변했느냐? 믿을 수가 없다"고 하셨습니다.

평생 가족을 힘들게 했던 큰오빠는 아버지가 제사를 폐하게 하고, 꿈쩍도 하지 않던 작은오빠를 교회로 인도했습니다. 작은오빠는 죽을 병에 걸린 형님을 모시고 교회에 가야겠다고 나선 이후 주일 오후 예배까지 드리며 열심히 신앙생활을 하고 있습니다. 무엇보다 5년만 더 아들을 살게 해 달라고 매달리던 친정어머니의 기도가 아들이 구원받고 천국 가게 해 달라는 기도로 바뀌었습니다. 이렇게 큰오빠는 온 형제 중에서 하나님께 가장 크게 쓰임받고 갔습니다.

하나님 앞에 일생 불순종만 하던 오빠를 주님은 불붙는 사랑과 은혜로 존귀하게 하셨습니다. 그리고 악하다고 생각한 큰오빠보다 등 뒤에서 수군거리며 판단한 우리의 더 큰 악을 보게 하셨습니다.

비록 이 권사님의 큰오빠는 장장 55년을 사람 노릇을 못하고 온 가족을 괴롭혔지만, 온 집안이 이 오빠 덕분에 주님의 이름을 부르게 되었습니다. 이 집의 구원을 위해, 온 가족이 주님의 이름을 부르게 하려고 그 오빠가 너무 수고했습니다.

정말 그렇습니다. 집마다 차라리 없었으면 좋았을 그 한 사람 때문에 온 집안이 예수의 이름을 부르게 됩니다. 절대 예수 믿지 않을 것 같은 집이 그 한 사람 때문에 돌아옵니다. 그러므로 짧은 인생에 옳고 그름으로 사람을 함부로 판단하지 마시기 바랍니다. 천국에서 보면 별 인생이 없습니다. 나의 구원을 위해 수고하는 그 한 사람을 절대 멸시하지 마십시오. 버리고 도망가지도 마십시오.

이 가정을 보세요. 그래도 어머니가 아들을 무조건적인 사랑으로 기다려 주었기 때문에 마지막에 그 아들이 돌아온 것 아닙니까. 하나님도 이렇게 우리를 인내하십니다. 주님의 불붙는 사랑에는 얼마나 큰 인내가 수반되는지 모릅니다. 하나님은 우리에게 예수 씨가 있다는 그 사실 하나만으로도 불붙는 사랑으로 우리를 인내하시며 천국 잔치로 인도하십니다. 그러므로 주님의 뜨거운 사랑에 화답하여 천국 잔치를 누리는 우리 모두가 되기를 기도합니다.

✳ 구원을 위해 사사로운 정을 억제하고 인내해야 할 일은 무엇입니까? 주님의 불붙는 사랑으로 천국 잔치로 인도해야 할 사람은 누구입니까?

우리들 묵상과 적용

저는 치과 의사인 남편이 결혼 전에 "아직 당신을 사랑하지는 않지만, 앞으로 사랑하게 될 것 같다"고 해서 만난 지 두 달 만에 결혼했습니다. 그러나 남편은 날마다 술에 취해 새벽에 들어오고 집에 와서는 말 한마디 하지 않았습니다. 더욱이 주말과 공휴일마다 시댁에 가고, 아침저녁으로 시어머니에게 문안 인사까지 드려야 하니 인생이 힘들었습니다.

그즈음 저는 지인의 소개로 우리들교회에 다니게 되었습니다. 그러나 말씀이 들리지 않으니 어린 딸을 일하는 아줌마에게 맡겨 둔 채, 친정어머니와 투자 목적으로 부동산을 보러 다녔습니다. 그러다 중학생인 딸이 폭행 사건으로 학교에서 징계를 받게 되었습니다. 그 일로 하나님께 울며불며 매달렸지만 문제가 해결되자, "다 너를 위해서야"라며 두려움에 몸부림치며 가지 않겠다고 매달리는 딸을 강제로 유학을 보냈습니다.

목장에서는 제게 "친정어머니와 분리하고, 남편의 질서에 순종하세요"라고 권면했지만, 오히려 저는 "목자님이 나와 맞지 않는다"며 여기저기 목장을 옮겨 다니면서 요셉의 형들처럼 필사적인 변명을 해 댔습니다(창 43:18~22). 그러던 중 부동산 투자가 잘되지 않아 슬슬 맥이 빠지기 시작했습니다. 그런데 몸도 마음도 지쳐 며칠 쉬고 싶다는 생각에 병원을 찾았다가 난소암 진단을 받게 되었습니다. 이후 몸이 어느 정도 회복되자 이번에는 남편 치과를 돕겠다며 간호사들의 비위를 맞추는 데 온 정성을 쏟았습니다. 그러다 결국 한계상황에 다다랐고, 급성 우울증에 걸려 '남편은 나 없이도 잘 사는데, 차라리 암 걸렸을 때 날 죽이시지 왜 살려서 이 고생을 시키시냐'며 하나님을 원망하는 지경에 이르렀습니다.

그런데 그 주 주일예배에서 말씀을 들으며 남편 자리에 늘 친정어머니가 있기에 외로웠던 남편이 술로 회피한 것임이 깨달아지면서 깊은 회개가 터져 나왔습니다. 무엇보다 '우리 아버지의 하나님'의 이름으로 저를 섬겨 준 청지기 같은 목자님들이 떠오르면서 '나도 남편을 천국 잔치에 초청하는 청지기 역할을 감당해야겠다'고 결단하게 되었습니다(창 43:23~24). 그러자 하나님은 요셉이 베냐민을 사랑하는 마음이 복받친 것처럼(창 43:30) 남편을 향한 제 마음에도 주님의 불붙는 사랑을 부어 주셨습니다. 예전에는 딸아이 줄 거라면서 남편에게 음식도 못 먹게 했는데, 이제는 남편에게 다섯 배나 음식을 주며 섬기니 남편도 딸도 함께 즐거워합니다(창 43:34). 남편과 함께 예배드리고, 부부목장에서 정곡을 찌르는 토설을 하게 하셔서 천국 잔치를 누리도록 인도하신 하나님, 사랑합니다.

영혼의 기도

하나님 아버지, 천국 잔치를 누려야 하는데 여전히 죄의 문제가 해결되지 않으니 끊임없이 피해망상적인 오해를 하고, 필사적인 변명을 합니다. 이런 우리에게 청지기를 붙여 주셔서 "안심하라 두려워하지 말라" 위로해 주시고, 발 씻을 물과 나귀의 먹이까지 주시며 구체적인 필요를 채워 주시니 감사합니다.

그러나 노예근성이 여전히 남아 있다 보니 뇌물 예배를 드리고, 나도 속고 남도 속이는 열심으로 허무한 예배를 드릴 때도 있습니다. 그럼에도 불구하고 주님은 불붙는 사랑으로 형편없는 우리를 찾아와 주셨습니다. 감히 주님과 한 상에 앉아 먹고 마실 수도 없는 우리를 천국 잔치에 초대해 주셨습니다.

주님, 집마다 차라리 없었으면 좋았을 그 한 사람 때문에 오히려 온 가족이 예수의 이름을 부르고 구원받게 되는 것을 봅니다. 내가 주님의 그 불붙는 사랑을 경험했다면 이제는 나의 구원을 위해 수고하는 내 남편, 내 아내, 내 부모, 내 형제를 천국으로 인도하는 청지기가 되기를 원합니다.

그러므로 우리 가정의 그 한 사람을 멸시하지도 말고, 버리지도 않게 해 주옵소서. 주님의 불붙는 사랑으로 끝까지 인내할 수 있도록 도와주옵소서.

나에게 예수 씨가 있다는 것 하나만으로 나를 참고 또 참으며 기다리고 또 기다리시며 대우해 주시는 주님의 사랑에 감격하여 그 사랑을 표현하고 고백하고 닮아가는 우리가 되도록 은혜 위에 은혜를 내려 주옵소서. 복음의 빚진 자가 되어 주님의 불붙는 사랑을 만분의 일이라도 갚을 수 있도록 주여, 역사하여 주옵소서. 예수님 이름으로 기도드립니다. 아멘.

마지막 시험

창세기 44장 1~13절

하나님 아버지,
우리 인생의 마지막 시험은 무엇일까요?
그 시험을 통해 주님이 원하시는 것이 무엇인지 깨닫기를 원합니다.
말씀해 주옵소서. 듣겠습니다.

인간은 죄 문제를 해결하지 못하면 좋은 환경이든 나쁜 환경이든 상관없이 끝없는 시험에 직면할 수밖에 없습니다. 가령 부모는 자녀가 대학에 붙어도 금세 앞으로 어떻게 시집보내고 장가보낼지 걱정합니다. 좋은 직장에 들어가도 승진이 안 되면 어쩌나 두려워하지요. 그야말로 걱정과 두려움이 끝이 없습니다. 그러니 자녀가 대학에 붙어도, 취직이 되어도 그 기쁨은 잠시일 뿐, 영원하지 않습니다. 왜 그렇습니까? 두려움은 죄와 연결되어 있기 때문입니다.

하나님은 계속해서 형들이 자백하지 못한 죄를 다루고 계십니다. 어떻게 다루시나요? 줄기차게 여러 사건과 환경으로 조여 오면서 관계 회복을 위한 시험을 치르게 하십니다. 야곱에게는 베냐민을 애굽으로 보내는 것이 마지막 시험이고, 형들에게는 본문에 나오는 은잔 도난 사건이 마지막 시험입니다. 이 마지막 시험을 형제들이 어떻게 통과하는지 살펴보겠습니다.

마지막 시험은 발걸음도 가벼울 때 옵니다

1 요셉이 그의 집 청지기에게 명하여 이르되 양식을 각자의 자루에 운반할 수 있을 만큼 채우고 각자의 돈을 그 자루에 넣고 **2** 또 내 잔 곧 은잔을 그 청년의 자루 아귀에 넣고 그 양식 값 돈도 함께 넣으라 하매 그가 요셉의 명령대로 하고 **3** 아침이 밝을 때에 사람들과 그들의 나귀들을 보내니라 _창 44:1~3

언제 마지막 시험이 옵니까? 발걸음도 가벼울 때 옵니다. 한마디로 모든 것을 이루어서 행복하다고 생각할 때 옵니다. 지금 상황을 보세요. 홀로 애굽에 억류돼 있던 시므온도 풀려나고 야곱이 생명처럼 아끼던 베냐민도 이제 무사히 고향으로 돌아갈 수 있게 되었습니다. 더욱이 흉년 가운데 충분한 곡식까지 얻었죠. 그러니 형제들의 마음이 어땠을까요? 서울대 입시를 우여곡절 끝에 치르고 최종 합격한 기분이지 않을까요? 걱정했던 일들이 다 끝났으니 '이제부터 고생 끝, 행복 시작!' 하며 룰루랄라 콧노래를 불렀을 겁니다.

그런데 이때 무슨 일이 벌어집니까? 요셉이 청지기를 시켜 자신의 은잔을 베냐민의 자루 아귀에 몰래 숨깁니다. 덫을 놓았습니다. "열 사람이 도둑 하나 못 당한다"는 말대로, 열한 명의 형제들이 이 요셉 한 사람을 못 당합니다. 결국 형제들은 이 덫에 걸리고 말았습니다.

앞 장에서 애굽의 총리가 된 요셉이 막내아우를 데려오라고 해서 형들이 베냐민을 데려갔더니 어떤 일이 일어났나요? 요셉이 형제들을 잔치에 초대해서 먹고 마시며 함께 즐거워하지 않았습니까 (창 43:34). 그래 놓고 형제들이 잠든 사이에 그들을 시험할 계획을 세우고 실행한 겁니다.

이처럼 한 치 앞을 모르는 것이 인생이기에 우리는 잘되거나 안 되거나 전적으로 하나님만 의지해야 합니다. 형제들이 모든 것을 다 이룬 것 같은 이때 하나님이 절체절명의 마지막 시험을 허락하신 이유도 그렇습니다. 마지막까지 전적으로 하나님만 의지하라는 것입니다.

우리는 시험에 들지 않게 늘 깨어 있어야 한다는 말씀을 자주 듣습니다. 그렇다면 이때 형제들이 문자적으로 밤새도록 잠도 안 자고, 누가 자루 아귀에 은잔을 넣나 안 넣나 감시해야 했을까요? 깨어 있는 것은 그런 의미가 아닙니다. 왜 형제들은 영적으로 깨어 있지 못하고 요셉이 놓은 덫에 걸려든 것입니까? 그들에게 아직 자백하지 못한 죄가 있기 때문입니다. 우리도 마찬가지입니다. 나의 자백하지 못한 죄와 욕심 때문에 말씀을 보아도 앞날을 예비하지 못하는 것입니다.

그런데 말입니다. 이미 요셉은 형들이 예전의 형들이 아니라는 것을 잘 알고 있었습니다. 우리가 앞에서도 봤지만 고난을 통과하며 형들이 좀 이타적으로 변하지 않았습니까. 그런데도 요셉이 마지막으로 형제들의 우애를 시험해 보고자 한 이유는 무엇일까요? 궁극적으로 형들의 행복, 형들의 유익을 위해서였습니다. 요셉은 누구보다 형들이 진실한 회개를 통해 과거의 죄악에서 자유롭게 되기를 바랐습니다. 우리 하나님의 마음도 그렇습니다.

하나님은 우리를 구속사의 주인공으로 세우려고 이다지도 애쓰시는데, 정작 우리는 어떻습니까? 그런 하나님의 마음은 모른 채 여전히 죄와 욕심에 이리저리 끌려다니고 있지는 않습니까? 그러니 우리가 온전히 회개하고 전적으로 하나님만 의지할 때까지 하나님이 수고하실 수밖에 없는 겁니다. 여러분은 우리를 향한 하나님의 이 애끓는 사랑이 느껴지십니까?

한 명문 음대 교수가 제자들을 상습 폭행한 혐의로 신문지상에 오르내린 적이 있습니다. 저도 같은 음악을 한 사람으로서 그 기사를 보고 너무나 마음이 아팠습니다. 성악가인 이 교수님은 모든 것을 다 갖추고 사회적으로도 다 이룬 것처럼 보였습니다. 그런데 한창 잘나갈 때 이런 난관이 기다리고 있다는 것을 어찌 알았겠습니까. 더욱이 이분은 예수 잘 믿는 분으로도 유명합니다. 안 믿는 사람도 아니고 하필이면 이분이 딱 찍혀서 드러난 이유가 무엇일까요? 저는 천상의 목소리로 주님을 찬양하게 하시려고 하나님이 특별히 이분에게 '은잔의 시험'을 허락하셨다고 생각합니다.

제 학창 시절을 돌아봐도 음악 선생들이 자기 제자를 입학시험에 어떻게든 붙게 하려고 화를 내는 경우가 많았어요. 어떤 성악 교수는 학생의 입을 억지로 벌리기도 하고, 한 피아노 교수는 피아노를 제대로 치지 못한다며 학생에게 악보를 집어 던지기도 했습니다. 나름 사랑이란 미명하에 자기 욕심도 충족해 가면서 그런 일을 관행처럼 행한 것이죠.

비단 음악계뿐만 아니라 의료계에서도 이런 일이 빈번했습니다. 의사였던 제 남편을 봐도 그래요. 후배들을 대할 때 아마 보통은 아니었을 겁니다. 저한테도 욕을 하는데 후배들에게 안 했겠습니까. 수련의들은 수술 중에 사소한 실수라도 하면 집도의에게 당장 정강이를 걷어차이기 일쑤였습니다. 생명을 다루는 일이기에, 실수를 막으려면 군기를 바짝 잡아야 한다는 이유에서였죠. 그러나 의사들이 수련받을 때 그렇게 욕을 먹어도 나중에 병원을 개원하면 그때 자신을 혼낸 선배에게 그렇게 고마워한답니다. 음악이든 의술이든 단기간에 실력을 쌓으려면 하드 트레이닝(hard training)이 필수이기 때문입니다.

    그런데 우리가 여기서 생각해 볼 문제가 있습니다. 요셉이 청지기에게 은잔을 넣게 시킨 것이 여러분 보기에는 어떻습니까? 요셉의 명령이 좀 부당해 보이지 않습니까? 전에도 요셉은 청지기에게 형제들의 자루 아귀에 돈을 넣으라고 시켰습니다. 그런데 그때마다 청지기가 불공정함을 외치면서 "총리 각하 이러시면 안 됩니다. 왜 자꾸 제게 잘못된 일을 시키십니까? 저들이 하지도 않은 짓을 했다고 하는 것이 도대체 말이 됩니까? 왜 저들을 골탕 먹이십니까? 아무리 총리님의 말이지만 저는 도저히 못 하겠습니다. 그만두겠습니다" 이러고 나가 버렸으면 어떻게 됐을까요? 오늘날의 이스라엘은 아마 없을 것입니다. 그렇다면 구속사적 관점에서 과연 정의란 무엇일까요?

✦ 하나님이 나에게 허락하신 은잔의 시험은 무엇입니까? 세상적으로 부당해 보이는 그 일이 나를 구속사의 주인공 되게 하시려는 하나님의 계획임을 믿습니까?

정의의 문제를 생각해야 합니다

새뮤얼 헌팅턴(Samuel P. Huntington)은 『문명의 충돌』로 슈퍼스타급 지식인으로 떠올랐습니다. 그 후에는 『정의란 무엇인가』의 저자 마이클 샌델(Michael J. Sandel)이 슈퍼스타급 지식인으로 자리매김했죠. 이 책은 미국 슈퍼마켓에서도 구할 수 있을 정도로 널리 알려진 대중서이며, 우리나라에서만 200만 부 이상이 팔린 스테디셀러입니다. 원제는 『Justice: What's the right thing to do?』(정의: 무엇을 하는 것이 옳은 일인가?)입니다. 하버드대 정치학과 교수인 샌델이 20여 년간 강의한 내용을 묶어서 펴낸 이 책은 구체적인 사례를 제시하며 정의란 무엇인지 계속 생각하도록 질문을 던집니다. 그러나 정답은 없습니다.

이를테면 샌델 교수는 "정부는 부자들에게 세금을 거두어서 가난한 사람을 도와야 하는가? 진실을 말하는 것이 잘못된 경우도 있는가? 살인이 도덕적으로 필요한 경우도 있는가?"라는 질문을 독자들에게 던집니다. 여러분은 여기에 어떻게 답하겠습니까?

이 책에 요셉의 형제들이 겪고 있는 '마지막 시험'과 같은 예화가 있어서 몇 개를 소개하겠습니다.

1884년 영국 선원 4명이 남대서양에서 표류했습니다. 이들은 처음 며칠은 순무와 바다거북으로 버텼지만, 이후 8일간은 아무것도 먹지 못했습니다. 표류 19일째 날, 도저히 배고픔을 견디지 못한 3명이 급기야 한 명을 먹자는 결론을 내립니다. 그래서 그들은 병들고 가족이 없는 사람을 택해 죽인 다음 그의 살과 피를 먹으면서 나흘을 더 연명합니다. 그리고 표류 24일째 되던 날, 생존자 3명은 모두 구조되었습니다. 생존자들은 영국에 돌아오자마자 모두 재판에 회부되었고, 자신들이 한 명을 죽인 것은 살기 위한 어쩔 수 없는 선택이었다고 주장했습니다.

다 같이 굶어 죽기 직전에 한 사람을 죽여서 나머지 세 사람이 살아났습니다. 여러분은 이것이 옳다고 생각합니까? 틀렸다고 생각합니까?

전차가 시속 100km로 철로 위를 폭주하고 있는데, 저 앞에 5명의 작업자가 일하는 것이 보입니다. 기관사는 전차를 멈추려고 하지만 브레이크가 작동하지 않습니다. 이때 기관사가 오른쪽으로 갈라져 나온 비상 철로(측선 철로)를 발견합니다. 거기에는 1명의 작업자가 있습니다. 기관사는 어떻게 해야 할까요? 대부분은 "비록 죄 없는 사람 하나가 죽겠지만, 5명이 죽는 것보다는 차라리 낫다"면서 비상 철로로 전차를 틀어야 한다고 말할 것입니다.

자, 이번에는 조금 다른 사례입니다. 다리 위에 서서 철로 위를 바라보는 구경꾼이 있습니다. 이제 시속 100km로 달려오는 전차가 5명의 작업자를 들이받기 직전입니다. 이때 구경꾼은 옆자리에 덩치 큰 남자가 서 있는 것을 발견합니다. 구경꾼이 그 사람을 밀어서 철로 위로 떨어뜨리면 그 남자는 죽겠지만 5명의 작업자들은 목숨을 건질 것입니다. 이 구경꾼은 자신이 뛰어들어 전차를 멈추기에는 몸집이 작습니다. 여러분이 구경꾼이라면 그 사람을 철로로 밀 수 있겠습니까?

비상 철로로 가는 것이나 덩치 큰 남자를 미는 것이나 똑같이 1명이 죽는 것인데, 대답이 쉬이 나오지 않지요? 후자가 더 잔인해 보이기 때문입니다. 여기서 무엇이 선이고 무엇이 악입니까? 무엇이 옳고 무엇이 그른지 분별하기가 이토록 어렵습니다.

2005년 미 해군 특수부대원 4명이 아프가니스탄에서 탈레반 지도자를 색출하기 위해 정찰 업무를 수행하고 있었습니다. 그런데 아프간 농부 두 명이 약 100마리의 염소를 몰고 나타났습니다. 그들은 열네 살가량의 남자아이 한 명도 데리고 있었죠. 무장한 사람은 아무도 없었습니다. 미군은 이 사람들을 죽여야 할까요? 살려야 할까요? 만약 살려 두면 탈레반에게 밀고할 위험이 있기에 그들을 어떻게 할지 부대원들 사이에서도 의견이 분분했습니다. 결국 리더였던 마커스 루트렐(Marcus Luttrell) 하사는 고민하다가 비무장 민간인이란 이유로 그들을 풀어 주었습니다.

그런데 다음 날도 아니고, 한 시간 반 후에 미군은 무장한 탈레반 병사 100명에게 포위되었습니다. 격렬한 총격전으로 3명이 목숨을 잃고, 이들을 구출하러 온 미군 헬기까지 격추되는 바람에, 거기에 타고 있던 군인 16명도 모두 목숨을 잃었습니다.

농부들의 밀고로 군인 19명이 죽었습니다. 그러면 농부들을 죽이는 것이 정의입니까? 풀어 주는 것이 정의입니까? 많은 생명을 살리는 것이 정의입니까? 죄 없는 사람을 죽이는 일은 나쁘다는 것이 정의입니까? 여러분은 어디에 한 표를 던지겠습니까? 이런 원칙이 충돌할 때 상당한 도덕적 딜레마가 생길 수밖에 없습니다.

다음은 또 다른 실제 사례입니다.

2004년 여름, 미국 남부 플로리다에 허리케인이 덮쳐서 22명의 인명 피해와 110억 달러의 재산 피해가 발생했습니다. 그런데 이후 가격 폭리 논쟁이 불붙었습니다. 한여름에 전기가 제대로 들어오지 않아 당장 냉장고를 못 쓰게 되니 2달러짜리 얼음 한 봉지가 10달러가 된 것입니다. 게다가 평소 하룻밤에 40달러 하던 모텔 방도 160달러로 4배나 올랐습니다. 당연히 플로리다 주민들은 바가지요금에 분개했습니다. 그러자 법무장관은 '가격폭리방지법'을 집행하려고 했습니다.

그런데 일부 경제학자들이 해당 법과 대중의 분노가 오해서 비롯되었다고 주장했습니다. 중세 시대에 철학자와 신학자들은 전통적으로 매겨진 가격 혹은 물건이 본래 가지고 있는 가치에 의해 결정된 소위 '공정가격'대로 거래가 이루어져야 한다고 생각했습니다. 하지만 시장은 수요와 공급으로 가격이 결정될 뿐, 실상 공정가격이란 애초에 존재하지 않는다는 겁니다. 시장을 녹록하게 보면 안 되는 이유가 여기에 있습니다. 따라서 시장에서 견딜 만한 값을 요구하는 것은 폭리가 아니라는 겁니다. 비록 플로리다 주민들은 남의 고통과 불행을 통해 이익을 챙기는 행위는 옳지 않다며 분노했지만, 시장의 측면에서 볼 때 견딜 만한 값을 요구하는 것은 폭리가 아닙니다.

정의에 관한 문제는 이와 같은 경제적인 면뿐만 아니라 정치적인 면에서도 우리에게 생각할 거리를 던져 줍니다.
1960년 존 F. 케네디(John F. Kennedy)는 민주당 대통령 후보 연설에서 이렇게 말했습니다.

대통령의 종교적 견해는 사적인 문제로 머물 수 있다고 생각합니다. 제가 대통령이 되어 산아 제한, 이혼, 검열, 도박 등 어떤 문제에 맞닥뜨리더라도 …… 외부의 종교적 압력이나 지시에 구애받지 않고, 제 양심에 따라 국익을 위해 판단할 것입니다.

케네디는 국익에 관한 자신의 믿음이 종교와는 관련이 없다고 말하면서, 종교를 '외부의 압력' 그리고 '지시'와 연관시켰습니다. 청교도 신앙 위에 세워진 미국이 잘 먹고 잘살게 되니 이 연설은 사람들에게 정치적으로 성공한 연설로 널리 받아들여졌습니다. 대중은 '종교는 개인적인 취향'이라는 말에 열광했고, 케네디는 대통령으로 당선되었습니다.
1962년 케네디가 공립학교의 기독교 교육을 법적으로 금지하면서 미국의 기독교 전통은 서서히 무너지기 시작했습니다. 이후 미국은 망하는 길로 들어섰다고 해도 과언이 아닙니다. 저는 하나님이 케네디 가문의 비극을 통해 우리에게 분명 말씀하시는 것이 있다고 생각합니다.

그리고 샌델 교수는 정의와 관련하여 다음과 같은 미국의 4가지 불균형을 지적했습니다.

"첫째, 최대다수의 최대행복인 공리주의는 자유주의와 상충된다."

즉, '다수의 행복을 위해 소수의 희생을 정당화할 수 있는가'에 대한 딜레마가 생긴다는 겁니다.

"둘째, 정치와 경제의 관계에는 절대 가치가 없기 때문에 불균형이 존재할 수밖에 없다."

우리 사회는 자유시장 '경제'에서 더 나아가 자유시장 '사회'로 변화되었습니다. 경제활동이란 사람과 사람의 관계를 규정하는 것입니다. 그런데 지금은 시장이 요구하는 가치가 공정성과 정의에 바탕을 두는 가치를 대체해 버렸습니다. 다시 말해, 내가 잘 먹고 잘살면 다른 것은 필요 없다는 것이죠. 그래서 샌델 교수는 미국 사회가 상품화될 수 없는 가치와 가격을 매길 수 없는 가치가 존재한다는 사실을 경시하고 있다고 지적합니다.

"셋째, 지나친 개인주의가 공동체 의식의 쇠퇴를 가져왔다."

그는 도덕 문제에 있어 국가가 중립적이라는 것은 시장이 중립적이란 말과 마찬가지로 신화라고 주장합니다. 한마디로 중립적인 가치는 없다는 것입니다.

"넷째, 세속주의가 사회적 원칙으로 자리 잡으면서 세속의 윤리와 종교적·영적 윤리 간의 간격이 벌어졌다."

따라서 그는 종교와 영성에서 나오는 주장은 개인의 취향 선호의 문제로 치부될 것이 아니라 존중할 필요가 있다고 말합니다.

우리나라를 봐도 그렇습니다. 선교사 한 사람의 헌신을 통해 복음이 이 땅에 들어오고, 교육기관과 의료기관이 세워졌습니다. 무엇보다 복음 덕분에 백성의 자아의식이 고취되었습니다. 그 결과 반만년 빈곤 국가였던 한국이 세계 경제 대국이 되었습니다. 제가 어릴 때만 해도 기독교가 이 정도로 욕을 먹지는 않았습니다. 그런데 요새는 사람들이 입만 열면 기독교를 개독교라며 욕하고 "종교는 개인의 문제"라고 치부해 버립니다. 솔직히 우리나라가 복음이 들어와서 잘살게 된 것이 사실인데, 기독교를 바라보는 세상의 시각이 이렇게 변한 것이 너무나도 개탄스럽습니다.

결론적으로 샌델 교수는 정의는 올바른 분배의 문제일 뿐만 아니라, '올바른 가치 측정의 문제'라고 말합니다. 이는 곧 정의에 가치중립은 존재할 수 없으며 절대적인 가치가 그 정도로 중요하다는 뜻으로 해석될 수 있습니다.

요셉이 한 일도 그렇습니다. 그가 청지기에게 부당한 명령을 내린 것 같지만, 이 일은 요셉과 청지기가 이스라엘의 구속사를 이루기 위해 한 영이 되어 한마음으로 행한 것입니다. 따라서 이 일은 가치중립을 따질 문제가 아닙니다. 구속사를 이루는 것이야말로 진정한 정의이고, 절대 가치이기 때문입니다. 우리가 마지막 시험을 잘 치르려면 이처럼 하나님의 의도를 알아야 합니다. 그러기 위해서는 무엇보다 '정의에 대한 올바른 개념'을 갖는 것이 중요합니다.

✦ 요셉과 청지기가 이스라엘의 구속사를 이루고자 한 영이 되어 한마음으로 행한 것이 진정한 정의라는 말이 인정됩니까? 정의에 대한 올바른 개념을 가지고 내가 생각해야 할 문제는 무엇입니까?

배신을 경험하면서 나의 악을 생각해야 합니다

4 그들이 성읍에서 나가 멀리 가기 전에 요셉이 청지기에게 이르되 일어나 그 사람들의 뒤를 따라 가서 그들에게 이르기를 너희가 어찌하여 선을 악으로 갚느냐 5 이것은 내 주인이 가지고 마시며 늘 점치는 데에 쓰는 것이 아니냐 너희가 이같이 하니 악하도다 하라
_창 44:4~5

요셉은 "너희가 어찌하여 선을 **악으로** 갚느냐", "너희가 이같이 하니 **악하도다**"라며 '악하다'는 표현을 두 차례나 씁니다. 왜 이렇게 악하다는 표현을 계속 썼을까요? 특별히 "선을 악으로 갚았다"는 표현은 후일 요셉이 "당신들은(형들은) 나를 해하려 하였으나 **하나님은 그것을 선으로 바꾸사** 오늘과 같이 많은 백성의 생명을 구원하게 하시려 하셨나니"(창 50:20)라고 말한 내용과 대조됩니다. 여하튼 분명한 점은 형들이 요셉에게 '악'을 행했다는 것입니다. 무엇보다 계속되는 요셉의 질문은 형들에게 죄에 대한 문제의식을 불러일으켰습니다. 그러니 형들은 어디를 가든지 누구를 만나든지 과거에 지은 죄를 생

각하지 않을 수 없었을 겁니다.

　　죄 문제가 해결되지 않으면 여기에 가도, 저기에 가도 자꾸 그 죄가 생각날 수밖에 없습니다. 하나님이 요셉을 통해 형들에게 여러 사건을 주셔서 그들의 죄를 생각나게 하시는 것처럼, 나에게 계속 사건이 오는 것도 그렇습니다. 내 죄를 생각나게 하시려는 하나님의 세팅입니다. 아직 온전한 회개가 되지 않으니 자꾸 가로막히는 사건을 주시는 것입니다.

　　당시 중근동 국가에서는 점치는 것이 유행이었습니다. 특별히 '은잔'을 가지고 국가의 길흉화복을 점치는 관습이 있었죠. 그래서 은잔을 훔친 죄는 국가 기밀을 탐지하는 것으로 인식되어 엄히 다스려졌습니다. 그런데 하필이면 형제들이 이 은잔 도둑으로 몰리게 된 겁니다. 졸지에 또다시 스파이 의혹을 받게 되었으니 형제들 입장에서는 너무 억울하지 않겠습니까.

　　그러나 형제들은 장차 믿음의 조상이 될 사람들이잖아요. 하나님은 그들의 악을 결코 내버려 둘 수 없기에, 그들이 진정으로 회개하기까지 계속해서 사건을 주실 수밖에 없는 것입니다. 그러므로 하나님이 여러 사건을 통해 "이래도 네 악을 모르겠느냐?" 하실 때, 우리는 나의 악을 먼저 생각할 수 있어야 합니다. 그런데 우리는 어떻습니까? 하나님이 사건으로 아무리 말씀하셔도 "그게 나랑 무슨 상관이야" 하며 안 듣는 사람이 태반입니다. 그러나 믿음이 성숙한 사람은 어떤 사건을 주시든 자신에게 주시는 말씀으로 듣습니다.

　　어떤 분이 새가족 모임에서 교사들이 자신의 죄와 연약함을 솔직하게 오픈하는 모습이 좋아서 우리들교회에 등록했답니다. 교회를 사모하는 마음에 교회 근처로 이사까지 오셨죠. 어느덧 시간이 흘러 이분이 목자가 되었습니다. 그런데 첫 목자 모임에서 이분이 "여기 바람피운 죄를 간증하신 새가족 교사분도 앞에 계시지만, 저는 바람피운 사람을 용서할 수가 없습니다!"라고 하는 겁니다. 그래서 제가 "목자님이 되셔서 어떻게 그럴 수 있으세요?"라고 물으니 "아버지가 바람을 피워서 바람피운 사람은 도저히 용서가 안 됩니다"라고 했습니다.

그런데 얼마 후 열린 목자 수련회에서 이 목자님이 "사실은 저도 바람을 피웠습니다"라고 고백하는 게 아니겠어요? 역시 강한 부정은 긍정이었습니다. 이 목자님은 공동체에 속해 수년간 수많은 간증을 들었어도 바람피운 죄를 고백한 간증은 자신과 상관없는 이야기로 들었던 것입니다. 그래도 이분이 말씀이 들려 자기 죄를 토설하셨으니 여간 감사한 일이 아닙니다.

앞서 언급한 음대 교수님은 비록 다혈질이지만, 제자들을 많이 사랑한다고 합니다. 얼굴만 봐도 참 열정 있게 생기셨습니다. 하지만 핵가족 시대에 부유하게 자란 음대생들은 교수가 잘 가르쳐 보겠다고 화내는 것을 쉽게 견디지 못합니다. 그러니 가르치는 입장에서는 사랑의 매를 때렸어도 학생들은 손찌검으로 규정한 것입니다. 어쩌면 그 교수님은 믿음이 있기에 더 눈치 보지 않고 당당하게 제자들을 야단쳤을 수 있습니다. 그런다고 이분에게 돈이 생기는 것도 아닌데 누구 잘되라고 야단을 치겠습니까. 물론 이분의 열정이 제자들에게 사랑으로 전달되지 못한 것도 있고, 이분 또한 100퍼센트 믿음으로 행하지 못한 것도 있을 것입니다.

　제 설교에 관한 반응도 그래요. 대부분은 생명의 말씀으로 받아들이지만, 야단치는 소리로 들린다는 사람도 더러 있습니다. 우스갯소리로 저보고 철 타작기 같다고 말하는 사역자도 있었어요. 이 교수님을 보면서 좋을 때는 그냥 넘어간 일도 몇 년 뒤에 농담으로 한 것까지 까발려서 누가 고소해 버리면, 저도 마녀사냥을 당할 수 있겠다는 생각이 들었습니다.

　이분은 나름 제자들을 사랑해서 야단친 것인데, 오히려 학생들은 폭행당했다고 주장하니 얼마나 학생들에게 배신감이 들었겠습니까? 그런데 이분이 100퍼센트 폭행만 했을까요? 분명 사랑의 행동도 있었을 겁니다. 누군가를 야단치는 일은 상대방에 대한 애정과 관심이 있어야 할 수 있습니다. 아무 관심도 없으면 학생이 노래를 잘하거나 말거나 발성이 제대로 되거나 말거나 그냥 내버려 둘 것입니다.

　데니스 라이너와 미쉘레 라이너(Dennis S. Reina & Michelle L. Reina) 부부가 함께 쓴 『신뢰와 배신의 심리학』이란 책에 보면 "우리가 배신을 당하든, 배신자가 되든 배신의 경험은 우리 자신을 다시 발견하게 만드는 기회를 제공해 준다"고 합니다. 그러면서 "많은 사람이 배신당했다고 느끼면 당사자를 비난하고 복수의 칼을 가는 데 집착하지만, 그러기보다 배신에 이르도록 자초한 자신의 행동과 선택을 돌아보고 거기에 대한 책임을 받아들이는 것이 더 중요하다"고 말합니다.

　또 정신과 의사 정혜신 씨는 "나와 타인을 구별하지 않고 동일시하는 데서 '배신의 감정'이 잉태된다"고 했습니다. 그렇습니다. 내 자식이나 배우자, 인기 연예인 혹은 명망 있는 지식인이나 정치가는 결코 나와 같을 수 없습니다. 그런데도 나와 똑같은 언행을 할 거라는 일방적인 동일시가, 나와 다른 생각과 행동을 하는 그들을 배신자로 만든다는 겁니다.

그러므로 우리가 아무리 기가 막힌 배신을 겪어도 그래요. 배신의 벽을 넘어 이때를 나의 악을 돌아보고 나 자신을 점검하는 기회로 삼아야 합니다. 배신의 사건에서 회개를 촉구하시는 하나님의 뜻을 깨달을 때, 비로소 내 안에서 치유가 시작되기 때문입니다.

✦ 하나님이 아무리 사건으로 말씀하셔도 '그게 나랑 무슨 상관이야' 하면서 깨닫지 못하는 모습은 없습니까? 배신의 감정을 넘어서서 먼저 생각해야 할 나의 악은 무엇입니까?

결백을 호소합니다

6 청지기가 그들에게 따라 가서 그대로 말하니 7 그들이 그에게 대답하되 내 주여 어찌 이렇게 말씀하시나이까 당신의 종들이 이런 일은 결단코 아니하나이다 8 우리 자루에 있던 돈도 우리가 가나안 땅에서부터 당신에게로 가져왔거늘 우리가 어찌 당신의 주인의 집에서 은 금을 도둑질하리이까 9 당신의 종들 중 누구에게서 발견되

든지 그는 죽을 것이요 우리는 내 주의 종들이 되리이다_창 44:6~9

형제들이 도둑으로 몰리는 비참한 형편에 처하자 어떻게 합니까? 땅끝까지 낮아지니 비굴이고 뭐고 상관없이 납작 엎드려서 일개 청지기를 계속 '내 주여'라고 부릅니다. 그러면서 자기들 중 누군가가 도둑으로 밝혀질 경우, 그는 죽을 것이고 나머지는 다 청지기의 종이 될 것이라고 합니다.

그가 이르되 그러면 너희의 말과 같이 하리라 그것이 누구에게서든지 발견되면 그는 내게 종이 될 것이요 너희는 죄가 없으리라 _창 44:10

그러자 청지기는 다 종이 될 것이 아니라 공정하게 은잔이 발견된 사람만 자신의 종이 될 것이라고 이야기합니다.

11 그들이 각각 급히 자루를 땅에 내려놓고 자루를 각기 푸니 12 그가 나이 많은 자에게서부터 시작하여 나이 적은 자에게까지 조사하매 그 잔이 베냐민의 자루에서 발견된지라_창 44:11~12

형제들이 순순히 청지기의 말을 듣고 자루를 각기 푼 것은 그만큼 자신들의 결백을 확신했기 때문입니다. 그런데 여러분, 전에 야곱이 외삼촌 라반에게 쫓길 때 무슨 일이 있었습니까? 라반이 자신의 드라빔을 내놓으라고 하자 야곱이 라헬이 훔친 것을 모르고 "누구에게서든지 드라빔이 발견된 자는 살지 못할 것"이라고 했죠(창 31장). 결국 라헬이 자신의 낙타 안장 아래에 드라빔을 넣고 그 위에 앉아 버리는 바람에 라반은 드라빔을 찾지 못했습니다. 그런데 하필이면 이 은잔이 라헬의 아들인 베냐민에게서 발견되었습니다. '은잔'이라는 결정적인 물증이 나왔으니 이제 빼도 박도 못합니다. 그야말로 완전히 끝입니다. 형제들에게 온 마지막 시험입니다. 여러분이라면 이 기가 막힌 상황에서 어떻게 하겠습니까?

✦ 땅끝까지 낮아지는 비참한 형편에 처한 적이 있습니까? 그때 어떻게 했습니까?

공동의 책임(연대책임)을 지며 마지막 시험을 마무리합니다

> 그들이 옷을 찢고 각기 짐을 나귀에 싣고 성으로 돌아 가니라
> _창 44:13

베냐민을 잃게 될 위기에 처하자 형제들이 자기 옷을 찢습니다. 이제야 아버지의 근심이 형제들의 근심이 된 것입니다. 예전에 요셉이 형들에 의해 사라졌을 때는 오직 야곱만 옷을 찢었습니다(창 37:34).

다른 형제들은 아버지가 그러거나 말거나 아무 관심도 없었죠. 그런데 지금은 온 형제가 베냐민의 일로 옷을 찢습니다. 모두 자신들이 잘못했다고 생각하는 겁니다. 22년 전, 도단에서 요셉의 생명을 놓고 다투다가 결국 은 이십에 노예로 팔아 버릴 때 하고는 형들이 달라져도 완전히 달라졌습니다.

형들은 아버지가 편애하는 베냐민을 그냥 요셉에게 넘겨주고 상당한 돈을 챙길 수도 있었습니다. 하지만 아무도 그러지 않았습니다. 마지막까지 베냐민을 포기하지 않았습니다. 그래서 "다 같이 죽으면 죽으리라!" 하며 청지기의 종이 되겠다고 약속하고 성으로 돌아간 것입니다. 우리 금쪽이 형들이 달라져도 정말 많이 달라지지 않았습니까? 누가 사람을 이렇게 변화시킬 수 있습니까? 우리 하나님의 끊임없는 수고로 이 형들이 변화된 줄 믿습니다. 지금까지 형들의 모습을 생각해 보세요. 시험이 올 때마다 달라졌습니다. 이기적이던 그들이 함께 고난과 기근과 우환을 통과하며 한마음이 되고, 진정한 정의를 꿈꾸는 이타적인 인간으로 변했습니다. 그리고 마침내 공동의 책임(연대책임)을 지며 마지막 시험을 마무리합니다. 드디어 마지막 시험에 합격한 것입니다.

다시 샌델 교수의 『정의란 무엇인가』로 돌아가 봅시다. 그는 책을 마무리하면서 "우리는 공동선의 정치를 추구해야 하며 이를 위해서는 새로운 시민성이 필요하다"고 주장했습니다. 여기서 그가 생각하는 새로운 시민은 시민적 미덕과, 애국주의, 자기희생, 이웃에 대한 배려를 명예롭게 여기고 그것을 보상하는 데 찬성하는 사람입니다.

한마디로 새로운 시민성이란 이웃을 배려하고 공동체를 위해 희생하는 것입니다.

앞서 '마지막 시험'과 같은 예화들을 살펴보았습니다. 그러면 이 예화들을 절대 가치의 관점에서 다시 한번 생각해 봅시다. 폭주하는 전차의 예화에서, 5명을 살리기 위해 일부러 철로로 한 사람을 밀어서 희생시킬 수는 없습니다. 어떤 생명도 고귀하기 때문입니다. 아프가니스탄의 염소 목동 사례에서 무장하지 않은 민간인을 죽이면 안 되는 이유도 마찬가지입니다. 이처럼 '생명은 고귀하다'는 절대 가치를 갖고 있으면 결정을 빨리 내릴 수 있습니다. 그러나 세상 가치관에 젖어 있으면 이런 대답이 쉬이 나오지 않지요.

그렇다면 믿는 우리에게 결코 변하지 않는 절대 가치는 무엇입니까? 바로 '구원', '예수 그리스도'입니다. 따라서 성도에게 모든 문제는 옳고 그름이 아닌 구원의 문제입니다. 가정 중수의 문제도 그렇습니다. 여기에 가치중립이란 존재할 수 없습니다. 그러므로 내 배우자와 살고 싶지 않은 수많은 이유가 있어도 내 맘대로 이혼을 선택해서는 안 됩니다. 어떤 경우에도 가정은 반드시 지킬 만한 가치가 있기 때문입니다. 가정 중수야말로 우리가 지켜야 할 절대 가치입니다.

그럼에도 불구하고 가정은 지킬 만한 가치가 있다는 것을 보여주는 한 할머니의 사연입니다.

우리 마을에는 이혼한 가정이 없습니다. 노인 부부 아니면 남편을 먼저 떠나보낸 할머니들이 마을 구성원의 대부분이기 때문입니다. 남편이 어지간히 속을 썩여도 그저 무던히 참으며 살아 온 할머니들을 보면 꼭 오랜 비바람을 견뎌낸 아름드리 고목이 생각납니다.

그런데 얼마 전 고목 같은 할머니 한 분이 우리 목장에 오셨습니다. 그런데 알고 보니 할머니는 할아버지의 학대로 전에 자녀들이 있는 서울로 가출한 적이 있었습니다. 어릴 적 말로 다 할 수 없는 학대를 받아 비뚤어질 대로 삐뚤어진 할아버지는 포악한 것이 꼭 성격파탄자 같답니다. 할머니는 노름꾼에 술만 마시면 자신을 패는 이 포악한 남편에게 학대당하며 온갖 무시와 천대를 받고 사셨습니다. 그러다 몸도 마음도 병들어 죽게 되었을 때, 늦게 예수님을 믿은 친정어머니의 전도를 받고 영육이 살아나셨다고 합니다. 자신을 때리고 종 부리듯 하는 남편의 학대에도 인내하며 자식들을 키우며 살다 보니 어느덧 할머니의 나이도 67살이 되었습니다.

그런데 더 기가 막힌 것은, 자매처럼 지내던 옆집 할머니가 얼마 전에 과부가 됐는데, 69살 된 이 남편 할아버지가 그 과부 할머니랑 버젓이 할머니 보는 앞에서 놀아났다는 것입니다. 그동안 할머니가 새벽 기도 간 시간을 틈타 그 과부 할머니가 안방에 들어와 할아버지와 이불 속에서 정분이 난 것 같다고 합니다. 심지어 과부 할머니는 할아버지보다 연상인 73살이랍니다. 할아버지는 과부 할머니네 농사와 집 안일을 다 해 주며 요즘은 아예 그 집에서 살다시피 한답니다. 하루는 할머니가 과부 할머니에게 따졌더니 할아버지가 그 앞에서 개 패듯이 할머니를 팼다고 합니다. 게다가 과부 할머니도 덩달아 할머니를 멸시하니 할머니의 배신감과 억울함은 말로 다 할 수가 없답니다.

저는 할머니의 기막힌 사연을 듣고 할 말을 잃었지만, 그래도 할머니께 "이혼하지 마세요. 공동체에서 말씀 듣고, 기막힌 인생이 해석되어야 한이 풀립니다"라고 말씀드릴 수밖에 없었습니다. 할머니는 말 그대로 평생 '원수'인 남편의 수고 덕분에 예수님을 만났습니다. 그런데 인생 말년까지 할아버지는 아내의 거룩을 위해 바람피우는 수고를 하고 있습니다. 그러니 이 할아버지야말로 진짜 불쌍한 사람이라는 생각이 들었습니다. 무엇보다 73살 할머니도 남편을 뺏어 가는 첩이 될 수 있다는 사실에 요즘은 마을에서 만나는 할머니들이 예사롭게 보이지 않습니다.

여러분, 73살 할머니도 첩이 될 수 있습니다. 남녀 간에는 예외가 없기 때문입니다. 말 그대로 남녀칠세부동석(男女七歲不同席)입니다. 여기서 이 할머니가 옳고 그름으로 정의를 논한다면 이혼할 이유가 어디 한두 가지입니까? 그동안 느낀 비참한 심정을 그 누가 알겠습니까? 그래도 할머니가 아무것도 할 수 없는 상황에서 할아버지가 옆집 할머니와 바람을 피워 주니 목장에 오지 않았습니까. 그러니 이 남편이 할머니를 위해 얼마나 수고해 준 겁니까? "당신이 교회만 가니 외로워서 바람을 피웠다"고 변명을 하는 남편들이 있는데, 아내들은 이런 말을 들어도 위축되지 마시기를 바랍니다. 이 할머니를 보세요. 기가 막힌 상황에서도 죽지도 않고, 이혼하지도 않고 끝까지 가정을 지키며 살고 계시잖아요. 얼마나 장합니까? 자기희생이 무엇인지 보여 준 이분이야말로 바로 샌델 교수가 말하는 '새로운 시민'입니다.

정치, 경제, 사회, 의료 등 어떤 분야에서도 오직 예수만이 우리의 절대 가치입니다. 우리의 절대적인 가치는 보혈의 능력밖에 없습니다. 다시 말해, 내가 죽어지는 십자가 보혈의 능력이 아니고는 그 어떤 문제도 해결할 수 없다는 겁니다. 그러므로 오직 예수, 오직 구원이라는 절대 가치를 붙들고, 이타적인 삶으로 나와 가정과 교회와 나라를 지키며 마지막 시험을 잘 마무리하는 우리가 되기를 기도합니다.

* 나의 절대 가치는 무엇입니까? 오직 예수, 오직 구원입니까? 마지막 시험을 잘 마무리하기 위해 내가 이타적으로 적용해야 할 것은 무엇입니까?

믿는 우리에게 결코 변하지 않는 절대 가치는 무엇입니까?
바로 '구원', '예수 그리스도'입니다.
따라서 성도에게 모든 문제는
옳고 그름이 아닌 구원의 문제입니다.
가정 중수의 문제도 그렇습니다.
여기에 가치중립이란 존재할 수 없습니다.
그러므로 내 배우자와 살고 싶지 않은 수많은 이유가 있어도
내 맘대로 이혼을 선택해서는 안 됩니다.
어떤 경우에도 가정은 반드시 지킬 만한 가치가 있기 때문입니다.
가정 중수야말로 우리가 지켜야 할 절대 가치입니다.

우리들 묵상과 적용

하루는 큰딸이 둥지에서 떨어진 새끼 새를 이웃에게 받아 와 돌보았는데, 그만 그 새가 죽고 말았습니다. 그러자 딸은 큰 소리로 울기 시작했습니다. 그동안 딸이 이런 식으로 집에 들인 동식물이 한둘이 아니다 보니 저는 속으로 '또 시작이네' 하며 짜증이 났습니다. 게다가 우는 소리가 신경에 거슬렸던 저는 "네가 잘 돌보지 않아서 죽은 거야!" 하며 아이에게 상처 주는 말을 했습니다. 그런데 이 상황을 지켜보던 아내가 "어머, 사탄이 들었나 봐! 당신 병원 좀 가 봐!"라고 소리쳤습니다. 저는 아이들 앞에서 아내에게 그런 말을 들은 것도 자존심이 상했지만, 우울증과 ADHD로 오랫동안 병원에 다닌 아내가 오히려 제게 그런 말을 하니 더 기가 막혔습니다. 결국 저는 아내의 옷을 잡아 흔들며 아내에게 혈기를 부리고 말았습니다.

요셉의 형제들은 요셉이 베냐민의 자루에 넣은 은잔 때문에 도둑으로 몰리지만(창 44:2, 12) 이 일은 전에 형들이 요셉을 팔아넘긴 죄를 기억나게 하시려는 하나님의 세팅이었습니다. 마찬가지로 작은 새 한 마리의 죽음으로 가족에게 혈기 부린 이번 일이야말로 하나님이 저의 죄패를 기억나게 하려고 주신 사건이라는 생각이 들었습니다. 그래도 형제들은 억울한 상황에서도 과거에 요셉을 팔아넘긴 죄를 기억하여 연대책임을 지고 애굽으로 돌아갔습니다(창 44:13). 하지만 저는 형제들과 달리 또다시 예전의 혈기 대마왕으로 돌아가 가족에게 큰 상처를 주었습니다.

주님을 만나기 전에 저는 혼전임신, 낙태, 동성애, 마약 등 남들은 평생 한 가지도 짓기 어려운 죄를 짓고 살았습니다. 그러다 믿음의 공동체에서 신앙생활을 시작한 후로 저의 죄를 회개하고, 오랜 기간 양육을 받은 후 지금은 목자로 섬기고 있습니다. 그러다 보니 어느새 저 자신이 많이 변화되었다고 여겼습니다. 하지만 이번 새끼 새 사건으로 하나님이 천국 가는 그날까지 뿌리 깊은 저의 죄를 회개하고 속죄하며 살라고 하시는 것 같아 절로 회개가 나옵니다.

그날 딸아이에게 막말한 것이 내내 마음에 걸렸던 저는 바로 다음 날 딸에게 용서를 구하며 애완조 한 쌍을 선물했습니다. 비록 저희 집은 점점 조류를 비롯한 동식물 생태 학습장같이 변해 가지만, 이제는 옷을 찢으며 회개하는 마음으로(창 44:13) 아이들의 눈높이를 맞추는 아버지가 되겠습니다.

영혼의 기도

하나님 아버지, 무엇인가 되었다고 여기며 마음을 놓고 있을 때, 형제들에게 관계 회복을 위한 마지막 시험이 온 것을 보았습니다.

아무리 결백을 호소해도 내가 할 수 있는 일이 하나도 없는 이 기가 막힌 상황에서, 주님은 배신의 벽을 넘어 나의 악을 먼저 생각하라고 하십니다.

그런데 이렇게 비참한 형편이 되어서야 비로소 나밖에 모르던 우리가 자기희생이 무엇인지 알게 되었습니다. 아내를 생각하고 남편을 생각하고 자녀를 생각하고 공동체를 먼저 생각하게 되었습니다.

주님, 시기와 질투로 요셉을 죽이려고까지 했던 형들이 베냐민을 위해 모두 죽기로 결단하는 것을 보았습니다. 이기적이던 그들을 이타적으로 변화시키신 하나님의 수고를 생각할 때 참으로 목이 멥니다. 질기게도 변하지 않는 우리가 회개하기까지 계속해서 여러 사건으로 말씀해 주셔서 감사합니다.

이제는 그 주님의 음성을 외면하지 않고, 사건 가운데 하나님의 뜻을 먼저 묵상하는 우리가 되도록 인도해 주옵소서.

우리에게 온 사건이 마지막 시험이 되기 위해서는 십자가 보혈의 능력으로 내가 죽어지는 길밖에는 없다고 하시오니, 항상 올바른 정의에 입각한 절대 가치를 가지고 나보다 남을 먼저 생각하는 이타적인 삶을 살게 도와주옵소서.

오직 예수, 오직 구원이라는 절대 가치를 붙들고 나와 가정과 교회와 나라를 지키며 마지막 시험을 잘 마무리하는 우리가 되도록 주여, 인도하여 주옵소서. 예수님 이름으로 기도드립니다. 아멘.

합격

창세기 44장 14~34절

하나님 아버지,
모든 시험에 합격하고 싶은데 참으로 쉽지가 않습니다.
마지막 시험에 합격할 수 있도록
말씀해 주옵소서. 듣겠습니다.

나름의 실력도 있고 모든 준비를 완벽히 마쳤지만, 대입 원서 마감 날짜를 착각해 접수하지 못한 학생이 있었습니다. 아무리 학교 측에 울며불며 사정해도 받아들여지지 않자, 그 학생은 결국 1년을 더 기다릴 수밖에 없었습니다. 그래도 이런 시험은 1년만 기다리면 다시 기회가 주어지지만, '천국 시험'은 기회를 놓치면 영원히 끝입니다.

모든 시험이 그런 것처럼, 천국 시험에도 '거의 합격'이란 없습니다. 시험을 거의 통과한 것 같아도 어떤 시험이든 마무리하는 과정이 늘 있기 마련입니다. 그러므로 다 된 밥에 코 빠뜨리지 않으려면 마지막까지 방심하지 말고, 우리의 종착지인 천국역을 향해 중단 없이 정진해야 합니다.

그러면 형제들이 요셉의 마지막 시험에 어떻게 합격하는지 본문을 통해 살펴보겠습니다.

마지막 시험에 합격하려면
정곡을 찌르는 영적 고백이 있어야 합니다

드디어 요셉의 형들이 무덤까지 가져가고 싶었던 일을 입으로 고백합니다. 로마서 10장 10절에 "사람이 마음으로 믿어 의에 이르고 입으로 시인하여 구원에 이르느니라"고 했습니다. 이 말씀대로 '입으로' 시인하는 것이 중요합니다. 지난 42장에서 형들은 "우리가 아우의 일로 말미암아 범죄하였도다" 하며 '정곡을 찌르는 회개'를 했습니다. 하지만 형들이 마지막 시험에 최종 합격하려면 자신들의 '입으로' 직접 시인하는, '정곡을 찌르는 영적 고백'이 반드시 있어야 합니다.

> 유다와 그의 형제들이 요셉의 집에 이르니 요셉이 아직 그 곳에 있는지라 그의 앞에서 땅에 엎드리니_창 44:14

베냐민의 자루에서 은잔이 나오자, 유다와 그의 형제들은 연대 책임을 지기로 하고, 옷을 찢으며 성으로 돌아갔습니다(창 44:13). 여기서 "요셉이 아직 그곳에 있었다"(He was still there [ESV])는 것은 그가 형제들이 돌아올 것을 믿고 아직 거기에 있었다는 뜻입니다. 형들도 그렇습니다. 그만큼 빨리 결정하고 돌아왔으니까 요셉을 만날 수 있었던 것이죠. 형제들이 고난을 통과하며 요셉과 사랑의 농도가 좀 비슷해졌달까요?

내가 아무리 누군가를 위해 기도해도 상대방이 전혀 관심이 없다면 지금은 때가 아닐 수 있습니다. 요셉과 형제들처럼 서로 사랑의 농도가 비슷해질 때까지 기다려야 합니다. 물론 어떤 형제들은 '저 총리가 은잔 때문에 화가 나서 우리를 기다리고 있었구나'라고 생각했을 수도 있습니다.

> 요셉이 그들에게 이르되 너희가 어찌하여 이런 일을 행하였느냐 나 같은 사람이 점을 잘 치는 줄을 너희는 알지 못하였느냐 _창 44:15

요셉이 형제들에게 "너희는 내가 이 귀한 은잔으로 점치는 것을 몰랐느냐?" 하며 마치 은잔을 진짜 점치려는 데 사용하는 것처럼 말합니다. 끝까지 아주 단호하게 시험 문제를 내는 요셉입니다. 그러자 유다가 이렇게 대답합니다.

> 유다가 말하되 우리가 내 주께 무슨 말을 하오리이까 무슨 설명을 하오리이까 우리가 어떻게 우리의 정직함을 나타내리이까……
> _창 44:16a

그런데 여러분, 유다를 비롯해 형들이 22년 전에 요셉에게 무슨 짓을 했습니까? 동생을 노예로 팔고 그것도 부족해서 짐승에 찢겨 죽었다고 아버지 야곱에게 거짓말까지 했습니다. 더욱이 야곱은 그 거짓말을 여전히 굳게 믿고 있습니다. 차마 사실을 알리지도 못한 채 계속 아버지를 속이고 있는데, 그런 형들이 정직함에 대해 말할 자격이 있습니까? 은잔 하나 훔치지 않았다고 해서 "우리가 무슨 말을 하오리이까? 무슨 설명을 하오리이까? 어떻게 우리의 정직함을 나타내리이까?" 이렇게 말하는 것이 약간 좀 민망하지 않습니까? 그야말로 착각도 유분수입니다. 무엇보다 형들은 은잔 도둑으로 몰린 베냐민과 운명을 같이하기로 했잖아요. 그런데도 입에서는 전자동으로 변명이 나옵니다.

우리도 그래요. 마지막 순간까지 하다 하다 안 되니까 회개의 고백이 나오는 것이지 처음부터 바로 인정하고 회개하는 사람은 극히 드뭅니다. 회개도 구석으로 몰리니까 어쩔 수 없이 하게 되는 것입니다. 착각의 문제도 마찬가지입니다. 처음부터 자신의 착각을 인정하는 사람은 드뭅니다.

『보이지 않는 고릴라』는 하버드 대학의 심리학자 크리스토퍼 차브리스(Christopher Chabris)와 대니얼 사이먼스(Daniel Simons)가 쓴 책으로 우리가 일상에서 흔히 일으키는 착각들을 다루고 있습니다.

그중에서 먼저 '주의력 착각'에 관한 내용입니다. 사이먼스와 차브리스는 학생들을 두 팀으로 나누어 한 팀은 흰 셔츠를, 다른 팀은 검은 셔츠를 입게 했습니다. 서로 농구공을 패스하는 장면을 동영상으로 찍어 사람들에게 보여 주면서 검은 셔츠 팀의 패스는 무시하고, 흰 셔츠 팀의 패스 횟수만 세어 달라고 부탁했죠. 영상이 끝난 후 그들은 사람들에게 이런 질문을 던졌습니다. "선수들 말고 눈에 띄는 누군가는 없었나요? 혹시 고릴라 보셨나요?" 그런데 놀랍게도 실험대상자 중 절반이 고릴라를 보지 못했다고 했습니다.

다시 동영상을 틀어 보니, 선수들이 정신없이 농구공을 주고받는 사이로 고릴라 의상을 입은 여학생이 태연하게 무대 중앙으로 걸어 들어왔습니다. 그녀는 카메라를 향해 가슴을 치고는 유유히 다시 걸어 나갔습니다. 그런데도 왜 사람들은 고릴라를 보지 못한 걸까요?

이 실험이 우리에게 주고자 하는 명제는 "인간은 자신이 보고 싶은 것만 본다"는 것입니다. 천지가 두 쪽이 나도 듣고 싶은 것만 듣고, 보고 싶은 것만 보는 것이 인간입니다. 그런데 이 실험에서 더 흥미로운 점은 자신이 고릴라를 보지 못했다는 사실에 사람들이 너무나도 큰 충격을 받았다는 겁니다. "보지 못할 수도 있지" 하고 인정하면 되는데, "내가 어떻게 고릴라를 못 볼 수 있는가" 하며 그런 자신이 인정이 안 되기 때문입니다.

주의력 착각에 이어 기억력 착각도 우리가 흔히 일으키는 착각 중 하나입니다. 어느 날, 미국의 한 젊은 부부가 범죄 현장을 목격하고 1분도 채 안 되어 911에 신고를 했습니다. 그런데 부인은 당시 가해자가 청바지를 입었다고 했고, 남편은 운동복 차림이라고 주장했습니다. 시간이 갈수록 이 부부는 서로 자신의 말이 맞다고 우겼습니다.

다음은 기억력 착각과 관련한 흥미로운 실험 사례입니다.

캠퍼스에서 한 남자가 지도를 가지고 지나가는 사람에게 길을 묻고 있습니다. 지도를 보며 방향을 알려 주고 있는데, 갑자기 그들 가운데로 커다란 목재를 든 인부 두 명이 지나갑니다. 그런데 그 사이에 길을 물어보는 사람이 바뀌었습니다. 여러분이 길을 알려 주던 사람이라면 상대방이 바뀐 사실을 알아챌 수 있겠습니까? 거의 50퍼센트가 넘는 사람들이 자신과 대화하던 사람이 바뀐 사실을 눈치채지 못했다고 합니다.

몇 년 후, 후속 실험에서 학생 몇 명이 그 실험에 대해 듣고는 "그런 변화를 모른다는 건 말도 안 된다"고 주장했습니다. 그러면서 자신들이 다시 이 실험에 참여해 보겠다고 했습니다. 그래서 학생들에게 지원서를 작성하게 하고, 카운터에서 기다리게 했습니다. 그사이 그들과 대화하고 있던 사람이 서류를 정리하는 척하면서 접수대 밑으로 사라졌다가 다른 사람으로 바뀌어서 올라왔습니다. 하지만 이때 변화를 눈치챈 학생은 아무도 없었습니다.

확신이 기억을 이기는 경우도 있습니다. 케네디 대통령이 암살당해 전 국민이 슬픔에 잠겨 있을 때입니다. 당시 실시한 여론조사에서 국민의 3분의 2가 3년 전 대선에서 케네디를 찍었다고 했습니다. 하지만 사실 그 대선은 50대 50의 대접전이었습니다. 응답자 중 일부는 대통령에 대한 추모의 감정에 자신의 기억을 일치시켜 누구를 찍었는지 착각한 것이죠.

자신감 착각에 관한 내용도 흥미롭습니다. 체스 선수들에 대한 한 연구에 따르면 중간 이하의 실력 집단에 속한 선수들은 평균적으로 자신들이 150점까지 과소평가되었다고 생각한 반면, 중간 이상 실력의 선수들은 50점 정도 덜 받았다고 생각한답니다. 상대적으로 강한 선수들이 자신의 능력을 약간 과신하는 정도였다면, 약한 선수들은 자신을 대단히 과신한 셈이죠. 이런 연구는 '아메리카 갓 탤런트(America's Got Talent)'나 '아메리칸 아이돌(American Idol)' 같은 경쟁적인 리얼리티 쇼에 왜 형편없는 참가자들이 그토록 많이 몰려드는지 그 이유를 보여 줍니다.

그런데 여기서 자신감 착각이 기억력 착각과 결합하면 그야말로 큰 재앙이 일어난다고 합니다. 잘못된 기억을 토대로 자신 있게 법정에서 증언하는 증인의 사례를 생각해 보면 정말 재앙이 아닐 수 없습니다. 이외에도 모르면서 안다고 우기는 '지식 착각', 우연의 일치를 놓고 얼토당토않은 이론을 만들어 내는 '원인 착각', 훈련을 통해 지력을 몇 곱절 증대시킬 수 있다고 믿는 '잠재력 착각'도 이 책에서 다룹니다. 이처럼 우리는 여러 착각 속에 빠져 살아갑니다. 그러나 절대 가치를 모르는 인간은 무엇이 옳고 그른지 제대로 분별하지 못하기에, 분명히 착각에 빠져 있는데도 그것을 인정하지 않고, 자신이 맞다고 자꾸 우깁니다.

이 책의 결론을 한마디로 표현하면 "너 자신을 알라"입니다. 아인슈타인(Albert Einstein)은 "세상에는 무한한 것이 두 가지가 있다. 하나는 우주이고, 다른 하나는 인간의 무지이다"라고 말했습니다. 그의 말처럼 정말 무지하기 짝이 없는 것이 인간입니다. 그러므로 우리는 우리 자신이 고릴라를 보고도 못 봤다고 우기는 존재임을 겸손히 인정해야 합니다. 내가 그런 존재임을 인정하는 순간 비로소 우리는 고릴라를 뛰어넘게 됩니다.

다시 본문으로 돌아가 보겠습니다. 좀 전까지 유다는 스스로 착각에 빠져 자기 해명을 하기에 급급했습니다. 그랬던 유다가 '우리 형제들이 연대책임을 지기로 하고 여기 와서 이게 뭐하는 짓인가?' 하며 정신을 퍼뜩 차립니다. 그러자 드디어 고릴라를 뛰어넘는 발언을 하기 시작합니다.

……하나님이 종들의 죄악을 찾아내셨으니 우리와 이 잔이 발견된 자가 다 내 주의 노예가 되겠나이다 _창 44:16b

유다가 형제들을 대표해서 "하나님이 종들의 죄악을 찾아내셨으니 우리와 이 잔이 발견된 자가 다 내 주의 노예가 되겠나이다"라고 고백합니다. 이 고백을 입으로 하기까지 무려 22년이나 걸렸습니다. 형제들은 지금은 너무 억울해도 은잔을 훔쳤다는 증거가 이미 나왔으니, 입이 두 개라도 할 말이 없습니다. 그런데 막상 이런 억울한 상황이 되고 보니 갑자기 요셉이 생각난 겁니다.

'아, 요셉이 예전에 이렇게 억울했겠구나. 죄도 없이 구덩이에 던져져서 살려 달라고 그리도 애원했는데, 그때 우리가 들은 척도 안 했지. 그런데 지금 애굽의 총리가 우리가 애걸해도 들은 척도 안 하는구나. 그러니 이게 바로 우리의 죄를 하나님이 찾아내신 것이구나!'

여러분이라도 이런 생각이 절로 들지 않겠습니까?

전에 형들이 1차로 애굽을 방문하고 돌아가다가 자루에서 돈을 발견됐을 때 어떻게 했습니까? "하나님이 어찌하여 이런 일을 우리에게 행하셨는가"(창 42:28) 하며 당황했지요. 처음으로 하나님의 이름을 부르긴 했지만 그저 '어찌하여'의 한탄으로만 그쳤습니다. 이후 형들은 집으로 돌아와 베냐민을 애굽으로 데려가는 문제로 야곱과 우여

곡절을 겪었습니다. 하지만 유다의 설득으로 베냐민을 애굽에 데려와서 억류되어 있던 시므온도 풀려나고, 기근에 먹을 곡식도 풍족히 얻었습니다. 그래서 이제는 모두 집으로 무사히 돌아가는 줄로만 알았습니다. 그런데 하필이면 이때 베냐민의 자루에서 은잔이 발견된 것입니다. 은잔이 발견된 이상 더는 형제들에게 피할 길은 없습니다. 그러나 이렇게 길이 없어져야 진실한 고백이 나오는 것입니다.

전에 요셉의 형들은 말로는 "우리는 확실한 자들이라"고 해도 정작 진실한 고백은 하지 못했습니다. 그런데 지금은 그런 이야기는 쏙 들어가고 "하나님이 우리 죄악을 찾아내셨다"라고만 고백합니다. 이런 진실한 고백에는 마치 그 죄와 관련된 당사자가 듣는 것과 같은 효과가 있습니다. 지금 형제들은 애굽의 총리가 요셉이라고는 상상조차 하지 못하고 있습니다. 그러니 형제들 입장에서는 전혀 상관도 없는 사람에게 과거 자신들의 죄를 오픈하고 있는 셈입니다.

그런데 말입니다. 사람들은 이렇게 자기 죄를 솔직히 오픈하는 사람을 보고 "저 사람은 참으로 진실되다"며 좋아합니다. 물론 "저렇게 오픈하면 앞으로 교회는 어떻게 다니고, 결혼은 어떻게 하냐"고 묻는 사람도 더러 있습니다. 그러나 저는 우리들교회 성도들을 통해 진솔하게 자기 죄를 오픈했더니 오히려 취직도 잘되고, 결혼도 잘하는 숱한 경우를 보았습니다. 진실한 고백이 수반된 간증을 듣고 나타나는 반응이 바로 '은혜'이기 때문입니다. 정곡을 찌르는 영적 고백이란 바로 이런 것입니다. 다시 말해, 어떤 상황에서도 내 죄를 보는 것입니다.

상대방이 내게 증거를 들이대며 윽박지를 때 여러분은 어떻게 반응합니까? 내 죄를 먼저 봅니까? 회피하며 남 탓을 합니까? 창세기 4장에서 아벨을 쳐 죽인 가인은 그 아우를 찾는 하나님의 음성을 듣고도 "내가 알지 못하나이다 내가 내 아우를 지키는 자니이까" 하며 끝까지 회개하지 않았습니다. 그러나 어떤 상황에서도 내 죄를 보는 사람은 배우자가 바람을 피워도, 자녀가 아프고 속을 썩여도, 부도가 나도 "주님이 내 죄를 찾아내셨군요" 하며 정곡을 찌르는 영적 고백을 합니다. 저는 이렇게 먼저 자기 죄를 고백할 때 얽히고설킨 문제가 자연스레 해결되는 것을 그동안 많이 보았습니다.

그런데 여기서 우리가 한 가지 주목해야 할 점이 있습니다. 유다는 "하나님이 종들의 죄악을 찾아내셨다"라고 했지 "내가 은잔을 훔쳤다" 이러면서 굳이 없는 이야기를 하지 않았습니다. 배우자가 뭐라 하든 내가 예수님 때문에 기뻐서 "나와 살아 줘서 고마워요"라고 말하면, 육적인 사람들은 '그래, 내가 돈 벌어다 주니까 고마워하는 게 당연하지'라고 생각합니다. 서로 해석이 다를 수 있어요. 하지만 내가 하지도 않았는데, 상대방이 협박한다고 비굴하게 "제가 했어요"라고 말하지는 마십시오. 아닌 것을 했다고 할 수는 없습니다.

핵심은 형제들이 은잔을 훔쳤다고 몰리자 그 속에 숨겨 둔 '정곡을 찌르는 죄 고백'이 나왔다는 점입니다. 우리도 그래요. 내게서 숨겨 둔 죄의 고백이 터져 나오도록 은잔 도둑으로 몰리는 사건이 온 것입니다. 그러므로 어떤 억울한 사건을 만나도 "하나님이 내 죄를 찾아내셨다" 하며 회개하시기를 바랍니다. 비록 상대방은 몰라도 나만 아는 정곡의 영적 고백을 할 때 어떤 시험에서도 합격하게 될 줄 믿습니다.

요셉이 이르되 내가 결코 그리하지 아니하리라 잔이 그 손에서 발견된 자만 내 종이 되고 너희는 평안히 너희 아버지께로 도로 올라갈 것이니라_창 44:17

요셉은 형제들에게 "한 사람만 잘못했는데, 왜 모두 벌을 받으려고 하느냐?"고 반문합니다. 사실 형들 입장에서는 베냐민을 두고 빠져나갈 좋은 기회가 생긴 셈이지만, 그들은 그렇게 하지 않았습니다. 우리가 마지막 시험에 합격하려면 이처럼 자신보다 다른 사람을 먼저 생각해야 합니다. 베냐민을 두고 가면 형들은 당장 자신들의 목숨은 건질 수 있을지 몰라도 야곱의 책망을 듣고, 요셉에 이어 베냐민까지 사지로 몰아넣었다는 죄책감으로 평생 고통 가운데 살았을 겁니다. 그래서 이타적인 결정은 절대로 손해가 아닙니다. 나도 살고 남도 살리는 길입니다. 그러므로 우리는 형들이 연대책임을 지고 계속 베냐민을 지키기로 결정한 것을 본받아야 합니다. 이처럼 진실한 회개에는 책임이 따르기 마련입니다. 이는 곧 아무 변명하지 않고, 벌을 달게 받겠다는 의미입니다.

✱ 하나님이 내 죄악을 찾아내신 사건은 무엇입니까? 그 사건에서 정곡을 찌르는 영적 고백을 했습니까?

마지막 시험에 합격하려면
진실한 사랑의 중보자가 되어야 합니다

우리가 마지막 시험에 합격하려면 진실한 사랑의 중보자가 되어야 합니다. 그러려면 어떻게 해야 하는지 세 가지로 살펴보겠습니다.

상대방을 있는 그대로 인정해야 합니다

유다가 그에게 가까이 가서 이르되 내 주여 원하건대 당신의 종에게 내 주의 귀에 한 말씀을 아뢰게 하소서 주의 종에게 노하지 마소서 주는 바로와 같으심이니이다 _창 44:18

유다가 요셉을 '내 주'라고 하고, 자신은 '주의 종'이라고 합니다. 그러나 이 말은 결코 아첨이 아닙니다. "주는 바로와 같다"는 것은 "요셉이 바로와 같이 문제를 해결할 능력이 있다"는 의미입니다. 지금 유다는 하나님께 간구하듯이 요셉에게도 진심으로 간구하고 있습니다. 요셉을 자신보다 위에 있는 권세로 인정하기 때문이죠. 그런데 이것을 보고 "총리면 총리지, 왜 하나님 믿는 사람이 세상 권세에 굴복하냐?" 이렇게 따져서는 안 됩니다.

사실을 말해야 합니다

18 유다가 그에게 가까이 가서 이르되 내 주여 원하건대 당신의 종에게 내 주의 귀에 한 말씀을 아뢰게 하소서 주의 종에게 노하지 마소서 주는 바로와 같으심이니이다 19 이전에 내 주께서 종들에게 물으시되 너희는 아버지가 있느냐 아우가 있느냐 하시기에 20 우리가 내 주께 아뢰되 우리에게 아버지가 있으니 노인이요 또 그가 노년에 얻은 아들 청년이 있으니 그의 형은 죽고 그의 어머니가 남긴 것은 그뿐이므로 그의 아버지가 그를 사랑하나이다 하였더니 21 주께서 또 종들에게 이르시되 그를 내게로 데리고 내려와서 내가 그를 보게 하라 하시기로 22 우리가 내 주께 말씀드리기를 그 아이는 그의 아버지를 떠나지 못할지니 떠나면 그의 아버지가 죽겠나이다 23 주께서 또 주의 종들에게 말씀하시되 너희 막내 아우가 너희와 함께 내려오지 아니하면 너희가 다시 내 얼굴을 보지 못하리라 하시기로 24 우리가 주의 종 우리 아버지에게로 도로 올라가서 내 주의 말씀을 그에게 아뢰었나이다 25 그 후에 우리 아버지가 다시 가서 곡물을 조금 사오라 하시기로 26 우리가 이르되 우리가 내려갈 수 없나이다 우리 막내 아우가 함께 가면 내려가려니와 막내 아우가 우리와 함께 가지 아니하면 그 사람의 얼굴을 볼 수 없음이니이다 _창 44:18~26

여기서 제일 중요한 단어는 '우리'이고, 그다음이 '아버지'와 '막내아우'입니다. 유다가 이 세 단어를 반복해서 말하는데, 그 내용을 살펴보면 하나같이 다 사실입니다. 진실한 사랑의 중보자는 단어 하나를 사용해도 상대방에게 감동을 주며, 솔직하게 사실을 전달합니다. 그러면 유다가 구체적으로 어떤 사실을 이야기하고 있습니까?

21절에 보면 전에 요셉은 형들에게 "베냐민을 내게로 데리고 내려와서 내가 그를 보게 하라"고 말했습니다. 여기서 '보게 하다'의 원어는 '돌보게 하다'는 뜻입니다. 따라서 유다가 이 말을 다시 언급한 이유는 "전에 총리님이 막내아우를 데리고 오면 돌보신다고 하지 않았습니까?" 하며 전에 요셉이 말한 사실을 상기시키기 위해서였습니다. 20절에서 유다는 "아버지는 노인이고, 막내아우 베냐민은 아버지가 노년에 얻은 아들인데, 그의 형은 죽었다"라고 합니다. 그런데 전에 1차 애굽 방문 때는 형들이 뭐라고 했습니까? "막내아들 베냐민은 아버지와 함께 있고 또 하나는 없어졌다"(창 42:13)고 하지 않았습니까. 그렇다면 이 말이 내포하는 바는 무엇입니까? 유다와 형제들이 자신들도 모르게 "베냐민의 형을 죽인 사람이 다름 아닌 우리"라고 고백하고 있는 것입니다. 그러면서 유다는 "특별히 아버지가 베냐민을 생명처럼 사랑한다"고 말합니다. 베냐민이 집으로 돌아가지 못하면 야곱의 생명이 위태롭게 될 것임을 강조하기 위함입니다. 결국 유다가 요셉에게 말하고자 하는 바를 정리해 보면 이렇습니다.

"우리 형제들은 아버지가 내려가라면 내려가고, 올라가라면 올라갑니다. 마찬가지로 총리님이 우리보고 내려가라면 내려가고, 올라가라면 올라갈 것입니다. 하지만 막내아우 베냐민만은 절대 안 됩니다. 만약 그가 집으로 돌아가지 못하면 우리 아버지가 죽게 될 것이기 때문입니다."

아버지 야곱의 연약함을 끌어안아야 합니다

주의 종 우리 아버지가 우리에게 이르되 너희도 알거니와 내 아내가 내게 두 아들을 낳았으나 _창 44:27

이번 장에서 제일 중요한 구절은 "하나님이 종들의 죄악을 찾아내셨으니"의 16절과 이 27절 말씀입니다. 야곱은 "내 아내는 라헬이고, 내 자식도 라헬이 낳은 두 아들만 있다"고 했습니다. 유다가 왜 이런 이야기를 구구절절 오픈하는 걸까요? 그것도 아무 상관없는 애굽 총리 앞에서 말입니다. 유다는 아버지 야곱을 누구보다 객관적으로 보고, 있는 그대로 인정했습니다. 그래서 "우리 아버지는 편애 대마왕입니다. 그러니까 아버지가 생명과도 같이 여기는 베냐민만은 제발 놓아주세요"라고 간청한 것입니다. 무엇보다 유다는 "아버지가 라헬의 자녀들을 편애했는데 지금도 바뀌지 않았어요. 이것 때문에 레아의 자녀, 라헬의 자녀 모두 힘들게 살았어요!"라고 집안의 수치를 구체적으로 오픈했습니다.

그런데 야곱은 요셉의 아버지이기도 하잖아요. 그 앞에다 대고 "우리 아버지는 라헬만 아내로 여기고, 요셉과 베냐민만 자식으로 여겨요." 이랬으니 요셉이 속으로 얼마나 뜨끔했겠습니까? 그러나 죄를 오픈할 때 치유가 일어난다는 것은 성경 전체에 흐르는 메시지입니다. 따라서 유다의 이런 오픈이야말로 편애의 상처로 얼룩진 야곱 집안이 치유의 길로 접어들었음을 보여 주는 것입니다.

비단 야곱의 집만 이런 상처가 있겠습니까? 아버지가 조강지처를 두고 첩을 들여 자식을 여럿 낳다 보니 이복형제들끼리 원수처럼 지내는 집이 우리 주변에도 한둘이 아닙니다. 이럴 때는 아버지가 첫째 부인을 내쫓고 둘째 부인을 예뻐한 사실을 인정하는 것밖에 길이 없습니다. 가정의 상처를 인정하고 나누며 갈 때, 가족 간의 꼬여 있던 관계가 얼마나 술술 풀리는지 모릅니다. 가정의 상처를 인정한 유다를 보세요. 어느새 가족 모두를 아우르는 중재자 역할을 하고 있지 않습니까. 반면에 요셉은 아직도 친동생 베냐민만 끼고돕니다.

> 하나는 내게서 나갔으므로 내가 말하기를 틀림없이 찢겨 죽었다 하고 내가 지금까지 그를 보지 못하거늘 _창 44:28

야곱이 그리 말한 것이지, 요셉은 실제로 찢겨 죽지 않았습니다. 이럴 때 "사실 요셉은 찢겨 죽은 게 아니고, 우리가 팔아넘겼습니다"라고 섣불리 말해서는 안 됩니다. '아' 다르고, '어' 다르다는 말처럼 언제, 어디서, 어떻게 죄를 오픈하느냐에 따라 같은 내용이라도 상대방이 다르게 받아들일 수 있습니다. 그래서 성경은 오픈의 미학이라고 해도 과언이 아닙니다. 아무리 진실이라도 때와 장소에 따라 하지 말아야 할 말이 있는데, 내공이 쌓여야 이런 것도 분별할 수 있습니다.

비록 '찢겨 죽었다'는 말이 형제들이 요셉에게 저지른 악을 상기시키지만, 유다가 아버지의 말을 그대로 전한 것이 오히려 진정성 있게 느껴지는 이유는 무엇입니까? 야곱의 약점을 유다가 있는 그대로 인정하고 껴안았기 때문입니다.

> 너희가 이 아이도 내게서 데려 가려하니 만일 재해가 그 몸에 미치면 나의 흰 머리를 슬퍼하며 스올로 내려가게 하리라 하니_창 44:29

한마디로 야곱이 "나는 베냐민 없으면 죽는다"라고 하는 겁니다.

> 30 아버지의 생명과 아이의 생명이 서로 하나로 묶여 있거늘 이제 내가 주의 종 우리 아버지에게 돌아갈 때에 아이가 우리와 함께 가지 아니하면 31 아버지가 아이의 없음을 보고 죽으리니 이같이 되면 종들이 주의 종 우리 아버지가 흰 머리로 슬퍼하며 스올로 내려가게 함이니이다_창 44:30~31

"우리 아버지가 죽으면 당신도 공범입니다"라고 하면서 유다가 요셉에게 살짝 협박 아닌 협박을 하고 있습니다. 왜 이리 유다가 계속해서 요셉에게 "우리 아버지의 편애를 인정해 달라"고 호소하는 걸까요? 삶의 밑바닥까지 내려가 보지 않으면 우리는 유다가 왜 이러는지 이해할 수 없습니다. 저는 이 장면에서 예수님의 직계 조상이 왜 잘난 요셉이 아니라, 지질한 유다가 되었는지 다시금 깨달았습니다.

유다는 어떤 이유로 야곱의 편애를 이해하고 받아들이게 되었을까요? 유다가 하나님을 만나고 보니 알았습니다. 육신의 아버지가 이 땅에서 자신을 낳아 주었기 때문에 내가 예수 믿게 된 것을 말입니다. 그 사실 하나만으로도 너무 감사해서 아버지에게 그 어떤 것도 바라지 않게 된 것입니다.

하나님은 잘난 아버지가 아니라, 연약한 아버지 야곱을 통해 형제들이 서로 화해하고 사랑하도록 연단하십니다. 우리를 연단하시는 하나님의 목적도 그렇습니다. 우리가 서로 화해하고 사랑하는 데 있습니다. 하지만 사랑한다고 해서 무조건 이를 악물고 참고 견디라는 말이 아닙니다. 서로를 돌아보며 성숙한 사랑을 하라는 것입니다.

『부모를 용서하기 나를 용서하기』의 저자 데이비드 스툽(David Stoop)과 제임스 매스텔러(Janes Masteller)는 우리가 용서의 길을 걷지 못하고, 비난 게임에 빠지는 이유에 대해 다음과 같이 말합니다.

많은 심리학자들은 자신의 모든 문제를 다른 누군가의 탓으로 돌리는 것을 빗대어 우스갯소리를 한다. 그 대상은 주로 어머니이다. 나는 때때로 사람들에게 말한다.

"만일 당신이 비난 게임을 하고 싶으면, 정말 빨리 그렇게 하도록 할 수 있습니다. 당신의 문제가 왜 그런지 알고 싶으세요? 당신 어머니 때문입니다.

그리고 왜 당신 어머니가 당신을 그렇게 잘못 대했는지 알고 싶으세요? 그건 당신 어머니의 어머니 때문입니다. 어머니의 어머니가 가진 문제가 뭐냐고요? 글쎄요, 그건 물론 그 어머니의 어머니 때문이죠."
이것이 어디까지 이어지는지 아는가? 결국 그것은 하와에게까지 거슬러 올라간다. 이미 우리가 아는 대로, 자신의 책임을 지지 않으려 했던 하와에게까지 말이다. 다시 말하면, 비난 게임은 끝이 없다.

…… 우리의 에너지가 다른 사람을 비난하는 데 빼앗긴다면, 우리는 실제로 그 사람의 지배를 받고 있는 것이다. 그 사람의 이미지가 우리의 삶 전체의 초점이 된다. 누가 "나쁜 놈"인지 밝혀낸다고 해서 상처가 없어지는 것이 아니다. 오로지 우리가 용서의 과정을 밟아 나갈 때 상처는 없어진다.

"엄마가 나한테 잘못했으니까 사과해야 해! 엄마 때문에 내 인생 망쳤어" 하며 탓하기 쉬운 대상이 바로 엄마입니다. 물론 어린 시절의 상처는 결정적으로 부모로 인한 경우가 많습니다. 그래서 이 책에서도 용서의 과정 초기에는 아주 잠시 다른 누군가를 비난할 필요가 있다고 말합니다. "다 나 때문이야" 하고 심하게 자책하다가 마음의 병에 걸리는 경우도 있기 때문입니다. 그러므로 우리가 용서의 과정을 제대로 거쳐 나가기를 원한다면, 자신을 향한 거짓 비난을 마땅히 돌려져야 할 곳으로 옮김으로써 그러한 경향에 균형을 맞출 필요가 있다는 것입니다. 하지만 이때 주의하지 않으면 비난 전문가가 되기 쉽습니다. 비난 전문가는 자기연민에 빠져 혼자 남을 미워하다가 그 쓴 뿌리를 다른 사람에게까지 퍼뜨립니다. 그래서 비난하는 사람 옆에 있다 보면 자신도 모르게 그 사람을 닮게 되는 겁니다.

그렇다면 우리가 비난 게임을 멈추고 용서의 길을 걷기 위해서는 어떻게 해야 할까요? 이 책에서는 "우리의 고통을 신뢰할 만한 누군가와 나눠야 한다"고 말합니다. 그렇습니다. 무조건 상대방을 비난만 하지 말고 나의 고통을 믿음의 공동체에 나누고, 필요하면 정신과에도 가야 합니다. 물론 용서한다고 우리의 모든 의문이 하루아침에 해결되는 것은 아닙니다.

그런데도 왜 우리는 용서해야 합니까? 우리를 특별하게 만드는 것은 우리가 생각하는 능력이 아니라 회개하고, 용서하는 능력이기 때문입니다.

용서는 인간만이 할 수 있습니다. 짐승은 하지 못합니다. 다시 말해, 오직 하나님의 생기가 들어간 사람만이 회개도 하고 용서도 할 수 있다는 말입니다. 그러나 이조차 우리 힘으로 되지 않기에 하나님이 야곱을 들어 쓰시고 유다를 들어 쓰셔서 "제발 회개하고 돌아오라"고 끊임없이 우리에게 말씀하시는 것입니다.

✳ 진실한 사랑의 중보자가 되기 위해 상대방을 있는 그대로 인정하고, 솔직하게 사실을 말하며, 그의 연약함을 끌어안고 있습니까? 이 중에서 내가 가장 안 되는 것은 무엇입니까?

마지막 시험에 합격하려면
책임지는 사랑을 해야 합니다

32 주의 종이 내 아버지에게 아이를 담보하기를 내가 이를 아버지께로 데리고 돌아오지 아니하면 영영히 아버지께 죄짐을 지리이다 하였사오니 33 이제 주의 종으로 그 아이를 대신하여 머물러 있어 내 주의 종이 되게 하시고 그 아이는 그의 형제들과 함께 올려 보내소서 34 그 아이가 나와 함께 가지 아니하면 내가 어찌 내 아버지에게로 올라갈 수 있으리이까 두렵건대 재해가 내 아버지에게 미침을 보리이다 _창 44:32~34

진실한 사랑의 중보자는 입으로만 껴안는다고 해서 되는 게 아닙니다. 행동으로 책임지는 사랑을 해야 합니다. 그래서 유다가 베냐민 대신 종이 되겠다고 한 것입니다. 저는 이 구절에서 유다의 애끓는 사랑을 다시금 생각하지 않을 수 없었습니다. 유다는 요셉 앞에서 '아버지'와 베냐민을 지칭하는 '아이'라는 단어를 여러 번 사용합니다. 유다 자신은 간곳없고, 오직 '우리'와 아버지 '야곱'과 동생 '베냐민'뿐입니다.

유다는 아버지 야곱이 요셉을 편애할 때 다른 형제들과 마찬가지로 증오심으로 가득했습니다. 그때 유다는 아버지가 왜 그리 요셉을 각별히 생각하는지 그 심정을 생각하지 않았습니다. 아니, 짐작조차 하기 싫었을 겁니다. 그저 아버지에게 복수하고픈 마음에 요셉을 죽이고만 싶었습니다.

　그러나 요셉을 그렇게 노예로 팔아 버리고 나서, 유다가 아버지의 깊은 슬픔을 보았습니다. 무려 22년 동안 요셉을 잃은 슬픔에 빠져 다른 자식은 안중에도 없는 아버지를 보았습니다. 그러니 이런 아버지 밑에서 유다와 형제들이 얼마나 상처를 받았겠습니까? 정말 인간의 힘으로는 사랑할 수 없는 아버지입니다. 게다가 야곱이 '스올(음부)' 이야기를 얼마나 많이 했습니까? 한마디로 "나는 라헬, 요셉, 베냐민 없으면 차라리 죽는 것이 낫다"는 겁니다.

　그런데 증오심으로 가득했던 유다가 주님을 만나고 변했습니다. 그러면서 라헬과 요셉과 베냐민을 향한 야곱의 지독한 사랑을 비로소 이해하게 되었습니다. 무엇보다 잘난 아버지가 아니라 집착적인 사랑에서 헤어나지 못하는 연약한 아버지를 진심으로 사랑하게 되었습니다. 사랑하니까 그 집착에서 그만 아버지를 건져 주고 싶은 마음이 든 것이죠. 왜 우리 가운데도 야곱 같은 식구들이 있지 않습니까? 게임에서, 술에서, 마약에서, 이성에게서 도통 헤어나지 못해 죽을 것같이 덜덜 떠는 식구들 말입니다. 연약한 식구들이 집착에서 헤어나지 못하는 것이 안타까워서 여러분도 그들을 건져 주고 싶은 마음이 절로 드십니까?

　연약한 야곱을 보며 이제 유다는 자기 자신을 내어 주는 것밖에 달리 길이 없음을 알았습니다. 그런데 성경에 야곱이 열두 아들 중에 요셉을 가장 사랑했다는 말은 있어도 유다를 사랑했다는 이야기는 없습니다. 즉, 야곱이 유다를 사랑해서 유다가 야곱을 사랑한 게 아니란 말입니다. 야곱이 지독한 편애로 가정을 깻박치고 있는데도 유다가 아무 조건 없이 아버지를 불쌍히 여기고 끌어안은 것입니다.

야곱이 라헬과 요셉과 베냐민을 일평생 끔찍이 사랑했지만, 하나님은 진짜 사랑이 무엇인지 유다를 통해 보여 주셨습니다. 결국 자기를 버리는 유다의 이 사랑 덕분에 후에 반목했던 요셉과 형제들의 대화합이 이루어집니다. 그렇게 하는 일마다 하나님이 유다 편을 들어주시더니 예수님까지 유다 지파에서 오셨습니다.

성경에서 열두 지파를 계수하는 것만 봐도 그래요. 계수할 때 요셉 지파는 들어갔다 나갔다 반복해도 유다 지파는 빠지지 않고 한결같이 계수됩니다. 성경을 읽으면 읽을수록 요셉과 유다는 차원이 다르다는 것을 느낍니다.

제가 남편의 구원을 위해 제 생명을 내놓고 기도한 것은 시부모님이 제 남편을 너무 사랑하고 그를 위해 기도를 많이 해서가 아닙니다. 남편이 구원받을 공로가 있어서 그런 것도 아니었어요. 제가 주님을 만나고 보니 남편의 구원을 위해 내 한 몸, 내 생명을 내놓아야겠다는 생각이 절로 들었기 때문입니다.

지금 요셉은 형들은 제쳐두고 베냐민만 끼고돌고 있고, 맏형 르우벤은 오로지 자기 자신밖에 모릅니다. 이때 유다 홀로 베냐민을 대신해 종이 되겠다고 합니다. 도대체 유다는 어떤 인생을 살았기에 이런 책임지는 사랑을 하는 걸까요? 본문에 나오는 유다의 변론만 봐도 그렇습니다. 하나님을 진하게 만나지 않으면 결코 할 수 없는 고백입니다.

제가 창세기 아홉 번째 큐티강해서 『그는 나보다 옳도다』에서도 자세히 밝혔지만, 창세기 38장에서 유다는 며느리 다말과 동침해 아이까지 낳는 일생일대의 수치를 겪었습니다. 그야말로 지독한 수치입니다. 하지만 다말이 창녀로 변장해 유다와 동침한 것은 욕정에 이끌려 벌인 일이 결코 아니었습니다. 오직 하나님의 언약을 잇기 위해, 즉 '예수 씨'를 낳기 위해 수치를 무릅쓴 것이었죠.

그런데 유다가 처음에 며느리가 임신했다는 소식을 듣고 뭐라고 했습니까? "그를 끌어내어 불사르라"(창 38:24)고 명하지 않았습니까. 하지만 며느리가 내민 자신의 도장과 끈과 지팡이를 보고는 이내 곧 자신의 아이를 임신했다는 것을 깨닫습니다. 이에 유다는 만천하에 며느리가 우리 집의 구원을 위해 부끄러운 일을 했다고 인정합니다. 그리고 "그는 나보다 옳도다"(창 38:26) 하며 그 유명한 고백을 하죠. 그 일로 유다에게 말로는 차마 설명이 안 되는 '십자가를 통과한 자기 부인'이 생겼습니다. 며느리가 자기보다 옳다고 고백한 유다인데, 이 세상에 감당 안 될 사람이 누가 있으며, 그 누구를 무시할 수 있겠습니까. '살아도 죽어도 주를 위해'가 저절로 될 수밖에요.

이렇게 유다는 죽음에 이르는 수치를 겪고 나서 변했습니다. 그 안에 세상을 이기는 담대함이 생기고, 모든 사람을 한결같은 마음으로 사랑하게 되었습니다. 그야말로 어떤 이도 품어 낼 수 있는 진실한 사랑의 중보자가 된 것입니다. 이런 유다 덕분에 형제들은 마지막 시험에 합격할 수 있었습니다.

우리는 유다를 통해 결국 영적인 자가 문제 해결의 열쇠를 쥐고 있다는 것을 알게 됩니다. 하지만 결코 유다가 위대해서 그리된 것이 아닙니다. 처음부터 끝까지 하나님이 유다를 인도하셨기에 차원이 다른 진실한 사랑을 하게 된 것입니다. 그러니 유다야말로 하나님의 작품 아닙니까.

그런데 우리는 교회를 다녀도 왠지 잘난 요셉은 예배당 맨 앞에 앉아 있을 것 같고, 지질한 유다는 저 뒤편에 쭈그려 있을 것만 같습니다. 여러분이 야곱이라면 사람들 앞에서 누구를 더 자랑하고 싶겠습니까? "글쎄, 우리 요셉이 이번에 미국 총리가 됐어요" 하면서 자랑이 절로 나오지 않겠습니까? 반면에 유다가 아무리 예수를 잘 믿어도 "유다야, 너는 저리 좀 가 있거라" 이러고 싶지 않을까요? 누군들 며느리와 간음한 아들을 내세우고 싶겠습니까.

그러나 유다는 예배당 뒷자리에만 앉아 있어도 주님의 사랑에 그저 감사합니다. 누가 자신을 손가락질해도 날 구원해 주신 주님의 은혜에 그저 감사한 겁니다. 이런 유다이기에 상관도 없어 보이는 애굽 총리에게 집안의 수치를 다 오픈한 것입니다.

결국 베냐민을 대신하겠다는 유다의 그 한마디에 요셉도 굴복하고 맙니다. 라헬의 소생인 요셉은 어려서부터 야곱의 사랑을 많이 받았지만, 레아와 레아의 아들들은 평생 야곱의 사랑을 받지 못했습니다. 그런데 레아의 소생 유다가 아버지를 위해, 베냐민을 위해 자기 생명을 내놓겠다고 하니 요셉이 어찌 놀랍지 않겠습니까.

진실한 사랑의 중보자 유다처럼 "그는 나보다 옳도다!" 이 한마디만 하면 우리도 싸울 일이 없습니다. 중재하고 아우르고 화합하는 역할을 절로 하게 될 것입니다. 그러니 "당신이 나보다 옳습니다" 이 한마디가 우리 인생의 절대 가치가 되어야 하지 않겠습니까.

그런데 말입니다. 하나님은 성경 전체를 통해 유다의 하나님도 아니고, 요셉의 하나님도 아니고 한결같이 "야곱의 하나님"이라 불리기를 좋아하십니다. 그 이유가 무엇일까요? 우리의 성정이 유다도 아니고, 요셉도 아니고 바로 야곱과 같기 때문입니다. 하나님이 야곱 같은 우리를 가르치시기 위해 유다 같은 모델도 주시고, 요셉 같은 모델도 허락하시는 겁니다. 아무리 우리가 형편없어도 끝까지 포기하지 않고 우리를 이끌어 가시는 하나님이십니다. 우리가 결코 잘나서 예수를 믿는 것이 아닙니다.

여러분이 지금 치르고 있는 마지막 시험은 무엇입니까? 누가 뭐라 하든 "하나님이 내 죄악을 찾아내셨다"고 정곡을 찌르는 영적 고백을 할 때, 마지막 시험에 합격할 뿐만 아니라 모든 이의 연약함을 껴안는 화해의 사자로 우뚝 서게 될 줄 믿습니다.

✦ 진실한 사랑의 중보자가 되어 내가 껴안고 보듬어야 할 사람은 누구입니까? 특별히 내가 껴안아야 할 부모님의 연약함은 무엇입니까?

유다는 어떤 이유로 야곱의 편애를
이해하고 받아들이게 되었을까요?
유다가 하나님을 만나고 보니 알았습니다.
육신의 아버지가 이 땅에서 자신을 낳아 주었기 때문에
내가 예수 믿게 된 것을 말입니다.
그 사실 하나만으로도 너무 감사해서
아버지에게 그 어떤 것도 바라지 않게 된 것입니다.

우리들 묵상과 적용

몇 년 전, 딸이 성형 수술을 하겠다면서 "천만 원만 빌려 달라"고 했습니다. 자존감이 낮은 딸은 늘 외모에 지나치게 신경을 써 왔는데, 저는 "왜 멀쩡한 얼굴을 고치려 하느냐"면서 일언지하에 거절했습니다. 그래도 딸이 계속 졸라 대니 저는 "1년 동안 교회 공동체에 잘 속해 가면 아예 성형해 주겠다"고 했습니다. 처음에 딸은 생각해 보겠다고 하더니 "1년은 못 기다리겠다"며 신용카드라도 빌려 달라고 했지만, 저는 또 거절했습니다.

그런데 얼마 후 경찰서에서 딸이 사기 사건으로 조사를 받고 있다는 연락이 왔습니다. 딸은 성형할 돈을 벌고자 일자리를 찾던 중 일당 20만 원을 준다는 인터넷 구인 광고를 보고 찾아갔는데, 알고 보니 보이스 피싱 업체였습니다. 딸은 업체에서 시키는 대로 현금을 인출하다가 경찰에 덜미가 잡힌 것이었습니다. 자초지종을 다 듣고 난 저는 머릿속이 하얘져서 말문이 막혔습니다. 그러면서 제가 10년 전에 보이스 피싱으로 1,500만 원을 잃은 일이 떠올랐습니다. 그때 누군지도 모르는 가해자들에 대한 분노로 치를 떨었는데, 지금 딸이 가해자가 되었다는 사실에 깊은 절망감이 몰려왔습니다.

결국 딸은 구속되어 재판을 받았습니다. 그때 저는 "하나님이 종들의 죄악을 찾아내셨으니"라고 고백한 유다처럼(창 44:16) 저의 죄를 돌아볼 수밖에 없었습니다. 저는 남편과 사별하고 당시 초등학생이던 딸을 데리고 재혼했습니다. 어린 나이에 큰일을 겪으며 상처를 많이 받은 딸은 중학생 때부터 우울증과 갑상샘 질환을 앓았습니다. 하지만 저는 성공적인 재혼생활이 인생의 목적이 되어 재혼한 남편을 우상 삼고 시댁의 인정에 목을 매며 사느라, 몸과 마음이 아픈 딸을 방치했습니다. 이런 제가 바로 문제 부모임이 깨달아지니 통곡하며 회개할 수밖에 없었습니다. 이후 "자식을 잘못 키운 어미를 벌하시고 딸을 불쌍히 여겨 선처해 달라"고 눈물로 호소하며 법원에 탄원서를 냈고, 딸은 집행유예를 선고받았습니다.

하나님은 이 사건으로 저를 평생 겸손할 수밖에 없는 환경에 처하게 하셨습니다. 옳고 그름이 강하여 사람을 행위로 판단하는 저를 바닥까지 낮추사 주님의 은혜가 아니면 살아갈 수 없는 죄인임을 깨닫게 하신 것입니다. 이제는 진실한 사랑의 중보자 유다처럼(창 44:33) 저도 딸을 끝까지 품을 수 있기를 기도합니다.

영혼의 기도

하나님 아버지, 야곱을 생각하고 요셉을 생각하고 형제들을 생각할 때 각자의 억울함에서 벗어나 "하나님이 내 죄악을 찾아내셨다"라고 고백하기가 참으로 어려울 것 같습니다. 우리 가운데도 인생이 억울해서 도저히 살 수 없다고 외치는 모습이 왜 없겠습니까. 그래서 아버지 때문에, 어머니 때문에, 당신 때문이라고 끊임없이 상대방을 탓하다가 다들 지쳐 버렸습니다. 잘잘못을 따지다가 진이 다 빠져 버렸습니다. 그러니 어찌 그 입술에서 "당신 대신 내가 종이 되겠다"는 자기희생의 고백이 나오겠습니까.

그래도 주님, 마지막 시험에 꼭 합격하고 싶습니다. 그러려면 정곡을 찌르는 영적 고백이 있어야 한다고 하시는데, 그 고백을 하도록 우리에게 피할 길 없는 은잔의 시험을 허락하신 줄 믿습니다. 이제는 마지막 시험에 합격하기 위해 상대방을 있는 그대로 인정하고, 솔직하게 사실을 말하며, 그의 연약함을 껴안을 수 있도록 도와주옵소서.

하나님은 유다가 며느리 다말에게 "그는 나보다 옳도다" 고백한 것을 책임지시고, 그를 야곱 가정의 진실한 사랑의 중보자로 세워 주셨습니다. 그리고 그 유다를 통해 예수님이 오시는 놀라운 역사를 보여 주셨습니다. 인간의 힘으로는 절대 자기희생적인 사랑을 할 수 없는데, 그 가능성을 지질한 유다를 통해 보여 주셔서 감사합니다.

주님, 이제 우리도 수치 가운데 있던 나를 구원해 주신 하나님의 은혜와 사랑을 기억하며, 연약한 부모를, 연약한 가족을 온전히 껴안기를 원합니다. 아무리 연약한 부모라도 이 땅에서 나를 낳아 주었기에 내가 주님을 만난 것을 알고, 더는 부모에게 아무것도 바라지 않게 해 주옵소서. 그저 나를 낳아 준 것 하나만으로 감사하게 하옵소서.

항상 죄인 된 우리의 주제를 깨닫고 끝까지 책임지는 사랑을 하기를 원합니다. 그리할 때 어디를 가든지 진실한 사랑의 중보자, 화해의 사자로 쓰임받게 될 줄 믿습니다. 마지막까지 방심하지 말고, 우리의 종착지인 천국역을 향해 중단 없이 정진할 수 있도록 주여, 우리를 붙들어 주옵소서. 예수님 이름으로 기도드립니다. 아멘.

합격

초판 발행일 | 2025년 7월 8일

지은이 | 김양재

발행인 | 김양재
편집인 | 송민창
편집장 | 김윤현
편집 | 정지현 진민지 장승영
디자인 | 디브로

발행처 | 큐티엠
주소 | 경기도 성남시 분당구 대왕판교로385번길 26, 2층 큐티엠 단행본 편집부 (우)13543
편집 문의 | 031-606-3854   구입 문의 | 031-707-8781
팩스 | 031-990-6935
홈페이지 | www.qtm.or.kr   이메일 | books@qtm.or.kr
인쇄 | ㈜신성토탈시스템
총판 | ㈔사랑플러스 02-3489-4300

ISBN | 979-11-94352-15-0

Copyright 2025. QTM. All rights reserved.

이 책은 저작권법에 따라 보호 받는 저작물이므로 무단 전재와 복제를 금합니다.
이 책에 실린 글과 그림, 사진의 모든 저작권은 큐티엠에 있으므로
큐티엠의 사전 서면 동의 없이 복제 내지 전송 등 어떤 형태로도 사용할 수 없습니다.

잘못된 책은 구입하신 곳에서 바꿔드리며, 책값은 뒤표지에 있습니다.

큐티엠(QTM, Question Time Movement)은 '날마다 큐티'하는 말씀묵상 운동을 통해
영혼을 구원하고, 가정을 중수하고, 교회를 새롭게 하는 일에 헌신합니다.